C. Hensel

Betriebswirtschaftslehre kompakt

Projektarbeit und Präsentation

MIX
Papier aus verantwortungsvollen Quellen
Paper from responsible sources
FSC® C105338
FSC
www.fsc.org

Liebe Leserin, lieber Leser,

vielen Dank für den Kauf dieses Buches. Es soll Ihnen bei Ihrer Aus- oder Weiterbildung ein hilfreicher Begleiter sein. Dabei spielt es keine Rolle, ob Sie Fach- oder Betriebswirt, Meister oder Techniker werden wollen oder eine betriebswirtschaftliche Berufsausbildung absolvieren.

Dieses Buch ist ein praktisches Nachschlagewerk bei der Vorbereitung und der Erstellung einer Präsentation nicht nur für die Weiterbildung. Die Tipps zur Erstellung der Projektarbeit können Sie selbstverständlich auch für andere Dokumentationen verwenden. Darüber hinaus enthält es viele grafische Kurzdarstellungen, die den Text ergänzen und als Merkhilfe dienen. Sollten Sie einen bestimmten Begriff suchen, so werden Sie über das ausführliche Stichwortverzeichnis schnell fündig.

Ich wünsche Ihnen nun viel Erfolg beim Lernen und bei Ihrem Vorhaben!

C. Hensel

Projektarbeit und Präsentation

mündliche Prüfung
Projektarbeit
Fachgespräch
Präsentation

mit 3 kompletten
Projektarbeiten
+ Präsentation
+ Anleitungen für
Libreoffice und
Microsoft office

AGENDA
Einleitung
Ist-Zustand
Soll-Beschreibung
Entwickeln von
Lösungsalternativen
Entscheidung und
Begründung
Zusammenfassu

C. Hensel

Danksagung:

Der besondere Dank gilt Tanja Mühlhäuser,
die bei der Erstellung dieses Buches mitgewirkt hat.

Bibliografische Information der Deutschen Nationalbibliothek

Die Deutsche Nationalbibliothek verzeichnet diese Publikation in der Deutschen Nationalbibliografie; detaillierte bibliografische Daten sind im Internet über www.dnb.de abrufbar.

1. Auflage: September 2018

ISBN: 9783752876635

Betriebswirtschaftslehre kompakt - Band 4

Herstellung und Verlag: BoD – Books on Demand, Norderstedt

Die Namen der Software »Adobe Acrobat Reader DC« ist Eigentum der Adobe Systems Incorporated, »LibreOffice 6 Writer« und »LibreOffice 6 Impress« der The Document Foundation sowie »Microsoft Word 2016« und »Microsoft PowerPoint 2016« der Microsoft Corporation. Alle Rechte liegen bei den jeweiligen Firmen.

INHALTSVERZEICHNIS

1 VON DER IDEE ZUR

FERTIGEN PRÄSENTATION

Auf dem Weg von der Idee zur fertigen Präsentation gibt es einige Hürden zu überwinden. Wenn Sie sich gut inhaltlich wie auch organisatorisch vorbereiten, steht einer professionellen Präsentation nichts mehr im Weg.

Sammeln von passenden Informationen

Auswähle relevanter Informatio

Eine Präsentation ist im Allgemeinen ein Vortrag vor einem Publikum, um ihm bestimmte Informationen mitzuteilen. Diese können reine Fakten sein (z. B. eine Jahreshauptversammlung eines Konzern, bei der die Geschäftszahlen des abgelaufenen Geschäftsjahres gezeigt werden), um Kunden von den eigenen Produkten zu überzeugen oder ihnen neue Produkte vorzustellen. Im Rahmen einer Präsentation können aber auch Entscheidungsträger (z. B. Vorstand) von einer Idee überzeugt werden. Professionelle Präsentationen werden von Präsentationsmitteln unterstützt, die den Vortrag auflockern. Eine Präsentation ist sozusagen eine ansprechende Verpackung von Inhalten.

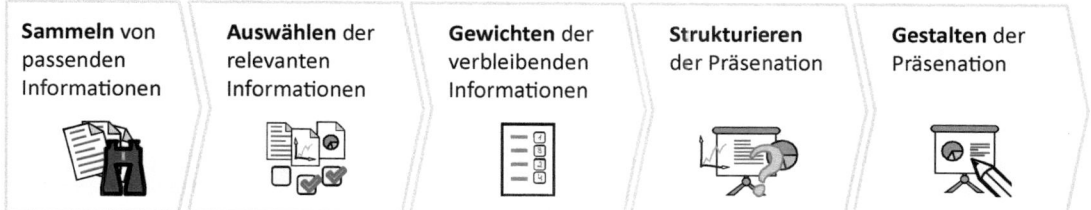

Abbildung 1: Phasen der Erstellung einer Präsentation

1.1 Ihre Präsentation vorbereiten

1.1.1 inhaltliche Vorbereitung

Beginnen Sie rechtzeitig mit der Vorbereitung und Erarbeitung Ihres Themas. Führen Sie eine detaillierte und umfangreiche Recherche durch und sammeln Sie dabei alle relevanten Informationen, die zum Thema gehören bzw. passen. Suchen Sie sich anschließend aus der großen Ansammlung die Punkte aus, die Ihnen wichtig erscheinen und die Sie präsentieren möchten. Bringen Sie diese in eine sinnvolle und logische Reihenfolge. Kürzen Sie Ihre übrig gebliebenen Informationen bzw. fassen sie zusammen. Sie erhalten dadurch eine übersichtliche und klare Darstellung. Nur so können Sie Ihren Zuhörern das richtige Wissen und sinnvolle Informationen vermitteln. Passen Sie zudem Ihre Präsentation an den Wissensstand Ihrer Zuhörer an. Setzen Sie kein bestimmtes Wissen voraus.

Visualisieren Sie zum Schluss Ihre Informationen mit geeigneten Medien, z. B. eignen sich Folien für Tabellen und Grafiken, während Sie mit Kärtchen auf der Pinnwand einen Prozess strukturiert und anschaulich stückweise aufbauen können.

1.1.2 Gliederung der Präsentation

Eine Präsentation ist wie ein 3-Gänge-Menü aufgebaut: Die Einleitung entspricht der Vorspeise. Sie soll den Appetit anregen und Lust auf das kommende Menü machen. Die Einleitung sollte daher auf das Thema und die Zuhörer auf die Präsentation einstimmen. Der Hauptteil stellt den Hauptgang dar. Er ist der gehaltvollste Gang und beinhaltet daher die Schilderung der Kernaussage der Präsentation. Der Schluss ist das Dessert des Menüs. Mit einer kleinen leichten Speise lässt man schließlich das Menü ausklingen. So wird mittels kurzer Zusammenfassung der Kernaussage und einem kleinen Fazit die Präsentation beendet. Die Agenda enthält, wie eine Speisekarte, die Abfolge der Speisen bzw. die zu behandelnden Themen.

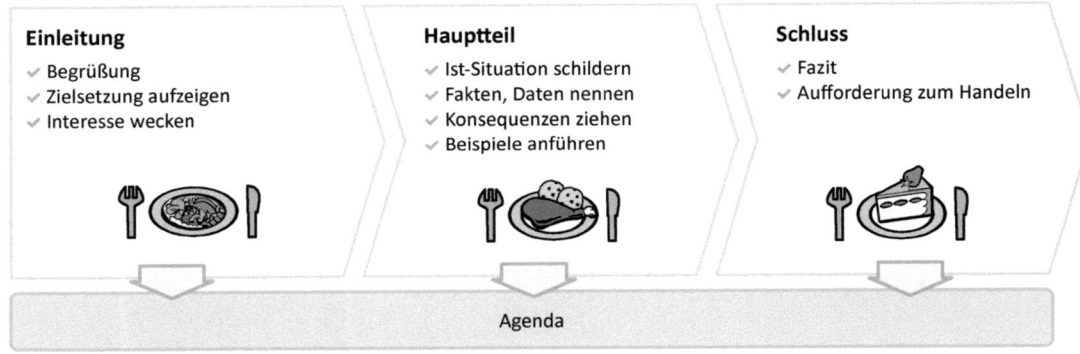

Abbildung 2: Gliederung der Präsentation

Agenda

Zu einer professionellen Präsentation gehört eine Agenda. Eine Agenda ist eine Übersicht über die in der Präsentation zu behandelnden Themen und zeigt, in welcher Reihenfolge sie kommen. Sie ist mit einem Inhaltsverzeichnis gleichzusetzen und mit einer Speisekarte vergleichbar, die die Abfolge der Speisen aufzeigt.

Die Agenda sollte die ganze Zeit während der Präsentation sichtbar sein. Daher bietet es sich an, sie auf Flipchart zu schreiben. So haben Sie gleich noch einen Vorteil, da Sie hierbei zwei Medien einsetzen. Wenn Sie eine Präsentation komplett nur mit Beamer machen, sollte die Agenda auf jeder Folie stehen, beispielsweise auf der linken Seite. Sie können die Agenda aber auch waagrecht am oberen Rand platzieren.

Abbildung 3: Agenda auf Flipchart

Stellen Sie den Punkt, der gerade behandelt wird, in einer anderen Farbe oder Formatierung (z. B. fettgedruckt) dar. Gehen Sie zu Beginn Ihrer Präsentation kurz auf die Agenda ein und stellen Sie sie vor. Zeigen Sie dabei auf jeden Punkt, den Sie gerade vorlesen.

Tipp

Um Ihre Präsentationskompetenz zu zeigen, haken Sie den Punkt auf der Agenda ab, den Sie soeben behandelt haben. Zudem lockert es den Vortrag auf.

Einleitung

Sie entspricht der Vorspeise des 3-Gänge-Menüs und soll den Appetit anregen und Lust auf das kommende Menü machen. Die Einleitung sollte daher auf das Thema einstimmen und die Zuhörer auf die Präsentation vorbereiten. Zu Beginn jeder Präsentation begrüßen Sie Ihr Publikum  und stellen sich kurz mit Namen und Ihrer Tätigkeit vor. Anschließend nennen Sie das Thema Ihrer Präsentation. Zu einer professionellen Präsentation gehört auch die Vorstellung der Agenda. Dort zeigen Sie die Hauptpunkte der Gliederung. So wissen Ihre Zuhörer, was auf sie zukommt. Planen Sie bei längeren Präsentationen Pausen ein.

Wenn es das Thema zulässt, können Sie Ihr Publikum auch auf Ihr Thema einstimmen. Dazu können Sie eine Frage stellen und so zum Mitdenken anregen. Eine andere Möglichkeit wäre, in dem Sie persönliche Betroffenheit herstellen oder den direkten persönlichen Nutzen aufzeigen.

Beispiel 1: möglicher Einstieg *(Begrüßung und Vorstellung der Agenda)*

»Guten Morgen meine Damen und Herren. Ich begrüße Sie herzlich zur Präsentation zu meiner Projektarbeit mit dem Thema … . Mein Name ist … .

Ich möchte Ihnen meine Agenda vorstellen. Meine Präsentation gliedert sich aus … . Anschließend erfolgt … sowie eine kurze Zusammenfassung.«

Hauptteil

Er stellt den Hauptgang dar und ist der gehaltvollste Gang und der längste Teil der Präsentation. In diesem Teil müssen Sie Ihr Thema behandeln und es dem Publikum vortragen. Um die Aufmerksamkeit der Zuhörer dauerhaft zu sichern, müssen Sie folgendes beachten:

- ☑ Berücksichtigen Sie bei langen Vorträgen die Aufnahmefähigkeit der Zuhörer und planen Sie ausreichend Pausen ein.
- ☑ Gliedern Sie Ihre Präsentation in sinnvolle Haupt- und Unterpunkte.
- ☑ Setzen Sie mehrere passende Medien ein.
- ☑ Stellen Sie hin und wieder Fragen, um die Zuhörer einzubeziehen und zum Mitdenken anzuregen.
- ☑ Wenn es das Thema zulässt, starten Sie Ihre Präsentation teilvisualisiert und vervollständigen Sie sie während Ihrem Vortrag.

Schluss

Er ist das Dessert des Menüs. Mit einer kleinen leichten Speise lässt man schließlich das Menü ausklingen. Der Schluss einer Präsentation ist daher genauso wichtig wie der Rest der Präsentation. Da der letzte Eindruck bei Ihren Zuhörern (bzw. dem Prüfungsausschuss) bleibt, sorgen Sie für ein gelungenes Ende. Fassen Sie die wichtigsten Punkte dazu noch einmal kurz zusammen. Ist Ihre Präsentation zu Ende, bedanken Sie sich bei Ihrem Publikum für die Aufmerksamkeit und verabschieden sich. Wenn Sie wollen, können Sie am Schluss ein zuvor erstelltes Handout an Ihre Teilnehmer verteilen.

Beispiel 2: möglicher Abschluss einer Präsentation *(Zusammenfassung und Verabschiedung)*

»Damit bin ich nun am Ende meiner Präsentation angekommen und fasse sie noch einmal kurz zusammen.

Das Ziel meiner Projektarbeit war, ...

Ich bedanke mich für Ihre Aufmerksamkeit und stehe Ihnen nun für das Fachgespräch zur Verfügung.«

1.1.3 Wahl der geeigneten Medien

Eine gute Präsentation steht und fällt mit der Visualisierung und den eingesetzten Präsentationsmitteln (Medien). Einer guten Visualisierung merkt man es nicht an, dass sie gut ist, bei einer schlechten merkt man es jedoch sofort. Der Inhalt kann noch so richtig sein, wenn aber die falschen Medien zur Visualisierung eingesetzt werden, fällt es dem Zuhörer schwer, zu folgen. Stellen Sie sich vor, ein Hersteller präsentiert Ihnen als Kunde sein neues Produkt als 26-seitige Präsentation, die nur aus Fließtext besteht.

Um die ganzen Informationen besser verstehen und aufnehmen zu können, werden die wichtigsten Punkte der Präsentation auf Medien entsprechend visualisiert. Orientieren Sie sich an den folgenden 4-W-Leitfragen:

- ☑ **Was** will ich darstellen? (Inhalt)
- ☑ **Wozu** soll die Darstellung dienen? (Ziel)
- ☑ **Wen** will ich informieren oder überzeugen? (Zielgruppe)
- ☑ **Welches** Hilfsmittel will ich verwenden? (Medium)

Eine gute und durchdachte Visualisierung erleichtert es Ihnen zudem, frei zu sprechen, da Sie die Visualisierung als eine Art Spickzettel verwenden können. Sie sollten aber mindestens ein Drittel mehr sagen, als Sie auf Ihren Medien visualisiert haben. So bleiben Sie wichtig und es erweckt nicht den Eindruck, dass Sie alles ablesen.

Tipps bei der Visualisierung:

- ☑ Visualisieren Sie Ihren zu präsentierenden Inhalt. Erstellen Sie anschauliche und übersichtliche Präsentationen nach dem Prinzip »weniger ist mehr«.
- ☑ Verwenden Sie kurze Sätze oder Stichpunkte anstatt langweilige Auflistungen. Passende Bilder, Grafiken und Videos sind eine tolle Abwechslung für Ihr Publikum.
- ☑ Beschränken Sie sich beim Einsatz von Overheadprojektorfolien auf wenige, aber dafür übersichtliche Folien.
- ☑ Platzieren Sie alle visuellen Hilfen so, dass jeder Teilnehmer stets freie Sicht auf sie hat. Stellen Sie Ihre Präsentationsmittel nicht vor helle Fenster oder in ungünstige Ecken.
- ☑ Schreiben Sie sauber und lesbar und verwenden Sie Groß- und Kleinschreibung.
- ☑ Verwenden Sie Präsentationsmittel nicht, ohne sie vorher ausprobiert zu haben. Der Umgang mit einigen Präsentationsmitteln muss vorher geübt werden. Machen Sie sich daher im Voraus bereits über die richtige Verwendung vertraut und ersparen Sie sich so später Unannehmlichkeiten.
- ☑ Wenn Sie während Ihrem Vortrag etwas aufschreiben, sei es auf Folie, Karten oder Flipchart: Sagen Sie zuerst, was Sie aufschreiben und schreiben es dann in Ruhe auf. Wenn Sie alles aufgeschrieben haben, reden Sie weiter.

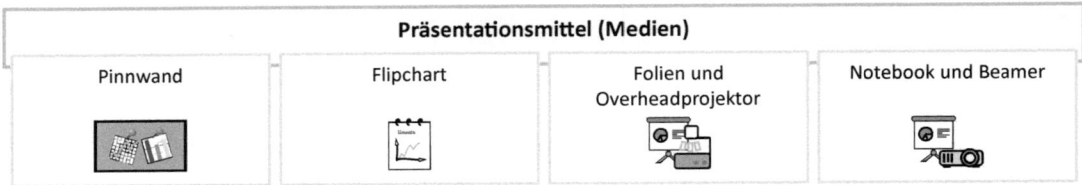

Abbildung 4: Überblick über die Präsentationsmittel (Medien)

Pinnwand

Die Pinnwand ist eine frei stehende und bewegliche Tafel (Größe: ca. 110 x 140 cm), die meist mit einem hellbraunen Packpapier bespannt ist. Auf dem Packpapier kann mit Filzstiften geschrieben werden oder Karten in unterschiedlichen Formaten (Ovale, Kreise, Rechtecke, Quadrate usw.) und Farben mittels Pinnnadeln angeheftet werden. Sie eignet sich daher sehr gut, um Ideen und Lösungen schrittweise zu entwickeln und darzustellen. Die einzelnen Karten bestehen aus festem bunten Papier und haben ein Format von 21 x 10 cm (ein Drittel eines DIN A4-Blattes).

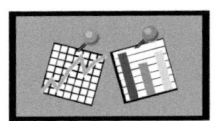

Vorteile der Pinnwandnutzung	Nachteile der Pinnwandnutzung
✔ aktive Beteiligung des Publikums ✔ spontane Ideen können entwickelt werden ✔ Vorbereitung möglich ✔ schrittweiser Aufbau möglich ✔ Darstellung komplexer Zusammenhänge ✔ flexibles Umhängen der Karten möglich ✔ alle Informationen dauerhaft sichtbar ✔ kein technischer Aufwand erforderlich	✘ schlecht zu transportieren ✘ schwierige Moderation ✘ Visualisierung nur handschriftlich ✘ hoher Papierverbrauch ✘ nur eingeschränkt wiederverwendbar

Tabelle 1: Vor- und Nachteile der Pinnwandnutzung

Tipps für den Umgang mit der Pinnwand:

☞ Entfernen Sie vor Ihrem Vortrag fremde Karten von der Pinnwand. Sollte das Packpapier beschrieben sein, bespannen Sie es neu, verwenden deren Rückseite oder eine andere Pinnwand.

☞ Schreiben Sie eng in Druckbuchstaben und Normschrift und keine Sätze, sondern nur Schlagworte und höchstens 3 Zeilen auf eine Karte.

☞ Sollten Sie die Karten während Ihres Vortrages erstellen: Sagen Sie zuerst, was Sie aufschreiben und hängen anschließend die beschriebene Karte an die Pinnwand.

☞ Behalten Sie die von Ihnen gewählten Farben der Karten während der Präsentation bei (z. B. hellblau für Überschriften, weiß für Schlagworte, rot für Negatives).

☞ Sind die verwendeten Abkürzungen den Zuschauern bekannt? Vermeiden Sie im Zweifelsfall Abkürzungen und schreiben Sie die Begriffe aus oder erklären Sie die Abkürzungen beim ersten Auftreten.

☞ Fertigen Sie sich eine Skizze oder Entwurf an, um sich ein Bild über die Verteilung und Anordnung zu machen.

☞ Stecken Sie sich genügend Pinnnadeln auf das Nadelkissen, das Sie sich an Ihr Handgelenk binden können (falls Sie das Nadelkissen nicht tragen wollen, stecken Sie sich genügend Pinnnadeln an den oberen Rand).

☞ Stehen Sie auf einen Fuß der Pinnwand, während Sie eine Karte anpinnen (so vermeiden Sie, dass die Pinnwand nach hinten umkippen kann).

☞ Wenn Sie Ihre Medien selbst mitbringen müssen, stellen Sie sicher, dass Ihre Filzstifte funktionsfähig sind und Sie genügend Karten zum Anheften und Pinnnadeln haben.

 Tipp

Professionell wirken Sie, wenn die Pinnnadeln alle von der gleichen Farbe (am Besten passend zur Farbe der anzuheftenden Karte) sind. Dadurch wirkt die Pinnwand ruhiger und es gibt kein Farbnadel-Chaos.

Flipchart

Das Flipchart (zu deutsch Umblätterdiagramm) besteht aus einem Papier in der Größe DIN A1 (59,4 x 84,1 cm) und einem Flipchartständer. Beschrieben werden sie mit dicken Filzstiften von Hand. Es eignet sich daher auch zum Erstellen bzw. Ausfüllen während einer Präsentation. Ein Flipchart ist geeignet, wenn Sie wenig Informationen präsentieren wollen, z. B. kleine Skizzen, spontan entwickelte Ideen, Stichwörter, Zusammenfassungen (z. B. To-Do-Listen), für eine Agenda (Tagesordnung) oder zum Festhalten von Notizen während des Vortrages.

 Siehe auch unter Agenda auf Seite 8.

Vorteile der Flipchartnutzung	Nachteile der Flipchartnutzung
✓ einfache Anwendung	✗ nur für kleinere Gruppen geeignet
✓ kann im Voraus erstellt werden	✗ kann nicht kopiert werden
✓ zurückblättern ist möglich	✗ Visualisierung nur handschriftlich
✓ schrittweiser Aufbau möglich	✗ Papierbögen teuer in der Anschaffung
✓ geringer Platzbedarf	✗ nur eingeschränkt wiederverwendbar
✓ kaum technischer Aufwand erforderlich	✗ relativ kleine Fläche zum Beschreiben

Tabelle 2: Vor- und Nachteile der Flipchartnutzung

Tipps für den Umgang mit Flipcharts:

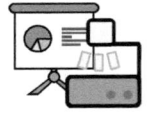

- ☑ Entfernen Sie vor Ihrem Vortrag fremde Charts vom Flipchart-Ständer (schreiben Sie nicht auf deren Rückseite, sondern verwenden Sie neue Blätter).
- ☑ Schreiben Sie eng in Druckbuchstaben und Normschrift und höchstens 7 bis 8 Informationen auf ein Flipchart.
- ☑ Verwenden Sie nicht mehr als 3 bis 4 Farben (z. B. blau oder schwarz für Informationen, grün für Zusätze und rot für Unterstreichungen oder Hervorhebungen).
- ☑ Die Flipchartblätter sind oben präferiert, um das Abreißen zu erleichtern (bei tieferen Abrissen ritzen Sie die Abrisskante mit einer Stecknadel vor). Abgerissene Blätter werden für alle sichtbar an die Wand gehängt (z. B. mit Klebestreifen oder Magnete) und ermöglichen so eine fortlaufende Dokumentation des Themas.
- ☑ Fertigen Sie sich eine Skizze oder Entwurf Ihres Aufschriebes an, um sich ein Bild über die Verteilung und Anordnung zu machen.
- ☑ Wenn Sie Ihre Medien selbst mitbringen müssen, stellen Sie sicher, dass Ihre Flipchartstifte funktionsfähig sind und Sie genügend Karopapier am Flipchart haben bzw. nehmen Sie sich einen Ersatzpapierblock mit.

Folien und Overheadprojektor

Beim Overheadprojektor (auch Tageslichtprojektor) strahlt eine starke Lichtquelle die Folie von unten über mehrere Linsen an einen Spiegel, der das Bild auf die Leinwand projiziert. Der Vorteil für den Präsentator ist, dass er die Folie seitenrichtig vor sich liegen hat und auch das Publikum den Inhalt seitenrichtig lesen kann.

Die Folien sind durchsichtig und haben das Format DIN A4. Es ist also möglich, die Folien mit dem heimischen PC zu entwerfen und auf Folie auszudrucken. Sie sind geeignet, wenn Sie viele Informationen präsentieren wollen.

Vorteile der Foliennutzung	Nachteile der Foliennutzung
✓ kann im Voraus erstellt werden ✓ kann kopiert werden ✓ zurückblättern ist möglich ✓ reduziert den Rede- und Schreibaufwand ✓ das Gehörte bleibt besser im Gedächtnis ✓ erleichtert die Erläuterung ✓ fördert die Strukturierung des Vortrages ✓ Wiederverwendung möglich ✓ für großes Publikum geeignet	✗ nicht sehr ansprechend ✗ Projektorgeräusche können störend sein ✗ Raum muss sich dafür eignen (Abdunklung und eine ruhige, weiße Fläche müssen vorhanden sein) ✗ oft schlechte Sicht auf Referenten

Tabelle 3: Vor- und Nachteile der Foliennutzung

Tipps bei der Erstellung der Folien:

- ☑ Wenn Sie Ihre Folien mit dem PC erstellen, verwenden Sie eine, maximal zwei serifenlose Schriften. Überschriften sollten mindestens in 32 Punkt, der Text mindestens in 20 Punkt formatiert sein.

- ☑ Wenn Sie Ihre Folien handschriftlich erstellen, schreiben Sie in Druckbuchstaben und Normschrift und etwas größer als sonst. Achten Sie darauf, dass Ihre Schrift gerade bleibt und nicht nach rechts kleiner wird und nach oben wandert. Legen Sie sich als Hilfsmittel ein liniertes Blatt unter die Folien. Verwenden Sie wasserfeste Folienschreiber, um ein versehentliches Verwischen zu vermeiden.

- ☑ Nehmen Sie die Folie im Querformat. Dieses Format hat den Vorteil, dass es besonders in niedrigen Räumen leichter zu positionieren ist.

- ☑ Erstellen Sie eine Titelfolie mit Ihrem Namen und dem Thema Ihres Vortrags. Diese Folie liegt von Beginn an auf.

- ☑ Verwenden Sie für jede Folie einen eigenen, aussagekräftigen Titel treffend zum Inhalt der Folie.

- ☑ Ihre Folien sollten einen Standardaufbau haben, der sich durch alle Folien hindurchzieht. Gestalten Sie gleiche Sachverhalte gleich, d.h. gleiche Schriften, gleiche Symbole, gleiche Rahmen etc.

- ☑ Verwenden Sie keine ausformulierten Sätze und komplexe Schachtelsätze. Schreiben Sie höchstens 7 bis 8 Informationen, am Besten als Schlagwörter oder Halbsätze, auf eine Folie.

- ☑ Sparen Sie bei der Gestaltung nicht mit Freiflächen oder Rändern. Ein Drittel der Folie sollte leer bleiben.

- ☑ Listen sollten aus maximal 6 Aufzählungen pro Folie bestehen. Die Listenpunkte sollten sich über maximal 2 Zeilen erstrecken, sowie kurz und klar formuliert sein.

- ☑ Nutzen Sie Farben, z. B. blau oder schwarz für Informationen, grün für Zusätze und rot für Unterstreichungen oder Hervorhebungen.

- ☑ Achten Sie darauf, das eingefügte Objekte wie Bilder, Tabellen oder Diagramme ausreichend groß und nicht verpixelt sind. Das Wichtigste sollte in der Bildmitte stehen.

- ☑ Übereinandergelegte Folien erlauben das schrittweise Aufbauen einer Idee oder Lösung, auch mögliche Alternativen können so dargestellt werden. Legen Sie nicht mehr als 3 Folien übereinander, da die einzelnen Folien dann kaum noch Licht durchlassen. Zur Fixierung der Folien haben die meisten Projektoren oben und an der linken Seite entsprechende Zapfen.

- ☑ Nummerieren Sie Ihre Folien für alle sichtbar. So können Sie bei Bedarf schnell auf eine bereits gezeigte Folie zurückgreifen und müssen nicht erst suchen.

- ☑ Wenn es das Thema zulässt, können Sie mit dem Publikum zusammen eine Folie erstellen. Dies regt gleichzeitig verstärkt zum Mitdenken und zum aktiven Gestalten an.

Tipps für den Umgang mit Folien und Overheadprojektor:

- ☑ Entfernen Sie vor Ihrem Vortrag fremde Folien vom Projektor. Wischen Sie mit einem sauberen, fusselfreien Tuch einmal über die Glasplatte sowie Linse und Spiegel um störende Fingerabdrücke und Fusseln zu entfernen.
- ☑ Stellen Sie sicher, dass Ihre Folien vollzählig und in der richtigen Reihenfolge durchnummeriert sind und entsprechend bereitliegen.
- ☑ Machen Sie sich vor der Präsentation mit der Funktionsweise des Overheadprojektors vertraut: Wo kann man ihn einschalten? Wie stellt man ihn scharf ein?
- ☑ Zeigen Sie von Anfang an alles, was auf der Folie steht und decken Sie nichts ab. Möchten Sie Ihre Lösung schrittweise aufbauen, verwenden Sie mehrere Folien, die Sie übereinander legen (maximal 3 Folien).
- ☑ Verwenden Sie einen Zeigestab oder Laserpointer, um an der Leinwand auf bestimmte Dinge (beispielsweise Details an einer Zeichnung) zu zeigen.
- ☑ Wenn Sie Ihre Medien selbst mitbringen müssen, stellen Sie sicher, dass Ihr Overheadprojektor und Ihre Folienstifte funktionsfähig sind und Sie genügend Leerfolien haben. Nehmen Sie zur Sicherheit auch eine Verlängerungsleitung mit.

Beamer und Notebook

Diese beiden neuartigen Medien sind bei professionellen Präsentationen schon fast Standard. Sie bieten mehr Gestaltungsmöglichkeiten als einfache Folien oder Pinnwände. Auch Ungeübte können über spezielle Präsentationsprogramme recht schnell und einfach eine optisch ansprechende Präsentation erstellen. Allerdings besteht die Gefahr, dass die Präsentation durch zu viele Animationen schnell verspielt wirkt und so vom eigentlichen Thema ablenkt. Daher gilt auch hier der Grundsatz: »weniger ist mehr«.

Vorteile der Beamernutzung	Nachteile der Beamernutzung
✓ erlaubt professionelle Präsentationen	✗ Equipment ist sehr teuer
✓ kann im Voraus erstellt werden	✗ Raum muss sich dafür eignen (Abdunklung
✓ zurückblättern ist möglich	und eine ruhige, weiße Fläche müssen vor-
✓ reduziert den Rede- und Schreibaufwand	handen sein)
✓ das Gehörte bleibt besser im Gedächtnis	✗ spezielle Software notwendig
✓ erleichtert die Erläuterung	✗ Technik ist sehr anfällig und erfordert beson-
✓ fördert die Strukturierung des Vortrages	dere Kenntnisse
✓ Wiederverwendung möglich	✗ Gefahr: tolle Show – wenig Inhalt
✓ für großes Publikum geeignet	

Tabelle 4: Vor- und Nachteile der Beamernutzung

Tipp

*Empfehlenswert ist auch der Einsatz eines sogenannten **Presenters**, eine kleine „Fernbedienung", die Sie an den USB-Port anschließen. Über ihn können Sie nun Ihre Präsentation steuern und sich trotzdem frei im Raum bewegen. Mit dem integrierten Laserpointer können Sie zudem auf bestimmte Punkten an der Leinwand zeigen.*

Tipps bei der Erstellung einer Präsentation:

☑ Verwenden Sie eine, maximal zwei serifenlose Schriften. Überschriften sollten mindestens in 32 Punkt, der Text mindestens in 20 Punkt formatiert sein.

☑ Sind alle Textteile sauber formatiert? Vermeiden Sie Blocksatz und verzichten Sie möglichst auf die Silbentrennung (Ausnahme: zusammengesetzte Wörter). Sollten Sie dennoch Wörter trennen, achten Sie darauf, dass diese nicht sinnentstellend sind (etwa bein-halten).

☑ Verwenden Sie für jede Folie einen eigenen, aussagekräftigen Titel treffend zum Inhalt der Folie.

☑ Verwenden Sie keine ausformulierten Sätze und komplexe Schachtelsätze. Schreiben Sie höchstens 7 bis 8 Informationen, am Besten als Schlagwörter oder Halbsätze, auf eine Folie.

☑ Listen sollten aus maximal 6 Aufzählungen pro Folie bestehen. Die Punkte sollten sich über eine, maximal zwei Zeilen erstrecken, sowie kurz und klar formuliert sein.

☑ Achten Sie darauf, das eingefügte Objekte wie Bilder, Tabellen oder Diagramme ausreichend groß und nicht verpixelt sind. Vermeiden Sie das Vergrößern der Grafiken durch einfaches Aufziehen des Bildrahmens.

☑ Hat ein Bild die gewünschte erläuternde Funktion oder ist es nur Dekoration?

☑ Wenn Sie einen farbigen Hintergrund verwenden, achten Sie darauf, dass die Schrift trotzdem gut lesbar ist. Bedenken Sie bei der Wahl Ihrer Farben, dass diese eventuell anders an der Leinwand wirken als auf dem Bildschirm. Vermeiden Sie ein Bild als Hintergrund, da der Text schlecht lesbar wird.

☑ Der Folientitel sollte nicht animiert werden, sondern er wird gleich mit der Folie eingeblendet. So vermeiden Sie eine unnötige Verzögerung, bevor es auf der Folie überhaupt etwas zu sehen gibt.

☑ Animationen und Übergänge sollten mit angemessenen Effekten mit wenig Bewegung ausgeführt sein. Ein rollender Aufbau von unten oder links wirkt ruhig, aber nicht langweilig. Vermeiden Sie ein wildes Einfliegen der Texte aus verschiedenen Richtungen.

☑ Überprüfen Sie am Ende, dass alle Effekte ohne Verzögerung und Ruckeln ablaufen. Vermeiden Sie bei großen Objekten wie Bilder oder Diagramme alle Effekte, die das Objekt bewegen lassen, da diese oft in einem kläglichen Ruckeln enden.

Tipps für den Umgang mit Beamer und Notebook:

- ☑ Verwenden Sie einen Presenter (siehe Tipp Seite 17) und keine Funkmaus oder ähnliche improvisierte Hilfsmittel.

- ☑ Machen Sie sich im Vorfeld mit der Funktionsweise Ihres Notebooks vertraut. Was müssen Sie an Ihrem Notebook einstellen, damit das Bild am Beamer sichtbar wird?

- ☑ Besorgen Sie sich im Voraus die notwendige Ausrüstung an Leitungen (beispielsweise VGA-, DVI- oder HDMI-Leitung) und entsprechende Adapter (z. B. VGA auf DVI). Nehmen Sie auch eine Verlängerungsleitung bzw. Mehrfachsteckdose mit.

- ☑ Machen Sie sich vor der Präsentation mit der Funktionsweise des Beamers vertraut, falls Sie einen Beamer zur Hand haben (zu Hause oder in Ihrer Firma), da viele Beamer von der Bedienung ähnlich aufgebaut sind. Wo kann man den Beamer einschalten? Wie bekomme ich am Beamer den Kanal für das Notebook?

- ☑ Deaktivieren Sie am Notebook alle mobilen Datenverbindungen. Nichts ist peinlicher, als wenn ein Fenster aufpopt, in dem sich Ihre Freunde für den gelungenen Junggesellenabschied bedanken. Beenden Sie auch alle Anwendungen, die während der Präsentation Meldungen erzeugen können, z. B. Virenscanner oder Backup-Programme.

- ☑ Deaktivieren Sie den Stromsparmechanismus und den Bildschirmschoner. So verhindern Sie, dass das Bild plötzlich schwarz wird oder sich das Notebook ausschaltet. Falls Sie nur mit Akku arbeiten wollen, stellen Sie sicher, dass dieser auch voll geladen ist.

- ☑ Verbinden Sie erst dann den Beamer mit Ihrem Notebook bzw. schalten Sie das Bild frei, wenn Sie die Präsentation vollständig geladen haben.

- ☑ Sollten Sie während Ihres Vortrages Dateien außerhalb Ihrer Präsentation nutzen (beispielsweise einen Film), verwenden Sie die Freeze-Funktion des Beamers. Hierbei wird das aktuelle Bild am Beamer eingefroren und niemand kann das aktuelle Bild Ihres Notebooks sehen, während Sie beispielsweise die Datei öffnen.

1.1.4   organisatorische Vorbereitung

Neben einer inhaltlichen Vorbereitung ist auch eine organisatorische Vorbereitung wichtig. Über was Sie sich auf jeden Fall Gedanken machen müssen, ist die räumliche Vorbereitung. Dazu sollten Sie folgende Fragen klären:

- In welchem **Raum** findet Ihre Präsentation statt? Fragen Sie Ihren Veranstalter oder Vorgesetzten, falls es sich um interne Räume handelt, ob Sie den Raum einmal kurz begutachten dürfen. So können Sie sich ein Bild von den Räumlichkeiten machen.

- Welche **Medienausstattung** bietet der Raum bzw. der Veranstalter? Welche Medien sind vorhanden (Flipchart, Pinnwand, Beamer/Leinwand etc.)? Müssen Sie noch selber etwas besorgen? Wenn ja, woher bekommen Sie es oder müssen Sie improvisieren?

Wenn z. B. kein Flipchartständer vorhanden ist, können Sie Ihr Flipchart auch direkt an der Wand mit Klebeband befestigen. Eine weiße Wand ersetzt die Leinwand für Beamer und Overheadprojektor.

- Bringen Sie Anschauungsmaterial mit. So sprechen Sie Ihre Zuhörer auf mehreren Sinneskanälen an.
- Überlegen Sie sich, welche *Fragen* können von Seiten des Publikums bzw. Prüfungsausschusses kommen. Wenn Sie Ihre Prüfer kennen, können Sie abschätzen, aus welchen Fachgebieten eventuell Fragen kommen.
- Legen Sie sich schon am Vortag alles zurecht, was Sie brauchen: Ihre Präsentationsunterlagen, Handouts, Schreibmaterial und technische Utensilien.

1.2 Ihre Präsentation gestalten

Haben Sie Ihre Informationen, die Sie präsentieren wollen, ausgiebig und sorgsam recherchiert, zusammengetragen und entsprechend aufbereitet sowie die Medien festgelegt, kommt als nächster Schritt die Gestaltung der Präsentation. Dabei spielt es in erster Linie keine Rolle, welches Medium Sie verwenden.

Inhalte

Eine der schwierigsten Aufgaben bei der Erstellung einer Präsentation ist die Darstellung des Inhaltes. Informationen werden über verschiedene Eingangskanäle, wie Auge, Gehör oder Tastsinn aufgenommen. Beim Auge wird noch unterschieden, ob die Information schriftlich oder in Bildern vorliegt. Mittels Bildern können mehr Informationen schneller aufgenommen werden, als durch das gelesene Wort. So kann aus einem Diagramm schneller der maximale Wert als höchster Balken ermittelt werden, als aus einer Tabelle.

- ☞ Zahlen werden als Diagramme oder Tabellen, Texte und Aufzählungen in Schriftform dargestellt.
- ☞ Verwenden Sie keine ausformulierten Sätze und komplexe Schachtelsätze. Schreiben Sie höchstens 7 bis 8 Informationen auf, am Besten als Schlagwörter oder Halbsätze. Schreiben Sie nur Schlagworte und höchstens 3 Zeilen auf eine Pinnwandkarte.
- ☞ Sind die verwendeten Abkürzungen den Zuschauern bekannt? Vermeiden Sie im Zweifelsfall Abkürzungen und schreiben Sie die Begriffe aus oder erklären Sie die Abkürzungen beim ersten Auftreten.
- ☞ Verwenden Sie für jedes Flipchart, für jede Pinnwand und Folie einen eigenen, aussagekräftigen Titel treffend zum jeweiligen Inhalt.

- ☑ Achten Sie auf einen einheitlichen Sprach- bzw. Schreibstil. Verwenden Sie beispielsweise als Folientitel nur Fragewörter oder Fragen. Schreiben Sie Substantive entweder stets mit vorangestelltem Artikel oder konsequent ohne.

- ☑ Listen sollten aus maximal 6 Aufzählungen pro Folie bestehen. Die Punkte sollten sich über eine, maximal 2 Zeilen erstrecken, sowie kurz und klar formuliert sein.

- ☑ Achten Sie darauf, das eingefügte Objekte wie Bilder, Tabellen oder Diagramme ausreichend groß und nicht verpixelt sind. Vermeiden Sie das Vergrößern der Grafiken durch einfaches Aufziehen des Bildrahmens.

- ☑ Hat ein verwendetes Bild die gewünschte erläuternde Funktion oder ist es nur Dekoration? Verzichten Sie auf überflüssige Fotos, lustige Strichmännchen und aufdringliche Dekorelemente, da diese die Aufmerksamkeit des Zuschauers unnötig ablenken.

Schrift

Steht der Inhalt soweit fest, geht es an das Gestalten. Der Großteil einer Präsentation besteht in der Regel aus Text, sei es als Aufzählung oder kurze Erklärungen. Daher trägt die Schrift wesentlich zu einer professionellen Präsentation bei.

- ☑ Schriftarten gibt es inzwischen wie Sand am Meer. Verwenden Sie trotzdem eine, maximal zwei serifenlose Schriften (ohne die kleinen verschiedenen geformten Querbalken an den An- und Abstrichen der Schriftzeichen) wie z. B. Arial, Calibri, Corbel, DejaVu Sans, Futura, Helvetica, Verdana oder Segoe UI.

- ☑ Überschriften sollten mindestens in 32 Punkt, der restliche Text mindestens in 20 Punkt formatiert sein. Vermeiden Sie für Texte den Blocksatz und verzichten Sie möglichst auf die Silbentrennung (Ausnahme: zusammengesetzte Wörter). Sollten Sie dennoch Wörter trennen, achten Sie darauf, dass diese nicht sinnentstellend sind (etwa bein-halten).

- ☑ Verwenden Sie in Diagrammen und Tabellen ebenfalls serifenlose Schriften mit einer Schriftgröße von mindestens 16 Punkt.

- ☑ Wenn Sie Ihre Folien handschriftlich erstellen, schreiben Sie in Druckbuchstaben und Normschrift und etwas größer als sonst. Achten Sie darauf, dass Ihre Schrift gerade bleibt und nicht nach rechts kleiner wird und nach oben wandert. Legen Sie sich als Hilfsmittel ein liniertes Blatt unter die Folien. Verwenden Sie wasserfeste Folienschreiber, um ein versehentliches Verwischen zu vermeiden.

- ☑ Text auf Pinnwandkarten sollten Sie enger in Druckbuchstaben und Normschrift schreiben (schreiben Sie nicht in Schreibschrift, da es durch die breiten Stifte schwer lesbar wird).

Farbe

Mit etwas Farbe können Sie die Aufmerksamkeit der Betrachter erhöhen oder sie auf wichtiges hinweisen. Dies gelingt aber nur dann erfolgreich, wenn auf die richtige Kombination der Farben geachtet wird.

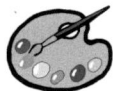

- ☞ Komplementärfarben (gegensätzliche Farben wie Blau und Gelb), starke Helligkeitskontraste und helle oder zu knallige Farben (vor allem als Hintergrundfarbe) sollten grundsätzlich vermeiden werden.

- ☞ Verwenden Sie dagegen Farben, die im Farbkreis nahe beieinander liegen. Sie erscheinen harmonisch und ausgeglichen (z. B. Gelb/Orange oder Blau/Grün). Suchen Sie sich für die Farbgestaltung 3 oder 4 passende Farben heraus, die Sie dann auch konsequent einhalten (gleiche Farben für gleiche Dinge).

- ☞ Auch sollten Farben, vor allem bei farbigen Hintergründen, sinnvoll angewendet werden, da jede Farbe eine Bedeutung hat und eventuell auch Emotionen hervorbringt. Wenn Sie einen farbigen Hintergrund verwenden, achten Sie darauf, dass die Schrift trotzdem gut lesbar ist. Bedenken Sie bei der Wahl Ihrer Farben, dass diese eventuell an der Leinwand anders wirken als auf dem Bildschirm.

Farbe	Bedeutung
weiß	neutral, friedlich, ruhig
schwarz	düster, negativ
blau	harmonisch, wirkt vertraut
gelb	sonnig, positiv
rot	aggressiv, aber auch leidenschaftlich
grün	kreativ, ökologisch

Tabelle 5: Bedeutung einiger Farben

Effekte und Animationen

Aktuelle Präsentationsprogramme bieten eine Hülle und Fülle an Effekten und Animationen. Die Übergänge sollten mit angemessenen Effekten mit wenig Bewegung ausgeführt sein. Dezent eingesetzt lockern sie Ihren Vortrag auf.

- ☞ Ein rollender Aufbau von unten oder links wirkt ruhig, aber nicht langweilig. Vermeiden Sie ein wildes Einfliegen der Texte aus verschiedenen Richtungen.

- ☞ Der Folientitel sollte dabei nicht animiert werden, sondern er wird gleich mit der Folie eingeblendet. So vermeiden Sie eine unnötige Verzögerung, bevor es auf der Folie überhaupt etwas zu sehen gibt.

☑ Überprüfen Sie am Ende, dass alle Effekte ohne Verzögerung und Ruckeln an Ihrem Notebook ablaufen. Vermeiden Sie bei großen Objekten wie Bilder oder Diagramme alle Effekte, die das Objekt bewegen lassen, da diese oft in einem kläglichen Ruckeln enden.

1.3 Ihre Präsentation präsentieren

Haben Sie Ihre Präsentation erstellt, geht es ans Vortragen. Damit alles reibungslos klappt, sollten Sie Ihre Präsentation zu Hause mehrmals üben und durchgehen. Tragen Sie Ihre Präsentation z. B. vor Ihrer Lerngruppe oder Ihrem Partner vor.

Um beim Zuhörer die richtige Spannung zu erzeugen, damit er von Anfang bis Ende quasi an Ihren Lippen klebt, ist neben der inhaltlichen Gestaltung auch Ihr Auftreten wichtig.

sprachliche Gestaltung

Menschen mögen es zu lachen und überrascht zu werden. Warum also nicht in einer Präsentation? Eine Rede wird wirkungsvoller gestaltet, indem man lustige Anekdoten oder aussagekräftige Zitate mit einbaut. So haben Sie die volle Aufmerksamkeit interessierter Zuhörer.

Tipps zur sprachlichen Gestaltung und freien Rede:

☑ Legen Sie nicht sofort mit dem Thema los, sondern stellen Sie einen sachlichen und persönlichen Bezug zum Thema her.

☑ Achten Sie auf eine angemessen laute, klare und deutliche Aussprache.

☑ Formulieren Sie Ihr Thema kurz, konkret und präzise. Vermeiden Sie eine Fachdiskussion mit den Teilnehmern.

☑ Sprechen Sie in kurzen und klaren Sätzen (keine Schachtelsätze). Benutzen Sie eine einfache, klare und verständliche Sprache (kein Fachjargon). Zu viele unverständliche Fremdwörter wirken abschreckend und die Zuhörer können Ihnen bald nicht mehr folgen. Nutzen Sie Sprechpausen und Betonung.

☑ Lassen Sie Zwischenfragen zu (kommen in der Prüfung in der Regel keine).

☑ Setzen Sie Bilder und Vergleiche ein, wo dies möglich ist.

☑ Untermalen Sie Ihr Gesagtes mit einer entsprechenden Gestik.

☑ Vermeiden Sie unbestimmte Äußerungen wie »vielleicht« oder »eventuell« – stehen Sie zu dem, was Sie sagen!

- ☞ Lassen Sie nichtssagende Wörter wie »ähm« oder »und dann« weg, da dies unvorberei-tet wirkt.
- ☞ Fragen Sie einfach mal die Zuhörer. Dies bezieht die Zuhörer mit ein, regt zum Mitden-ken an und belebt den Vortrag.
- ☞ Stellen Sie keine Rätsel, die nicht sofort aufgelöst werden. Sonst denkt der Zuhörer nur noch über Ihr Rätsel nach und bekommt Ihre Hauptaussage nicht mit.
- ☞ Vermeiden Sie Wiederholungen von eben Gesagtem.

Körpersprache

Zu einer guten Präsentation gehört eine gewisse Dynamik und Bewegung. Ändern Sie hin und wieder Ihren Standpunkt. Die Körpersprache erhöht die Aufmerksamkeit des Publikums und kann bei der Verdeutlichung des Gesagten helfen.

- ☞ Halten Sie Augenkontakt zu allen Teilnehmern. Fixieren Sie sich nicht auf einen einzel-nen Teilnehmer (kein Anstarren), sondern schauen Sie öfters in die gesamte Runde.
- ☞ Ihre Arme und Hände signalisieren eine offene Körperhaltung. Verschränken Sie Ihre Arme nicht vor der Brust oder strecken Sie sie in die Hosentasche.
- ☞ Passen Sie Ihre Körpersprache der Situation an (jedoch nicht übertreiben).
- ☞ Lassen Sie Ihr gesprochenes Wort durch Gesten der Hände deutlicher werden. So wir-ken Sie nicht wie ein statischer Roboter.
- ☞ Verstecken Sie sich nicht permanent hinter einem Podium oder Tisch.
- ☞ Stehen Sie während Ihrer Präsentation nicht wie beim Militär stramm auf einer Stelle. Laufen Sie gelegentlich ruhig und nutzen Sie den Ihnen zur Verfügung stehenden Raum.
- ☞ Stehen Sie mit beiden Füßen fest auf dem Boden. Lehnen Sie sich nicht irgendwo an (wie Pult, Wand oder Stützpfeiler im Raum) oder stellen Sie Ihre Füße nicht auf Erhö-hungen.

Handout

Eine kurze Zusammenfassung, die nur wenige Seiten umfasst und die wichtigsten Punkte in Stichworten enthält (jedoch keine zusätzlichen In-formationen).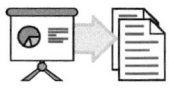

Wenn Sie ein Handout verwenden, teilen Sie es nach Ihrer Präsentation aus. So ist die Auf-merksamkeit der Zuhörer größer, da sie nicht ständig in den Unterlagen blättern, um her-auszufinden, was sie als Nächstes erwarten.

1.4 Wenn doch einmal etwas schief läuft…

Was bei der Generalprobe noch in Ordnung ist, fällt während der Premiere prompt aus: Sei es die Glühbirne des Projektors, das Mikrofon oder das Notebook. Ärgerlich ist auch das vergessene Kabel für den Beamer.

Eine gute Vorbereitung ist das A und O einer erfolgreichen Präsentation und zugleich die beste Pannenhilfe. Es kann immer zu unvorhersehbaren Störungen und Zwischenfällen kommen. Viele Störungen können Sie durch vorausschauendes Planen vermeiden:

- ☑ Verwenden Sie Präsentationsmittel nicht, ohne sie vorher ausprobiert zu haben. Machen Sie sich im Voraus über die richtige Verwendung vertraut und ersparen Sie sich später Unannehmlichkeiten. Testen Sie die Hilfsmittel nicht einmal, sondern mindestens zweimal.
- ☑ Wenn Sie eine Präsentation für Notebook und Beamer erstellt haben, testen Sie alle Verlinkungen gleich nach der Fertigstellung Ihrer Präsentation. Verlassen Sie sich nicht auf eine vorhandene Internetverbindung. Fertigen Sie sich daher Sicherheitskopien und Screenshots an oder speichern Sie Filmdateien lokal ab.
- ☑ Um gewappnet zu sein, falls die Technik versagt, drucken Sie sich Ihre Präsentation oder auch Folien für den Overheadprojektor auf Papier aus und erstellen Sie vorab ausreichend Kopien. So können Sie im Notfall die Papierversion Ihrer Präsentation einfach als Handout austeilen.

Das Schlimmste an Pannen ist nicht die Panne an sich, sondern eine falsche Reaktion des Redners. Vermeiden Sie Hektik und dramatisieren Sie Pannen nicht, es zeugt von mangelnder Selbstsicherheit. Versinken Sie nicht in Selbstvorwürfen wie „Es tut mir Leid, dass mir dieser Fehler unterlaufen ist. Das hätte ich besser vorbereiten müssen. Bitte entschuldigen Sie." Pannen gehören zum Leben. Beweisen Sie Gelassenheit, indem Sie die Pannensituation wie ein neutraler Dritter beobachten und sich fragen: Was ist gerade passiert? Und was kann ich dagegen tun? Eine Panne ist nur das, was die Zuhörer auch bemerken.

Ignorieren Sie daher versteckte Pannen, die nur Ihnen auffallen. Wenn Sie bemerken, dass Sie einen Redeteil komplett vergessen haben, machen Sie aus dieser versteckten Panne kein offensichtliches Drama, indem Sie Ihren Vortrag unterbrechen und sich mit den Worten „Da fällt mir gerade auf, ich habe vergessen darzulegen, dass…" entschuldigen. Da das Publikum nicht weiß, was Sie sagen wollten, fällt dies meist nicht auf. Reden Sie einfach weiter. Ist er inhaltlich wichtig, bauen Sie den vergessenen Redeteil später wieder ein.

Reagieren Sie bei offensichtlichen Pannen (bemerkt jeder) gelassen und mit Humor. Wenn Ihr Mikrofon oder das Bild ausfällt, gehen Sie kurz darauf ein, indem Sie sagen: „Eigentlich war ich noch nicht fertig…"

Wenn Ihnen etwas herunter- oder umfällt, können Sie die Situation mit einem kurzen und einfachen „Ich bin begeistert: die Technik liegt mir zu Füßen!" retten.

Versprecher sind keine Katastrophe. Dreher wie der „herrenlose Ärmelpullover" bringen das Publikum zum Schmunzeln. Sie brauchen nicht um Verzeihung bitten, sondern lachen einfach mit. Sachliche Versprecher sollten Sie hingegen verbessern: „Ich meinte griechisch, nicht kryptisch".

Fällt Ihnen ein bestimmtes Wort nicht ein, machen Sie es öffentlich. Zeit zum Nachdenken gewinnen Sie auch, wenn Sie sich laut fragen: „Wie kann ich es präziser ausdrücken?" Dies bezieht die Zuhörer mit ein und belebt den Vortrag.

Wenn Sie eine technische Panne zügig selbst reparieren können, tun Sie es. Kündigen Sie eine kurze Unterbrechungspause an. Können Sie es nicht selbst reparieren, lassen Sie es. Fragen Sie, ob sich einer der Anwesenden sich mit dem Problem auskennt. Aktivieren Sie dann Ihren Notfallplan oder improvisieren Sie.

Es gibt auch äußere Störfaktoren, die Sie nicht einfach abstellen können. Dazu zählen z. B. eine Baustelle vor dem Fenster oder im Nebenraum übt laut ein Chor. Solche offensichtliche Störungen haben Vorrang. Ignorieren Sie sie nicht, sondern gehen Sie sie aktiv an. Klären Sie gemeinsam mit Ihrem Publikum, wie es weitergehen soll. Stört es allzu sehr oder geht es gerade noch? Was können Sie gegen die Störung unternehmen? Vielleicht den Raum wechseln?

Trotz guter Vorbereitung und genauer Recherche kann es vorkommen, dass Sie eine Frage eines Zuhörers nicht sofort beantworten können. Bieten Sie diesem einfach an, nach der Präsentation noch einmal ausführlich über dessen Frage zu sprechen. Vielleicht klärt sich die Frage auch im Verlauf des Vortrages.

Vergessen Sie nicht, was auch immer passiert: The Show must go on! Selbst wenn eine Panne passiert, nehmen Sie sie mit Humor und integrieren Sie diese spontan in den Vortrag. Machen Sie das Beste aus der Situation. Seien Sie kreativ und erfinderisch. Bedenken Sie: Ihr Redeauftritt ist nicht nur dann erfolgreich, wenn alles so läuft, wie Sie es vorbereitet hatten, sondern auch dann, wenn Sie mit allem, was an Pannen plötzlich auftaucht, professionell umgehen.

2 ABLAUF EINES FACHGESPRÄCHES

Das Fachgespräch ist ein Teil der mündlichen Prüfung, in dem Sie zu Ihrer Kurzpräsentation und passenden Themen befragt werden.

Vorbereitung
Zeit: ca. 30 – 45 min.

erarbeiten der Lösung	erstellen der Präsentation	Pr
Zeit: ca. 30 min	*Zeit: ca. 15 min*	*Zeit*

Aufgaben-stellung

Die letzte Hürde bei vielen beruflichen Weiterbildungen oder Ausbildungen ist das Fachgespräch am Ende. Je nach Art des Abschlusses dauert ein Fachgespräch mit der Kurzpräsentation zwischen 25 bis 45 Minuten.

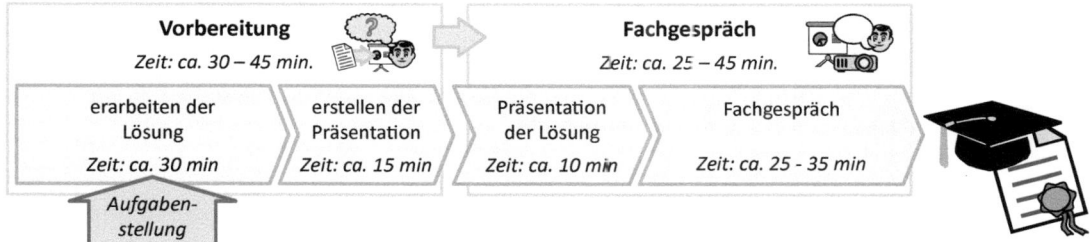

Abbildung 5: Ablauf eines Fachgespräches

Fachgespräche sind in der Regel alle gleich aufgebaut. Sie bekommen am Tag der Prüfung ein kurzes Thema zur Bearbeitung zugeteilt. Es handelt sich meistens um die Ausgangssituation Ihrer letzten Prüfung, zu der Sie eine weitere Fragestellung bekommen. Diese müssen Sie bearbeiten und Ihre Lösung in einer kurzen Präsentation dem Prüfungsausschuss vorstellen. Die Dauer Ihrer Präsentation sollte ca. 10 Minuten betragen. Anschließend werden Sie mit verschiedenen Fragen seitens des Prüfungsausschusses konfrontiert.

Nach Abschluss des Fachgespräches bekommen Sie gleich Ihre Note bzw. Punktzahl mitgeteilt. Sie erhalten auf jeden Fall eine Rückmeldung, ob Sie bestanden haben oder nicht.

2.1 Die Vorbereitung

Kommen Sie am Tag Ihrer Prüfung rechtzeitig und ausgeschlafen zur Prüfung. Planen Sie einen größeren Zeitpuffer ein und seien Sie lieber 30 Minuten früher da. Wenn Sie an der Reihe sind, werden Sie von der Prüfungsaufsicht gebeten, in den Vorbereitungsraum zu gehen. Dort müssen  Sie sich eventuell ausweisen, falls die Aufsicht Sie nicht kennt. Bringen Sie daher Ihren Personalausweis mit. Im Vorbereitungsraum erhalten Sie Ihre Aufgabe und noch einmal die Ausgangssituation, um die es sich dreht. Sie haben ca. 30 bis 45 Minuten Zeit, die Aufgabe zu bearbeiten und Ihre Lösung zu einer Präsentation aufzubereiten. Die Aufgabe, die Sie bearbeiten, haben nur Sie und die anderen, die mit Ihnen zeitgleich ihre Prüfung haben. Es macht daher keinen Sinn, die Aufgabe für spätere Kollegen aufzuschreiben.

Lesen Sie sich die Ausgangssituation und die Aufgabenstellung genau durch. Lassen Sie sich nicht durch bekannte Wörter täuschen! Entwickeln Sie in den ersten zwei Dritteln der Zeit Ihre Lösung. Konzeptpapier liegt hierzu genügend aus. Oft dürfen Sie auch Hilfsmittel wie Formelsammlungen verwenden. Aber verschwenden Sie nicht zu viel Zeit mit dem Suchen und Blättern. Haben Sie Ihre Lösung erarbeitet, geht es an die Erstellung der Präsentation.

Auch dazu stehen Ihren verschiedene Materialien zur Verfügung: Kärtchen für die Pinnwand, Folien für den Overheadprojektor und Flipchartbögen. Die einzelnen Vor- und Nachteile können Sie im Kapitel 1.1.3 »Wahl der geeigneten Medien« auf Seite 11 nachlesen.

 Tipp
Es wird immer gern gesehen, wenn Sie mehrere Medien verwenden. Schreiben Sie z. B. Ihre Agenda auf Flipchart und Ihre Lösung auf Folie.

Ist die Vorbereitungszeit um, werden Sie von einem Mitglied des Prüfungsausschusses abgeholt, der Sie in den Prüfungsraum begleitet und Ihre Medien mitnimmt.

2.2   Die Präsentation

Wie Sie eine Präsentation aufbauen, können Sie im Kapitel 1 »Von der Idee zur fertigen Präsentation« ab Seite 6 nachlesen. Nun geht es daran, diese auch vor dem Prüfungsausschuss zu halten.

Bevor es richtig los geht, bekommen Sie noch einige Minuten, um sich auf die Präsentation vorzubereiten: Hängen Sie Ihre Agenda gut sichtbar auf. Prüfen Sie den Overheadprojektor und stellen Sie ihn scharf ein. Positionieren Sie Ihre Pinnwand an einem günstigen Platz.

Sind Sie startklar, werden Sie gefragt, ob Sie gesund sind und die Prüfung ablegen können. Wenn Sie diese Fragen mit »Ja« beantworten, zählt Ihre Prüfung. Bevor man Ihnen das Wort übergibt, stellt sich der Prüfungsausschuss kurz vor. Es sind in der Regel Dozenten, die Sie bereits hatten oder von Ihrer Weiterbildung her kennen. Es kommt eine letzte Frage, ob Sie ein Mitglied für befangen halten. Ist alles geklärt, haben Sie das Wort.

Stellen Sie sich mit Namen und Ihrer aktuellen Tätigkeit vor und was Sie in Ihrer Präsentation behandeln werden. Gehen Sie dabei auf Ihre Agenda ein. Anschließend präsentieren Sie Ihre ausgearbeitete Lösung. Reden Sie nicht mit der Pinnwand oder dem Overheadprojektor, sondern halten Sie Blickkontakt mit dem Prüfungsausschuss.

 Tipp
Um Ihre Präsentationskompetenz zu zeigen, haken Sie den Punkt auf der Agenda ab, den Sie soeben behandelt haben. Zudem lockert es den Vortrag auf.

Sind Sie am Ende angelangt, bedanken Sie sich für die Aufmerksamkeit. Nun können Sie erst einmal durchatmen, Sie haben den ersten Teil überstanden!

2.3 Das anschließende Fachgespräch

In aller Regel wird man Ihnen nach der Präsentation einen Platz anbieten. Je nach Bildungsträger steht auch ein Glas Wasser bereit. Begonnen wird bei Ihrem Präsentationsthema. Unklarheiten oder Verständnisfragen seitens des  Prüfungsausschusses werden geklärt. Anschließend entwickelt sich der weitere Ablauf individuell und hängt von der Situation und vom Thema ab. Bringen Sie oder der Prüfungsausschuss ein Stichwort mit ein, so schlägt das Gespräch in diese Richtung um. Oder es werden weitere Themen und Begriffe von Ihnen gefordert, die zum Thema passen. Materialwirtschaft ist ja nicht nur das Bestellen von Material… Selbst bei diesem Thema kommt man weit herum. So gelangt man von der Beschaffungsart Just-in-Time über das Stichwort langer Produktlebenszyklus schnell zu Produktionswirtschaft, das dann in der Absatzwirtschaft bei der Portfolioanalyse endet. Es hängt natürlich auch von den anwesenden Prüfern ab: Vielleicht möchte der eine oder andere auch Ihr Wissen in „seinem" Fach prüfen. Scheuen Sie sich nicht, bei Unklarheiten nachzufragen, falls Sie die Frage nicht richtig verstanden haben.

Tipp

Wenn es die Gelegenheit zulässt, können Sie auch Ihre Antwort mit einer kleinen Skizze unterlegen. Denn oftmals kann man etwas an einem Bild besser erklären als nur mit Worten.

Ist die Prüfungszeit abgelaufen, werden Sie gebeten, für ein paar Minuten den Raum zu verlassen. In dieser Zeit berät sich der Prüfungsausschuss über Ihre erbrachte Leistung. Diese kurze Zeit kommt Ihnen lange vor, bevor sich die Türe wieder öffnet und der Vorsitzende Sie wieder hereinbittet. In den meisten Fällen bekommen Sie nun das lang ersehnte Dokument, auf dem steht, dass Sie bestanden haben. Sollte dies der Fall sein, von meiner Seite herzlichen Glückwunsch! Nun haben Sie soeben Ihre Weiterbildung erfolgreich abgeschlossen und dürfen sich nun beispielsweise Meister/in oder Fachwirt/in nennen. Abhängig vom Bildungsträger bekommen Sie auch gleich Ihre Note bzw. Punktzahl mitgeteilt.

Sollten Sie nicht erfolgreich gewesen sein, bekommen Sie in den meisten Fällen eine Rückmeldung, warum Sie es nicht geschafft haben. Nutzen Sie diese Gelegenheit und vermeiden Sie diese Fehler bei der nächsten Prüfung, die Sie in einem halben Jahr wiederholen können.

Nehmen Sie trotz aller Freude (oder Enttäuschung) Ihre persönlichen Gegenstände wieder mit. Verabschieden Sie sich vor dem Gehen bei Ihrem Prüfungsausschuss.

Fragetechniken

Es gibt verschiedene Arten von Fragen, die sich jeweils im möglichen Antwortumfang unterscheiden. Sie sollten daher anhand der Frage den richtigen Antwortumfang auswählen, um dem fragenden Prüfer die gewünschte Antwort zu geben.

- Ablenkungsfragen werden verwendet, wenn das Gespräch in eine für einen Gesprächspartner unangenehme Richtung einschlägt, z. B. „Wie finden Sie eigentlich den Wetterumschwung?".
- Bei Alternativfragen bestehen lediglich zwei Antwortmöglichkeiten (ein »nein« ist dabei meistens nicht möglich), z. B. „Ist Ihnen der Gesprächstermin am Montag oder am Mittwoch lieber?".
- Fangfragen werden dann verwendet, wenn bestimmte Tatsachen ans Licht kommen sollen, z. B. Beispiel: „Wer war an Ihrer Projektarbeit noch beteiligt?".
- Gegenfragen/Rückfragen werden verwendet, um die Frage an den Fragenden zurückzugeben und um so mehr Zeit zum Überlegen zu erhalten, z. B. „Wie meinen Sie das jetzt genau?".
- Eine geschlossene Frage hat die Antwortmöglichkeit »ja« oder »nein« und wird dann verwendet, wenn eine kurze und präzise Antwort gewünscht wird, z. B. „Haben Sie sich mehrere Angebote eingeholt?".
- Bei einer offenen Frage sind die Antwortmöglichkeiten unbegrenzt und sie werden dann verwendet, wenn eine umfangreichere und ausführliche Antwort gewünscht wird (die Fragen beginnen mit einem W-Fragewort), z. B. „Warum haben Sie sich nur ein Angebot eingeholt?".
- Die Suggestivfrage ist eine manipulierende Frage, da sie die Meinung des Fragenden beinhaltet und so versucht, den Antwortenden zu überzeugen, z. B. „Sind Sie nicht auch der Meinung, dass …?".
- Die Verständnisfrage wird dann verwendet, um zu überprüfen, ob die Antwort richtig verstanden wurde, z. B. „Habe ich Sie richtig verstanden, dass …?".

Argumentationstechniken

Um im Fachgespräch auf die Fragen der Prüfer überzeugend antworten zu können, sollten Sie richtig argumentieren können. Hören Sie daher bei den Fragen genau zu, um so wichtige Informationen und Ansatzpunkte für das Argumentieren zu bekommen. Sie können so die Frage für den Prüfer passend und zufriedenstellend beantworten.

- Bei der Plausibilitätstechnik überzeugen Sie mit einem plausiblen und eingängigen Argument, z. B. „Jeder mit gesundem Menschenverstand ...".
- Bei der Rationalitätstechnik überzeugen Sie mit objektiven und logischen Daten bzw. Fakten, z. B. „Wir ersticken im Abgas. Jeder zweite Bürger hat ein Auto.".
- Beim Zirkelschluss wird eine Behauptung mit derselben Behauptung begründet, z. B. „Lautes Musikhören schadet dem Hörvermögen, denn jeder bekommt einen Ohrenschaden, der dauernd laut Musik hört.".
- Bei der Vorwegnahme wird Wind aus den Segeln genommen, indem das Argument der Gegenpartei vorweg entkräftet wird, z. B. „Ich höre schon Ihren Einwand, man solle die Steuerzahler nicht noch mehr belasten. Es ist jedoch so, dass ...".
- Bei der Vertagungsmethode werden Antworten auf später verschoben und diese dann bewusst vergessen oder überhört, z. B. „Erlauben Sie, dass ich später auf diesen Punkt zurückkomme.".
- Bei der Plus-Minus-Methode werden den Mängeln zahlreiche Vorteile gegenübergestellt (oder umgekehrt), die Vorteile und Nachteile werden so auflistet und derart wiedergeben, dass die eigene Meinung überzeugt (gewisse Nachteile werden dabei zugegeben).
- Bei der Divisionstechnik werden Nachteile so verkleinert, dass sie kaum ins Gewicht fallen, z. B. „Die Leasingrate für diesen Sportwagen kostet sie nur 40 € pro Tag.".
- Bei der Bumerangtechnik wird der Einwand des Gegenüber zur eigenen Begründung verwendet, der Partner wird mit dem eigenen Einwand geschlagen, z. B. „Gerade aus diesem Grunde gilt es ...".
- Bei der Beschuldigungstechnik wird ein schlechtes Gewissen geweckt, z. B. „Wer im Büro raucht, muss sich darüber klar sein, dass er den Mitarbeitern die Lebensdauer verkürzt.".
- Bei der Salamitaktik führen Teilargumente, die leicht bejaht werden können, zum Hauptargument, in kleinen Schritten (Scheibe um Scheibe) wird die Zustimmung zum Argument angestrebt.

3 DIE MÜNDLICHE

SITUATIONSAUFGABE

Die mündliche Situationsaufgabe ist die dritte Teilprüfung des zweiten Teils „Management und Führung" der Weiterbildung zum Geprüften Technischen Betriebswirt.

Der Geprüfte Technische Betriebswirt hat eine Besonderheit, welche die Prüfungen betrifft. Eine Prüfung ist nämlich mündlich zu halten. Der zweite Teil (Management und Führung) dieser Weiterbildung besteht aus drei Teilprüfungen, von denen zwei schriftlich abzulegen sind. Die dritte Prüfung wird mündlich abgehalten, sie wird auch oft situationsbezogenes Fachgespräch genannt. Je nach Thema und Entwicklung des Gespräches dauert diese Prüfung in der Regel zwischen 25 bis 30 Minuten. Wann diese Prüfung stattfindet, ist vom Bildungsträger abhängig. Er kann sie direkt auf den Tag nach den schriftlichen Prüfungen legen oder Ihnen noch einige Tage Zeit geben, sich darauf vorzubereiten.

Der Aufbau dieser Prüfung ähnelt dem bereits bekannten Schema (siehe Kapitel 2 »Ablauf eines Fachgespräches« ab Seite 26). Es wird an dieser Stelle nur auf die Unterschiede und Abweichungen vom normalen Ablauf eingegangen. Sie bekommen am Tag der Prüfung ein kurzes Thema zur Bearbeitung zugeteilt. Es handelt sich meistens um die Ausgangssituation aus einer Ihrer beiden schriftlichen Prüfungen, zu der Sie eine Fragestellung zum Thema Organisation bekommen. Diese müssen Sie bearbeiten und Ihre Lösung in einer kurzen Präsentation dem Prüfungsausschuss vorstellen. Die Dauer Ihrer Präsentation sollte ca. 10 Minuten betragen. Anschließend werden Sie mit verschiedenen Fragen aus dem zweiten Teil seitens des Prüfungsausschusses konfrontiert. Themenblöcke, die in Ihren schriftlichen Prüfungen bereits behandelt wurden, werden nicht mehr gestellt.

Nach Abschluss des Fachgespräches bekommen Sie gleich Ihre Punktzahl mitgeteilt. Spätestens jedoch mit dem Erhalt Ihrer Leistung aus den schriftlichen Prüfungen. Sie erhalten auf jeden Fall eine Rückmeldung, ob Sie bestanden haben oder nicht.

3.1 Die Vorbereitung

Im Vorbereitungsraum erhalten Sie Ihre Aufgabe zum Thema Organisation und noch einmal eine der beiden Ausgangssituationen, um die es sich handelt. Sie haben ca. 45 Minuten Zeit, die Aufgabe zu bearbeiten und die Lösung zu einer Präsentation aufzubereiten.

Lesen Sie sich die Ausgangssituation und die Aufgabe genau durch. Entwickeln Sie Ihre Lösung und bereiten sie zu einer Präsentation auf. Auch dazu stehen Ihnen wieder verschiedene Materialien zur Verfügung. Die einzelnen Vor- und Nachteile sowie Tipps im Umgang können Sie im Kapitel 1.1.3 »Wahl der geeigneten Medien« auf Seite 11 nachlesen.

 Tipp

Es ist immer gut, wenn Sie mehrere Medien verwenden. Schreiben Sie Ihre Agenda z. B. auf Flipchart und Ihre Lösung auf Folie oder entwickeln Sie sie direkt in der Präsentation mittels Kärtchen und Pinnwand.

3.2 Die Präsentation

Wie Sie eine Präsentation aufbauen, können Sie im Kapitel 1 »Von der Idee zur fertigen Präsentation« auf Seite 6 nachlesen. Nun geht es daran, diese auch vor dem Ausschuss zu halten.

Beginnen Sie, indem Sie sich mit Name und Ihrer aktuellen Tätigkeit vorstellen und was Sie in Ihrer Präsentation behandeln werden (Ihr Thema). Gehen Sie auch auf Ihre Agenda ein, bevor Sie mit der Präsentation der Lösung beginnen.

Tipp

Um Ihre Präsentationskompetenz zu zeigen, haken Sie den Punkt auf der Agenda ab, den Sie soeben behandelt haben. Zudem lockert es den Vortrag auf.

3.3 Das anschließende Fachgespräch

Begonnen wird wieder bei Ihrem Präsentationsthema. Unklarheiten oder Verständnisfragen seitens des Prüfungsausschusses werden geklärt. Anschließend entwickelt sich der weitere Ablauf individuell und hängt von der Situation und Thema ab. Thematisch bewegt er sich schwerpunktmäßig im zweiten Teil des Kurses. Bringen Sie oder der Ausschuss ein Stichwort mit ein, so schlägt das Gespräch in diese Richtung ein. Oder es werden weitere Themen und Begriffe von Ihnen gefordert, die zum Thema passen. Es hängt natürlich auch von den anwesenden Prüfern ab. Vielleicht möchte der eine oder andere auch Ihr Wissen in „seinem" Fach prüfen. Scheuen Sie sich nicht, bei Unklarheiten nachzufragen, falls Sie die Frage nicht richtig verstanden haben.

Tipp

Wenn es die Gelegenheit zulässt, können Sie auch Ihre Antwort mit einer kleinen Skizze unterlegen. Denn oftmals kann man etwas an einem Bild besser erklären als nur mit Worten.

Nach Ablauf der Prüfungszeit bekommen Sie ein DIN A4-Blatt, auf dem steht, dass Sie diese Situationsaufgabe bestanden haben. Sollte dies der Fall sein, von meiner Seite herzlichen Glückwunsch! Wenn Sie die beiden schriftlichen Prüfungen ebenfalls bestanden haben, dürfen Sie nun mit der Projektarbeit beginnen.

 Siehe dazu auch Kapitel 4 »Die Projektarbeit« ab Seite 36.

Sollten Sie nicht erfolgreich gewesen sein, können Sie die Prüfung in einem halben Jahr wiederholen. In diesem Fall müssen Sie mit der Projektarbeit noch warten, da Sie diese erst beginnen dürfen, wenn Sie alle Prüfungen davor erfolgreich bestanden haben.

4 DIE PROJEKTARBEIT

Die Projektarbeit ist der dritte Prüfungsteil der Weiterbildung zum Geprüften Technischen Betriebswirt und wird als Hausarbeit geschrieben. Dabei soll der Prüfling nachweisen, dass er selbstständig ein komplexes Thema bearbeiten kann.

Finden eines
geeigneten
Themas

Recherchie
benötigten
Informatio

Abbildung 6: Phasen der Projektarbeit

4.1 Rahmenbedingungen

Zulassung zur Projektarbeit

Die wohl größte Schwierigkeit an der Projektarbeit ist die Voraussetzung zum Start. Die Projektarbeit darf erst dann begonnen werden, wenn alle vorherigen Prüfungen bestanden sind. Wenn dies bei Ihnen der Fall ist, erhalten Sie von Ihrem Bildungsträger die rechtzeitige Aufforderung zur Themeneinreichung.

Anspruch an die Projektarbeit

An Ihre Projektarbeit wird ein gewisses Niveau gefordert. Sie sollen zeigen, dass Sie komplexere Problemstellungen aus der betrieblichen Praxis erfassen, darstellen, beurteilen und dafür eine eigenständige, realistische Lösung entwickeln können. Die Problemlösung muss dabei mit Hilfe mehrerer angewendeter betriebswirtschaftlichen Methoden erfolgen. Dass Sie hierbei mit einem einfach gehaltenen Fließtext über 5 Seiten nicht weit kommen, leuchtet ein. Ihre Themenvorschläge sollten daher nicht zu einfach, aber auch nicht zu umfangreich sein. Zu einfach ist er, wenn Sie sich dabei nur auf die technische Seite beziehen oder nur auf einen einzigen betriebswirtschaftlichen Punkt beschränken. Zu umfangreich ist er, wenn Sie es nicht schaffen, Ihr Thema in den geforderten Seiten unterzubringen.

Ein wichtiger Punkt ist, dass der **Praxisbezug** der Arbeit erkennbar sein soll. Sie sollen hierbei nicht Sachverhalte wie in einem Lehrbuch darstellen. Vielmehr wird Wert auf eine aktuelle, praxisbezogene Aufgabenstellung gelegt, die auch in einem beruflichen Umfeld eines Betriebswirtes ausgerichtet ist. Der Zusammenhang von einer konkreten Problemdarstellung zu den daraus resultierenden Problemlösungsvorschlägen ist dabei zu beachten. Beleuchten Sie daher Ihr Thema immer ganzheitlich, also von der technischen **und** der betriebswirtschaftlichen Seite.

Ein wichtiger Aspekt, der oft vernachlässigt wird, ist, dass Sie in Ihrer Arbeit mindestens zwei betriebliche Funktionen ansprechen und berücksichtigen sollten. Diese Funktionen sollen aus unterschiedlichen Prüfungsgebieten (z. B. Einkauf, Vertrieb, aber auch Controlling oder Personal) stammen. Der Hintergrund ist, dass so eine umfangreiche Betrachtung der Problemstellung erreicht wird und nicht nur aus einem Blickwinkel. Können Sie jedoch nicht alle Seiten Ihrer Problemstellung innerhalb des vorgegebenen Rahmens behandeln, beispielsweise die Überprüfung der Wirksamkeit der von Ihnen vorgeschlagenen Maßnahmen, so können Sie dies im anschließenden Fachgespräch weiter erörtern. Versehen Sie die Stelle in der Projektarbeit mit einem kleinen Hinweis.

Sie sollten sich generell vor Ihrem Fachgespräch um die Wirksamkeit der von Ihnen in der Projektarbeit vorstellten Lösung informieren, denn Sie werden oftmals dazu befragt. Das Projekt ist mit der Abgabe bei der IHK nicht abgeschlossen.

4.2 Finden eines geeigneten Themas

Einer der schwierigsten Teilbereiche der Projektarbeit ist sicherlich das Finden des geeigneten Themas, da gewisse Ansprüche gestellt werden. Gehen Sie mit offenen Augen durch Ihr Unternehmen oder vielleicht finden Sie auch  direkt an Ihrem Arbeitsplatz die eine oder andere Anregung. Vielen Unternehmen kommt eine solche Projektarbeit sehr gelegen, da sie so leicht und schnell gute Ausarbeitungen für Entscheidungen oder Planungen erhalten, die sowieso angefallen wären. Sprechen Sie Ihren Vorgesetzten einfach darauf an. Behandeln Sie in Ihrer Projektarbeit vertrauliche Unternehmensdaten, die nicht an die Öffentlichkeit sollen bzw. dürfen, vereinbaren Sie am Besten schon bei der Einreichung eine Geheimhaltung Ihrer Arbeit.

Beispiel 3: mögliche Formulierung der Geheimhaltung

Aufgrund von innerbetrieblichen Richtlinien zur Wahrung der Datensicherheit war es mir nicht möglich, entsprechende Zeichnungen, Pläne und Angebote etc. innerhalb dieser Projektarbeit zu veröffentlichen.

Die Projektarbeiten verlassen den Bereich der IHK nicht, sie werden in keiner Publikation veröffentlicht. Nach Abschluss Ihrer Prüfung verbleiben die Exemplare Ihrer Projektarbeit im Archiv der IHK und werden nach zwei Jahren vernichtet.

Was ist, wenn Sie von Ihrem Unternehmen keine Unterstützung bekommen oder Ihr Unternehmen nichts von Ihrer Weiterbildung erfahren soll? Oder aktuell kein Unternehmen vorhanden ist, weil Sie momentan freigestellt sind? Sie müssen in diesem Fall nicht befürchten, dass Sie nicht Geprüfter Technischer Betriebswirt werden. Seien Sie kreativ und erfinden Sie eine Problemstellung bzw. ein Unternehmen. Achten Sie jedoch darauf, dass es realistisch ist und so durchaus in der Praxis auch vorkommen kann. Sie konzentrieren sich hierbei auf die allgemeine Lösung eines Problems und erarbeiten z. B. mehrere Handlungsalternativen für einen Entscheidungsprozess oder stellen nur Prognosen auf die Veränderungen nach der Umsetzung auf.

Tipp

Es ist durchaus auch möglich, bereits durchgeführte Projekte in Ihrem Unternehmen zu beschreiben. Sie dürfen hierbei allerdings nicht die bereits erstellte Dokumentation verwenden und einreichen, sondern müssen diese in Ihren eigenen Beiträgen und Betrachtungen wiedergeben. Allerdings sollte der Zeitpunkt der Durchführung nicht zu lange in der Vergangenheit liegen.

Ihre Projektarbeit soll eine aktuelle, neuartige oder einmalige technische Aufgabenstellung betriebswirtschaftlich aufbereiten (kein Tagesgeschäft). Bei Ihrem Thema sollte in erster Linie der Praxisbezug erkennbar sein. Verknüpfen Sie daher Ihre theoretischen Ausarbeitungen mit dem dazugehörigen praktischen Handeln. Der Umfang sollte so gestaltet sein, dass Sie mindestens zwei sinnvolle und realistische Lösungsalternativen beschreiben können. Bei der Ausarbeitung sollte dennoch erkennbar sein, dass Sie interdisziplinär einen Prozess betrachten können, der sich an die Erfahrungen und das betriebliche Umfeld anpasst.

Für Ihre Projektarbeit müssen Sie sich zwei Themenvorschläge überlegen, die Sie schriftlich an den Ausschuss einreichen, von denen dann einer genehmigt wird. Ein Themenvorschlag besteht mindestens aus Titel, Problemstellung und einer möglichen Grobgliederung. Insgesamt sollte er nicht mehr als eine DIN A4-Seite lang sein. Machen Sie sich bereits jetzt Gedanken über Ihre Projektarbeit, wie Sie sie aufbauen wollen. Denn ist Ihr Thema genehmigt, sind größere Änderungen nur noch in Absprache mit dem Ausschuss möglich.

Erscheint dem Prüfungsausschuss Ihre Themenvorschläge als zu einfach, wird der Ausschuss sie leicht abändern, indem er weitere Punkte bzw. Ziele hinzufügt. Sind sie zu komplex und zu umfangreich, so werden sie vereinfacht, indem einzelne Punkte bzw. Ziele wegfallen. Diese Änderungen sollen nicht als Kritik, sondern als Unterstützung und Präzisierung verstanden werden. Reichen Sie jedoch kein Thema ein oder keiner Ihrer Vorschläge wird genehmigt, so legt der Prüfungsausschuss ein Thema aus dem beruflichen Umfeld eines Betriebswirtes für Sie fest, das Sie dann bearbeiten müssen.

 Siehe dazu auch das Beispiel eines Themenvorschlages auf Seite 42.

- Ihr Projektarbeitstitel sollte in erster Linie aussagekräftig sein, das bedeutet nicht zu kurz, aber auch nicht zu ausführlich. Bedenken Sie zudem, dass er später auf Ihrem Zeugnis vermerkt wird.

geeigneter Themenvorschlag	ungeeigneter Themenvorschlag
✓ Verbesserung der Ertragssituation und Marktpositionierung im chinesischen Wirtschaftsraum durch die Optimierung der eigenen Vertriebsstruktur	✗ Optimierungsvorschlag *(zu kurz)* ✗ Verbesserung der Ertragssituation und Marktpositionierung im chinesischen Wirtschaftsraum durch die Optimierung der eigenen Vertriebsstruktur am Beispiel eines mittelständischen Unternehmens in der Metallbranche *(zu lang und zu ausführlich)*

Tabelle 6: geeigneter und ungeeigneter Themenvorschlag

- Die Problemstellung sollte in knapper Form erfolgen. Hier stellen Sie nur kurz dar, worum es in Ihrer Projektarbeit geht. Beschreiben Sie als Ausgangssituation Ihr Unternehmen und Ihre Abteilung, die Zielsetzung bzw. Problemstellung und mögliche Lösungsansätze. Der Prüfungsausschuss sollte anschließend wissen, was Sie in Ihrer Projektarbeit behandeln.
- Die Grobgliederung heißt nicht umsonst so. Sie müssen hierbei nicht ins kleinste Detail planen, ein grober Überblick bis zur zweiten Gliederungsstufe ist ausreichend. Beachten Sie hierbei, wenn Sie eine Gliederungsstufe wählen, so müssen mindestens zwei Unterpunkte folgen. Das bedeutet, nach einem 2.1 muss ein 2.2 folgen. Die Gliederung soll den Bezug und die Vorgehensweise bei der Lösung zur Problemstellung aufzeigen. Eine nachträgliche Änderung der Gliederung in der Projektarbeit bezüglich den Unterpunkten ist möglich. Vieles ergibt sich nämlich erst aus der eigentlichen Projektarbeit.

Allgemein gehaltene Themenvorschläge für eine Projektarbeit:
- Anschaffung und Einführung eines …
- Businessplan als Entscheidungshilfe zur Anschaffung bzw. Miete eines …
- Businessplan für die Neugründung eines …
- Durchführung einer Ersatzinvestition für eine …
- Entscheidungsgrundlage für die Auswahl der optimalen Produktionsstätte zur Produktion von …
- Entwickeln eines Marketingkonzeptes für …
- Optimierung der Chargen- und Fließfertigung von …
- Optimierung der Montage bei der Produktion von …
- Optimierung der Preiskalkulation für …
- Umstellung des Fertigungsverfahren von … auf …

Konkrete Themenvorschläge für eine Projektarbeit:

- Beschaffung eines Temperaturtestsystem für magnetostriktive Wegmessung
- Einführung eines Konsignationslagers für Handelsware und Zubehör
- Einsparungen im Bereich der Heiztechnik durch Verwendung von regenerativen Energie-quellen
- Entscheidungsgrundlage für die Neubeschaffung einer Zugmaschine mit Sattelschlepper für die Logistik
- Entscheidungsgrundlage zur Erweiterung einer Heizölanlage mit Solarenergie
- Entwickeln und Umsetzen eines Fragebogens zur Kundenzufriedenheit
- Konzeptionelle Maßnahmen zur Umsatzsteigerung durch Kundenneugewinnung
- Verbesserung der Ertragssituation und Marktpositionierung im chinesischen Wirt-schaftsraum durch die Optimierung der Vertriebsstruktur
- Optimierung von Versorgungsleitungen zum Prüfen von Aggregaten
- Entscheidungsvorschlag zu optimalen Neubedachung eines bestehenden Einfamilien-hauses
- Entscheidungsgrundlage zur Einführung eines Regalsystems

Themenvorschlag für die Projektarbeit
im Rahmen der Weiterbildungsprüfung Geprüfte/r Technische/r Betriebswirt/in

Thema:

Optimierung der Versorgungsleitungen zum Prüfen von Aggregaten

Problemstellung:

Die Aggregate werden vollautomatisch durch Roboter für den Prüflauf in den Prüfständen aufgerüstet und nach erfolgtem Prüflauf wieder abgerüstet. Dabei werden auch die entsprechenden Zuleitungen wie die Anschluss- und Steuerleitung (AUS) für die Steuereinheit, das elektronische Schaltmodul (ESM) und die Umlaufpumpe (ULP) vollautomatisch an die Aggregate gesteckt. Die Herstellung dieser Leitung mit Spezialstecker ist sehr aufwändig und teuer, da auf keine Standardlösung zurückgegriffen werden kann. Die Leitungen sind harten Umgebungsbedingungen ausgesetzt (Öl, Vibrationen beim Prüfen, Greifer der Aufrüstroboter), dementsprechend ist auch der Verschleiß der Leitungen sehr hoch. Durch die hohe Anzahl der Werkstückträger in der Prüfabteilung (250 Stück) und die Sonderbauform sind die Kosten für eine Reparatur der Leitungen sehr hoch.

Ziele der Projektarbeit:

- den jetzigen Zustand kritisch untersuchen und einen Standard definieren

- diesen Standard auf Wirtschaftlichkeit prüfen, Reparaturkosten senken, Verschleiß minimieren, Lebenszyklen der Leitungen verlängern

- diesen Standard nach Prüfung ausarbeiten, umsetzen, dokumentieren und zur Umsetzung bringen

Grobgliederung:

1 Einleitung
  1.1 Darstellung des Unternehmens
  1.2 Die Aggregateproduktion
2 Ziel der Projektarbeit
3 Ist-Analyse
4 Soll-Beschreibung
5 Lösungsvorschläge
  5.1 Bewertung der Lösungsalternativen
    5.1.1 Schwachstellenanalyse
    5.1.2 Wirtschaftlichkeitsrechnung
  5.2 Entscheidung und Begründung
6 Zusammenfassung/Fazit

16.11.2011
Datum

Manuela Muster
Unterschrift

Manuela Muster, Beispielstraße 12, 54321 Beispielshausen

Themenvorschlag für die Projektarbeit
im Rahmen der Weiterbildungsprüfung Geprüfte/r Technische/r Betriebswirt/in

Thema:

Entscheidungsgrundlage zur Einführung eines Regalsystems

Problemstellung:

Als Mitarbeiter in der Instandhaltung ist es das Bestreben, möglichst schnell die Montageanlagen zu warten und zu reparieren. Um dies gewährleisten zu können, ist es wichtig, eine ordentliche und übersichtliche Lagerhaltung zu haben. Aktuell werden die benötigten Ersatzteile chaotisch in verschiedensten Handlagern an unterschiedlichen Orten gelagert. Das Suchen und Finden der passenden Ersatzteile ist mit einem enormen Zeitaufwand verbunden. Aufgrund einer nicht vorhandenen Dokumentation ist es keine Seltenheit, dass es zu Nullbeständen kommt, da keine Nachbestellung erfolgte. Des Weiteren führt dies zu einer doppelten Lagerhaltung und somit zu hohen Kosten. Erhöhte Ausfallkosten aufgrund von Maschinenstillständen sind demnach die Folge.

Ziel der Projektarbeit:

Das Ziel dieser Projektarbeit soll demzufolge eine Optimierung der bisherigen Lagerhaltung sein, um eine schnelle Ersatzteilbeschaffung gewährleisten zu können.

Grobgliederung:

1 Einleitung
  1.1 Darstellung des Unternehmens
  1.2 Vorstellung der Abteilung
2 Ausgangssituation
  2.1 Aktueller Zustand
  2.2 Problematik der Ausgangssituation
3 Gewünschter Soll-Zustand
4 Lösungsansätze
  4.1 Anforderungen an das zukünftige Regalsystem
  4.2 Darstellung der Alternativen
  4.3 Beurteilung der Alternativen mittels Nutzwertanalyse
5 Wirtschaftlichkeitsberechnung
  5.1 statische Berechnung
  5.2 dynamische Berechnung
6 Entscheidung und Begründung
7 Fazit und Empfehlung

27.03.2018
Datum

Bernhard Beispiel
Unterschrift

Bernhard Beispiel, Musterallee 4, 54321 Beispielshausen

Abbildung 7: Beispiele eines Themenvorschlages mit Grobgliederung

4.3 Beschaffen der Informationen

Die wichtigste Informationsquelle bei betrieblichen Projekten ist das Unternehmen. Natürlich sind die betroffenen Stellen über die Durchführung des Projektes zu informieren. Auch sollten eventuelle Genehmigungen (z. B. für die öffentliche Verwendung der Daten) eingeholt werden.

Gibt es seitens des Unternehmens keine Einwände, können so ziemlich alle internen Informationsquellen (z. B. Intranet, Rechnungswesen, Konstruktionszeichnungen, Stücklisten) herangezogen werden. Welche Sie letztendlich verwenden, hängt natürlich auch von Ihrem Projektthema ab.

Oft hilft es auch, die Daten (Unternehmen und Produkte) zu anonymisieren und nicht mit den realen Namen zu nennen und sie entweder durch Phantasienamen oder allgemeine Begriffe zu ersetzen, so dass eine Erkennung des Betriebes nicht möglich ist.

Falls Sie keine internen Informationsquellen verwenden dürfen oder keine zur Verfügung haben, stehen Ihnen auch eine Reihe an externen Informationsquellen zur Verfügung:

- Datensammlungen (z. B. Statistisches Bundesamt, IHK, Fachverbände)
- Internet (zuvor die Verlässlichkeit der Webseite prüfen)
- öffentlich zugängliche Fachbücher und Fachzeitschriften

Die externen Informationsquellen können natürlich auch zur Ergänzung der internen Informationsquellen verwendet werden.

Sobald Sie Ihre Themenvorschläge eingereicht haben, beginnen Sie mit der Vorarbeit. Dazu zählt in erster Linie das Beschaffen und Recherchieren von relevanten Daten und Literatur. Falls erforderlich, holen Sie sich schon die Betriebsgenehmigungen bei Ihrem Vorgesetzten oder eventuelle Angebote bei Lieferanten ein. Die eigentliche Zeit der Bearbeitung ist knapp, hier sollten Sie nicht mehr viel Aufwand für umfangreiche Datensuchen leisten. Sollten Sie im Laufe Ihrer Projektarbeit auf alternative Möglichkeiten stoßen, an die Sie zu Beginn nicht gedacht haben, entscheiden Sie sich schnell für die Alternative oder gehen den ursprünglichen Weg. Wie Sie sich auch immer entscheiden, denken Sie nicht mehr an die Alternative und arbeiten Sie auf keinen Fall parallel an mehreren Lösungen.

Wenn Sie genügend Informationen zusammengetragen haben, selektieren und komprimieren Sie sie. Stellen Sie sich die Frage, ist diese Information für die Arbeit wichtig oder eher weniger wichtig. Bringen Sie anschließend Ihre Informationen in eine sinnvolle Reihenfolge.

4.4 Formale Anforderungen

Werden die formalen Anforderungen nicht eingehalten, können bis zu 15 Punkte abgezogen werden. Daher sollten Sie sie unbedingt beachten und einhalten.

Anzahl	in der Regel 2-3 Exemplare, je nach IHK-Region (genauer Umfang wird mitgeteilt)
Erstellung	maschinengeschrieben mit dem PC (keine Handschrift)
Euro-Beträge	DIN-gerechte Darstellung (Tausenderpunkt und zwei Dezimalen) z. B. 978.040,40 €
Heftung	feste Verbindung z. B. Klebe- oder Spiralbindung (kein Schnellhefter)
Papierformat	DIN A4 (hochformatig und einseitig beschrieben)
Rechtschreibung	neue deutsche Rechtschreibung und Grammatik
Schriftart	technische Schriftart z. B. Arial, Calibri, Verdana, Tahoma
Schriftgröße	Überschriften: 16 bis 14 Punkt Text: 12 Punkt Tabellen können auch kleiner sein (dabei auf Lesbarkeit achten)
Seitennummerierung	startet mit Seite 1 auf der ersten Textseite (Titelblatt, Inhaltsverzeichnis und Anhang sind nicht mitnummeriert) für den Textblock arabische Zahlen (1, 2, 3, …), für das Inhaltsverzeichnis und den Anhang römische Zahlen (I, II, III, …).
Seitenränder	je nach IHK-Region, in der Regel links 2,5 cm und rechts 4,0 cm (Korrekturrand)
Seitenumfang	12 bis 30 Seiten, je nach IHK-Region (genauer Umfang wird mitgeteilt und sollte eingehalten werden); nicht eingerechnet werden Deckblatt, Inhalts-, Abkürzungs- und Literaturverzeichnis, Anhänge sowie die eidesstattliche Erklärung
Zeilenabstand	1,5-zeilig
Zeitdauer	30 Kalendertage (inklusive Samstage, Sonn- und Feiertage)

Tabelle 7: formale Anforderungen an die Projektarbeit

Die von Ihnen gewählten Lösungen sind mehrdimensional und begründet aufzuführen. Des Weiteren sollten sie präzise und verständlich dargestellt werden. Auch wenn Sie für Ihre Projektarbeit zwei völlig verschiedene Lösungsansätze haben, sollte der rote Faden stets erkennbar bleiben und man sollte Ihre Ausführungen logisch nachvollziehen können.

4.5 Struktur und Gliederung

Ihre Projektarbeit setzt sich je nach Thema aus folgenden Elementen zusammen:

- Deckblatt
- Inhaltsverzeichnis
- Abkürzungsverzeichnis
- Textteil
- Anhang (falls erforderlich)
- Abbildungsverzeichnis (falls erforderlich)
- Tabellenverzeichnis (falls erforderlich)
- Literaturverzeichnis (Quellenangaben)
- Eidesstattliche Erklärung

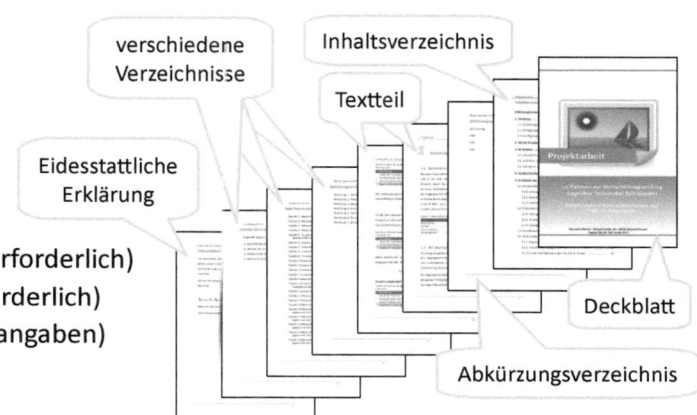

Abbildung 8: Gliederung der Projektarbeit

Deckblatt

Ihr Deckblatt enthält das Thema Ihrer Projektarbeit (so wie Sie es eingereicht haben), Ihren Namen (Vor- und Nachname) und Anschrift sowie das Abgabedatum und Ihre zuständige IHK. Wenn es möglich ist, fügen Sie noch eine passende Grafik ein, die für Ihre Projektarbeit steht.

Inhaltsverzeichnis

Sie können das Inhaltsverzeichnis entweder numerisch oder alphanumerisch mit oder ohne Einrückung gliedern. Es gibt die Gliederung der Projektarbeit anhand der Überschriften wieder. Ihre Projektarbeit sollte aus den 3 Bereichen »Einleitung«, »Hauptteil« und »Schluss« bestehen. Natürlich werden Sie diese drei Bereiche nicht als eigenständige Überschriften verwenden. Wählen Sie daher Ihre Überschriften immer passend aus.

Die Gliederungstiefe Ihrer Projektarbeit darf maximal vier Überschriftebenen enthalten (also bis maximal x.x.x.x). Auf jeden Gliederungspunkt muss immer ein weiterer gleichwertiger Gliederungspunkt folgen. Wenn Sie ein 2.2.1 verwenden, brauchen Sie auch ein 2.2.2. Die einzelnen Ebenen werden durch einen Punkt getrennt, es gibt aber keinen Schlusspunkt (z. B. nur 1.2.3 statt 1.2.3.).

Beispiel 4: Aufbau des Inhaltsverzeichnisses

numerischer Aufbau:	numerischer Aufbau:	alphanumerischer Aufbau:
(ohne Einrückung)	*(mit Einrückung)*	*(mit Einrückung)*
1 Überschriftebene 1	1 Überschriftebene 1	I Überschriftebene 1
1.1 Überschriftebene 2	1.1 Überschriftebene 2	A Überschriftebene 2
1.1.1 Überschriftebene 3	1.1.1 Überschriftebene 3	1 Überschriftebene 3
1.1.1.1 Überschriftebene 4	1.1.1.1 Überschriftebene 4	a) Überschriftebene 4
1.1.1.2 Überschriftebene 4	1.1.1.2 Überschriftebene 4	b) Überschriftebene 4
1.1.2 Überschriftebene 3	1.1.2 Überschriftebene 3	2 Überschriftebene 3
1.1.3 Überschriftebene 3	1.1.3 Überschriftebene 3	3 Überschriftebene 3
1.2 Überschriftebene 2	1.2 Überschriftebene 2	B Überschriftebene 2
1.3 Überschriftebene 2	1.3 Überschriftebene 2	C Überschriftebene 2
2 Überschriftebene 1	2 Überschriftebene 1	II Überschriftebene 1
usw.	*usw.*	*usw.*

Abkürzungsverzeichnis

Nicht allgemein bekannte Abkürzungen sollten generell vermieden werden. Verwenden Sie daher immer den Volltext bzw. das ausgeschriebene Wort bzw. Wörter. Lässt es sich nicht vermeiden, weil es sich z. B. um eine spezielle Maßeinheit oder um einen technischen Fachbegriff handelt, müssen Sie die Abkürzung mit Erklärung ins Abkürzungsverzeichnis aufnehmen. Schreiben Sie dennoch bei der erstmaligen Verwendung der Abkürzung den Volltext dazu.

Tipp

Fügen Sie das Abkürzungsverzeichnis vor dem eigentlichen Textteil ein. So hat der Leser bereits vor dem Durchlesen die Möglichkeit, sich mit den verwendeten Abkürzungen vertraut zu machen.

Beispiel 5: Aufbau des Abkürzungsverzeichnisses

z. B.	zum Beispiel
bzw.	beziehungsweise
usw.	und so weiter
...	

Textteil

Der Textteil der Projektarbeit sollte sich über mindestens 12, jedoch maximal 30 Seiten erstrecken (den genauen Umfang bekommen Sie von Ihrer zuständigen IHK). Die Seitennummerierung startet auf der ersten Textseite des Textteils mit 1. Das Deckblatt, Inhalts- und ein eventuell vorhandenes Abkürzungsverzeichnis zählen nicht zu dieser Seitennummerierung dazu.

Größere Abbildungen, Berechnungen oder Ähnliches sollten Sie nur dann in den Textteil einfügen, wenn sie zum Verständnis unbedingt benötigt werden. Ansonsten kommen solche Inhalte in den Anhang, den Sie im Anschluss an den Textteil anfügen. Kleinere Abbildungen können Sie natürlich auch in den Textteil einbauen.

Verwenden Sie Abbildungen, Zitate oder andere Bestandteile, die nicht von Ihnen, sondern aus einer fremden Quelle stammen, so ist eine Quellenangabe erforderlich. Diese setzen Sie am Besten in die Fußnote auf der Seite, auf der sie verwendet wird. Zusätzlich wird die Quelle im Quellen- bzw. Literaturverzeichnis angegeben.

Eine Quellenangabe besteht aus Nach- und Vornamen des Autors, dem kompletten Titel des Werkes, der Auflage (falls diese Angabe vorhanden ist), dem Verlag und Verlagsort sowie das Erscheinungsjahr. Übernehmen Sie Teile aus regelmäßig erscheinenden Schriften, so sind Vor- und Nachname des Autors, Erscheinungsjahr, Titel des Artikels, Name der Zeitschrift, Jahrgang, Nummer und Seitenzahl anzugeben.

Beispiel 6: Quellenangaben

Buchzitat:

<Autor>: *<Buchtitel>*, x. Auflage, Verlag *<Verlagsname, Ort> <Jahr>*

Internetzitat:

<Autor> (*<Jahr>*): *<Titel/Thema>*, URL: *<komplette Internetadresse>*

Sie sollten mit wörtlichen Zitaten eher sparsam umgehen. Zitieren Sie dennoch etwas wörtlich, so werden die übernommenen Textteile in Anführungszeichen gesetzt.

Alle Überschriften, die im Inhaltsverzeichnis stehen, müssen im Textteil in der gleichen Reihenfolge wieder auftauchen. Die mit Ihrem Themenvorschlag eingereichte Grobgliederung war mit ausschlaggebend für die Auswahlentscheidung des Prüfungsausschusses. Nun müssen Sie auch zu dem stehen, was Sie vorgelegt haben. Schreiben Sie zu jeder Überschrift einen passenden und aussagekräftigen Text. Wenn Sie merken, dass eine Hauptüberschrift nicht mehr passt und gravierend verändert werden muss, nehmen Sie Kontakt zu Ihrem Betreuer des Prüfungsausschusses auf. Nichtssagende Aussagen wie »Auf diesen Punkt soll an dieser Stelle nicht eingegangen werden.« sollten Sie unterlassen.

Möchten Sie an einer bestimmten Stelle zum Text eine gesonderte Erklärung, die zum besseren Verständnis dient, können Sie diese mit »Exkurs« überschreiben und etwas einrücken. Alternativ können Sie auch die Fußnote verwenden, wenn Sie den Lesefluss nicht unterbrechen möchten. Denken Sie daran, auch diese durchzunummerieren. Um eine noch deutlichere Abhebung zu erzielen, können Sie die Schriftgröße z. B. auf 8 Punkt verkleinern.

Weitere wichtige Punkte zur Bewertung sind Sprache, Rechtschreibung und Interpunktion (Satzzeichen). Grobe Mängel haben einen Punktabzug zur Folge! Daher ist eine gründliche Korrekturlesung unvermeidbar. Lassen Sie Ihre Projektarbeit von Ihrem Freund/in, Ehepartner, Kollegen oder von einer sonstigen außenstehenden Person durchlesen. Fragen Sie den Korrekturleser auch nach Verständnisproblemen. Oftmals sind Sachverhalte, die Ihnen klar sind, für andere unbekannt.

Nutzen Sie auch die Rechtschreibprüfung Ihres Textverarbeitungsprogramms (startet mit der Taste [F7]). Es werden dabei zwar nicht alle Fehler zuverlässig gefunden, aber zumindest die „groben" Fehler werden beseitigt. Daher ist eine mehrmalige Korrekturlesung von mehreren Personen zwingend erforderlich.

Es gibt zwar keine allgemeine Vorgabe seitens der IHK, schreiben Sie aber in einer neutralen Sprache und nicht in der »ich-Form«.

Gliedern Sie Ihren Text in sinnvolle Abschnitte. Nichts ist anstrengender als 30 Seiten Fließtext durchlesen zu müssen. Da hätten Sie bestimmt auch nach der 2. Seite keine Lust mehr. Wenn es der Inhalt des Textes zulässt, teilen Sie ihn in mehrere Absätze.

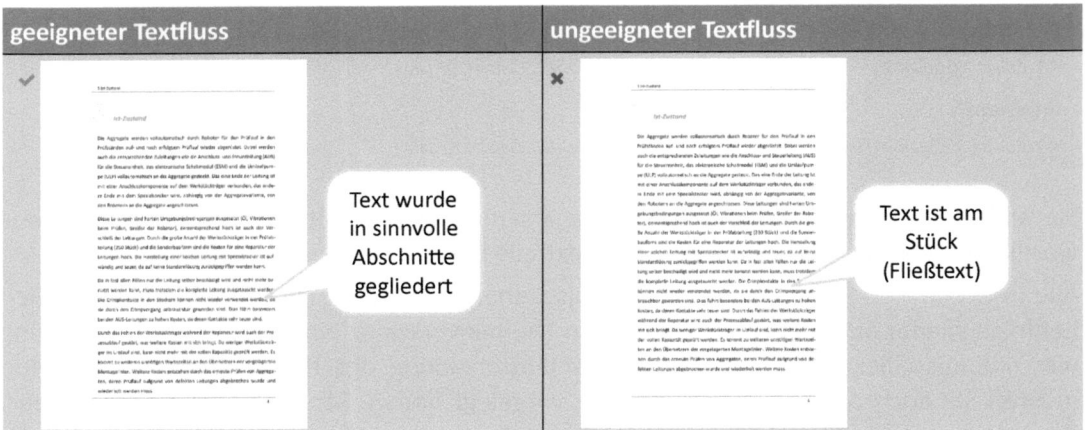

Tabelle 8: geeigneter und ungeeigneter Textfluss

Formeln

Sie kommen in fast jeder Projektarbeit vor. Jeder Berechnung, seien es kalkulatorische Zinsen, Amortisationszeiten, Zeitaufwände oder nur die Gesamtkosten, liegt eine Formel zu Grunde. Eine Formel stellt einen Zusammenhang zwischen mathematischen Größen dar, wie beispielsweise Zeit und Geld bei der Kapitalwertmethode. Sie werden dabei als Gleichung geschrieben.

Wenn Sie eine Berechnung durchführen, rechnen Sie nicht einfach darauf los, sondern schreiben Sie immer zuerst die entsprechende Formel hin. So haben Sie und der Prüfungsausschuss den Überblick, was und wie Sie gerechnet haben. Idealerweise schrieben Sie die Formel einmal mit den Formelzeichen oder auch mit Worten und anschließend mit den reellen Werten hin, bevor sie das Ergebnis berechnen.

Beispiel 7: Formeln

Kapitalwiedergewinnungsfaktor $r = \dfrac{i \cdot (1+i)^n}{(1+i)^n - 1} = \dfrac{0{,}0424 \cdot (1+0{,}0424)^{10}}{(1+0{,}0424)^{10} - 1} = 0{,}124768$

Kapitalwiedergewinnungsfaktor $= \dfrac{\text{Zinssatz} \cdot (1+\text{Zinssatz})^{\text{Jahre}}}{(1+\text{Zinssatz})^{\text{Jahre}} - 1} = \dfrac{0{,}0424 \cdot (1+0{,}0424)^{10}}{(1+0{,}0424)^{10} - 1} = 0{,}124768$

Vermeiden Sie jedoch Formeln in der Textform, wie in Tabelle 9 dargestellt. Solche Formeln wirken unprofessionell und sind zudem unübersichtlich.

geeignete Formel	ungeeignete Formel
✓ $r = \dfrac{0{,}0424 \cdot (1+0{,}0424)^{10}}{(1+0{,}0424)^{10} - 1}$	✗ r = 0,0424 * (1 + 0,0424)^10 : (1 + 0,0424)^10 – 1

Tabelle 9: geeignete und ungeeignete Formeln

An dieser Stelle sei noch darauf hingewiesen, dass die entsprechenden Einheiten in Ihren Berechnungen natürlich nicht vergessen werden dürfen. Um etwas Übersichtlichkeit in längere Berechnungen (bspw. Maschinenstundensatz) zu bringen, können Sie auch einen kleinen Hinweis »alle Beträge in Euro« vermerken und die Einheit dann weglassen.

Literaturverzeichnis

In das Literaturverzeichnis kommen alle Fußnoten und alle benutzten Quellen. Die einzelnen Angaben werden alphabetisch nach dem Nachnamen des Autors sortiert. Die Quellen sind dabei fortlaufend durchzunummerieren. Sie müssen allerdings nur Quellen angeben, die jederzeit öffentlich einsehbar sind. Inhalte aus dem Intranet Ihrer Firma müssen Sie daher nicht angeben.

> **Beispiel 8: Aufbau des Literaturverzeichnisses**
> Folgende Quellen wurden zur Informationsgewinnung genutzt:
> – Internetseite *<Titel>* (*<komplette Internetadresse>*)
> – Produktkatalog 2018
> – Datenblatt des behandelten Produktes
> ...

Abbildungsverzeichnis

Abbildungen lockern den Textfluss auf, unterstützen und veranschaulichen das Geschriebene. Verwenden Sie in Ihrer Projektarbeit mehrere Abbildungen, so können Sie ein Abbildungsverzeichnis erstellen. Kommen in Ihrer Projektarbeit jedoch nur wenige Abbildungen vor, können Sie auch auf ein Abbildungsverzeichnis verzichten. Das Abbildungsverzeichnis gleicht vom Aufbau her dem Inhaltsverzeichnis. Es enthält die Abbildungsnummer (z. B. Abbildung 1), den Titel der Abbildung, sowie die Seitenzahl, auf der sich die Abbildung befindet.

> **Beispiel 9: Aufbau des Abbildungsverzeichnisses**
> Abbildung 1: Firmenlogo 5
> Abbildung 2: Produkt, um das es geht 6
> ...

Tabellenverzeichnis

Tabellen eignen sich oft, um Inhalte (z. B. Vor- und Nachteile) übersichtlich gegenüber zustellen oder um Berechnungen durchzuführen. Wenn Sie in Ihrer Projektarbeit mehrere Tabellen verwenden, so können Sie ein Tabellenverzeichnis erstellen. Das Tabellenverzeichnis gleicht vom Aufbau her dem Inhaltsverzeichnis. Es enthält die Tabellennummer (z. B. Tabelle 1), den Titel der Tabelle, sowie die Seitenzahl, auf der sich die Tabelle befindet.

> **Beispiel 10: Aufbau des Tabellenverzeichnisses**
> Tabelle 1: Vor- und Nachteile der Einführung 7
> Tabelle 2: Berechnung der Einführungskosten 11
> Tabelle 3: tabellarische Darstellung der Einführung 13
> ...

Eidesstattliche Erklärung

Sie müssen am Ende Ihrer Projektarbeit durch Ihre Unterschrift bestätigen, dass Sie Ihre Projektarbeit selbstständig und nur mit den angegebenen Hilfsmitteln erstellt haben. Schreiben Sie daher auf die letzte Seite eine eidesstattliche Erklärung (diese Seite zählt nicht zum Hauptteil dazu):

Beispiel 11: Eidesstattliche Erklärung

Ich versichere, dass ich die beiliegende Projektarbeit selbstständig verfasst, keine anderen als die angegebenen Quellen und Hilfsmittel benützt, sowie alle wörtlichen oder sinngemäß übernommenen Stellen in der Arbeit gekennzeichnet habe.

Ich bin mir bewusst, dass eine falsche Erklärung rechtliche Folgen für mich haben kann.

Ort, Datum

<handschriftliche Unterschrift>

4.6 Gestaltung der Projektarbeit

Die formalen Anforderungen an die Projektarbeit sind Ihnen bereits bekannt. Jetzt dreht es sich um die innere Gestaltung der Arbeit. Die unten stehenden Punkte sind vielmehr als Tipps zu Satz, Grafik, Schrift und Seitengestaltung gedacht.

Die Erstellung von Texten geschieht nach bestimmten Normen, die die Lese- und Sehgewohnheiten beeinflussen. Unter anderem auch auf diejenigen, die Ihre Arbeit am Schluss beurteilen und bewerten sollen. Der Lesefluss gerät ins Stocken, wenn Sie oft und weit von diesen Normen abweichen.

- ☑ Wenn Sie Bilder (z. B. Fotos) oder Grafiken (z. B. Zeichnungen) verwenden, fügen Sie sie logisch in den Text ein. Nummerieren Sie Ihre Bilder durch und führen Sie sie im Anhang im Abbildungsverzeichnis auf. Versehen Sie Bilder mit einem Titel und Quellenangabe. Haben Sie das Bild selbst erstellt, so liegt die Quelle bei Ihnen. Vermeiden Sie Handskizzen und verwenden Sie, wenn es Ihnen möglich ist, computergestützte Grafiken. Achten Sie auch auf eine angemessene Größe und vermeiden Sie die Briefmarkengröße, auf der nur schwer etwas zu erkennen ist. Seitenfüllende Bilder finden im Anhang Platz und werden im Text mit einem entsprechenden Hinweis versehen.

- ☑ Satzzeichen folgen immer auf den letzten Buchstaben des vorhergehenden Wortes und haben immer ein Leerzeichen danach. Bei Bindestrichen wird genauso vorgegangen. Außer bei Bindestriche in zusammengesetzten Wörtern (z. B. Doppelnamen) oder bei Gedankenstrichen. Diese haben davor und dahinter jeweils ein Leerzeichen.

☑ Kommt es zu einem Seitenwechsel, achten Sie darauf, dass am unteren Seitenrand der vorhergehenden Seite noch mindestens drei Zeilen des Absatzes stehen bleiben (Schusterjungenregelung). Überschriften dürfen nicht alleine am unteren Seitenrand stehen. Achten Sie darauf, dass Aufzählungen nicht durch einen Seitenwechsel getrennt werden und sich über zwei Seiten erstrecken. Auch die Silbentrennung des letzten Wortes auf einer Seite sollte vermieden werden.

☑ Sie können Ihren Text linksbündig (links gerader Rand und rechts Fransen) oder als Blocksatz (beidseitig gerade Ränder) ausrichten. Entscheiden Sie sich für Blocksatz, achten Sie darauf, dass die letzte Zeile von Ihrem Textverarbeitungsprogramm nicht ausgetrieben wird (Blocksatzausrichtung wird auch mit wenigen Wörtern gemacht, was unschöne große Lücken zwischen den Wörtern mit sich zieht). Um den Lesefluss zu verbessern und große Lücken am Zeilenende zu verhindern, sollten Sie die Silbentrennung aktivieren. Überprüfen Sie jedoch zur Sicherheit alle automatisch getrennten Stellen.

☑ Verwenden Sie für Aufzählungen einfache Spiegelstriche (–). Verzichten Sie auf Punkte oder andere verspielte Symbole.

☑ Verwenden Sie nicht zu viele Hervorhebungen (z. B. fett, kursiv, unterstrichen), sondern beschränken Sie sich auf die wirklich wichtigen Wörter.

☑ Wenn Sie in Ihrer Projektarbeit einen neuen Aspekt behandeln, kennzeichnen Sie dies durch einen neuen Absatz. Zwischen dem alten und dem neuen Absatz ist ein Abstand (ca. 0,3 cm bei 1,5-zeiligem Zeilenabstand) einzufügen. Alternativ können Sie den Abstand dazwischen auch weglassen, wenn Sie einen hängenden Einzug (eingerückter Einzug von ca. 1,2 bis 1,5 cm) verwenden.

☑ Werden Anmerkungen in Klammer gesetzt, so steht jeweils vor der öffnenden Klammer und nach der schließenden Klammer ein Leerzeichen. Nach der öffnenden und vor der schließenden Klammer steht jeweils kein Leerzeichen. Steht Text in Anführungszeichen, steht nach dem öffnenden und vor dem schließenden Anführungszeichen ebenso kein Leerzeichen.

☑ Sollten Sie Maßeinheiten verwenden, so setzen Sie zwischen der Maßzahl und der Maßeinheit ein geschütztes Leerzeichen (bspw. 3 cm). Aber auch bei Abkürzungen (z. B., u. a.) sollten Sie es verwenden. Eingefügt wird es mit der Tastenkombination [STRG] und [SHIFT] und [LEERZEICHEN]. Die beiden Wörter sind somit fest miteinander verbunden. Der ungewollte Zeilenumbruch, bei dem die Maßeinheit in der neuen Zeile steht, wird verhindert. Bei Blocksatz wird zudem der Abstand zwischen Maßzahl und Maßeinheit deutlich verringert.

Wenn Sie in Ihrem Projekt mit mehreren Firmen zusammenarbeiten, deren Namen Sie aber nicht verwenden wollen oder dürfen, wählen Sie fiktive Namen wie Gartenbau GmbH oder Transport AG und vermeiden Sie einfache Benennungen wie Firma A und Firma B.

4.7 Kriterien zur Bewertung

Sicherlich interessant für Sie sind die Kriterien, nach denen Ihre Projektbearbeitung beurteilt wird. Prüfen Sie daher, ob Sie die nachfolgenden Punkte erfüllen.

- ☞ Ist Ihre Argumentation schlüssig?
- ☞ Ist eine Eigenständigkeit bei der Bearbeitung erkennbar?
- ☞ Ist ein Praxisbezug erkennbar?
- ☞ Stimmt das bearbeitete Thema mit dem eingereichten Thema überein?
- ☞ Stimmt das Verhältnis zwischen technischen und betriebswirtschaftlichen Inhalten?
- ☞ Wie ist die Projektarbeit strukturiert (übersichtlich, logisch, nachvollziehbar)?
- ☞ Wie stimmig ist das äußere Erscheinungsbild (z. B. Ausdrucksweise, Rechtschreibung)?
- ☞ Wie wurden die Lösungen aufgezeigt? Welche Lösungsalternativen wurden gefunden? Wie wurden sie bewertet/begründet?
- ☞ Wurde das Problem fachlich richtig und mit zutreffender Fachsprache sowie nachvollziehbar gelöst?
- ☞ Wurde das Thema inhaltlich vollständig erfasst oder nur einige Teilaspekte?
- ☞ Wurden die geforderten formalen Anforderungen (siehe Seite 44) eingehalten?

Die Projektarbeit und das anschießende Fachgespräch werden jeweils für sich benotet. Beide Noten bilden wiederum die Note des 3. Prüfungsteils »fachübergreifender technikbezogener Prüfungsteil« (die Projektarbeit zählt dabei zwei Drittel, das Fachgespräch ein Drittel).

5 DAS FACHGESPRÄCH

ZUR PROJEKTARBEIT

Das Fachgespräch zur Projektarbeit ist die letzte Teilprüfung der Weiterbildung zum Geprüften Technischen Betriebswirt. In ihm wird zu Beginn eine Präsentation über die Projektarbeit gehalten und anschließend werden Fragen zur Projektarbeit gestellt.

Das Fachgespräch zur Projektarbeit ähnelt in seinem Ablauf dem eines „normalen" Fachgespräches. Die beiden wichtigsten Unterschiede sind erstens, dass der Schwerpunkt Ihre Projektarbeit ist und zweitens, Sie sich deswegen sehr gut darauf vorbereiten können. Es soll an dieser Stelle nur auf die Unterschiede und Abweichungen vom „normalen" Ablauf eingegangen werden.

Im ersten Teil dieses Fachgespräches sollen Sie die wichtigsten Fakten und Punkte Ihrer Projektarbeit in einer kurzen, 15 minütigen Präsentation vorstellen. Gehen Sie davon aus, dass mindestens ein Prüfungsausschussmitglied Ihre Projektarbeit gelesen und beurteilt hat. Die anderen Mitglieder kennen Ihre Arbeit nicht und sollen in der Kurzpräsentation darüber informiert werden.

Nachdem Sie Ihre Kurzpräsentation über Ihre Projektarbeit gehalten haben, kommen hauptsächlich Fragen seitens des Prüfungsausschusses zu Ihrer Projektarbeit. Wobei abhängig vom Thema und Ihren Antworten auch andere Themen angeschnitten werden können. Meistens sind dies Verständnisfragen zu Fachbegriffen oder zu Ihrer gewählten Vorgehensweise bei der Erarbeitung der Lösung.

Das Fachgespräch inklusive Präsentation dauert meistens zwischen 30 und 45 Minuten. Ihre Präsentation sollte maximal 15 Minuten dauern, jedoch nicht kürzer als 10 Minuten sein.

5.1 Vorbereitung

Erwartet wird im Allgemeinen eine professionelle Präsentation, zu der unter anderem auch die Wahl der geeigneten Präsentationsmittel zählt. Ihre komplette Präsentation bereiten Sie zu Hause vor und bringen diese am Tag der Prüfung mit. Fragen Sie schon im Voraus nach, welche Präsentationsmittel am Tag der Präsentation zur Verfügung stehen. Es besteht keine Garantie, dass diese Präsentationsmittel auch funktionieren. Bei den einfachen Mitteln wie Flipchart oder Pinnwand brauchen Sie sich keine Gedanken zu machen.

Alle in Ihrer Präsentation verwendeten Mittel müssen Sie selbst besorgen. Sie haben dort keine Möglichkeit, noch schnell ein Flipchart zu schreiben. Kümmern Sie sich daher rechtzeitig um eventuell noch benötigte Materialien. Wenn Sie auf einen Beamer angewiesen sind, verlassen Sie sich jedoch nicht darauf, dass der dortige Beamer auch funktioniert. Was ist, wenn er bei Ihnen versagt und Sie haben nur Ihre Präsentation auf dem USB-Stick dabei? Nehmen Sie zur Ihrer eigenen Sicherheit einen Beamer mit. Wenn Sie keinen Beamer Ihr Eigen nennen, fragen Sie Freunde/Bekannte oder Ihren Vorgesetzten, ob Sie sich für den Tag der Prüfung einen Beamer ausleihen können. Drucken Sie sich für den absoluten Notfall Ihre Präsentation aus.

Tipp
*Empfehlenswert ist auch der Einsatz eines sogenannten **Presenters**, eine kleine „Fernbedienung", die Sie an den USB-Port anschließen. Über ihn können Sie nun Ihre Präsentation steuern und sich trotzdem frei im Raum bewegen. Mit dem integrierten Laserpointer können Sie zudem auf bestimmte Punkten an der Leinwand zeigen.*

Schauen Sie sich am Vortag Ihre Projektarbeit noch einmal gründlich an. Sie müssen Ihre Projektarbeit nicht auswendig lernen, sondern Sie dürfen diese in die Prüfung mitnehmen und bei Bedarf dort nachschlagen.

Falls es möglich sein sollte, können Sie auch ein Anschauungsobjekt mitbringen, über das Sie Ihre Projektarbeit geschrieben haben. Fragen Sie aber vorher Ihren Vorgesetzten.

Wenn Sie da sind, müssen Sie vor Ihrem Prüfungsraum warten, bis Sie an der Reihe sind. Sie können sich auch mit anderen Prüfungskandidaten unterhalten, um sich etwas abzulenken, aber seien Sie trotzdem leise, um nicht andere während ihrer Prüfung zu stören.

5.2 Die Präsentation

Inhaltlicher Aufbau Ihrer Präsentation

Der Inhalt der Präsentation ist natürlich Ihre Projektarbeit. Vermeiden Sie jedoch, dass Sie Ihre Projektarbeit wortwörtlich zitieren und vorlesen! In einer Präsentation sollten komplette Fließtexte vermieden werden. Verwenden Sie stattdessen Stichworte oder gekürzte Sätze. Aufzählungen können Sie 1:1  übernehmen, wenn sie nicht zu viele Punkte enthalten und es jeweils keine ausführlichen Sätze sind. Es sollen keine ganzen Sätze geschrieben sein, kürzen Sie diese daher bei Bedarf. Bilder, Abbildungen, Tabellen oder ähnliches dürfen Sie selbstverständlich ohne Veränderung wieder verwenden. Achten Sie darauf, dass man auch aus einer größeren Entfernung erkennt, was Sie zeigen wollen. Nutzen Sie den Platz auf einer Folie ganz aus und skalieren Sie Ihr Objekt so groß wie möglich. Idealerweise löschen Sie nicht benötigte Details vorher heraus und konzentrieren sich nur auf das Wesentliche. Dadurch wird die Übersichtlichkeit verbessert. Verwenden Sie keine zu ähnlichen und zu hellen Farben. Durch den Beamer bzw. Overheadprojektor und die Lichteinwirkung werden die Farben oft anders dargestellt, als Sie es geplant hatten.

Orientieren Sie sich beim inhaltlichen Ablauf an der Gliederung Ihrer Projektarbeit. Beginnen Sie mit der Vorstellung Ihres Betriebes (z. B. Tätigkeit, relevante Unternehmenskennzahlen). Anschließend gehen Sie kurz auf das Thema ein, warum Sie das Projekt ausgewählt haben. Beschreiben Sie in knappen Worten den Istzustand und den gewünschten Sollzustand. Den Hauptteil, der Entwicklung Ihrer Lösung bzw. Lösungsalternativen sollten Sie etwas ausführlicher darstellen. Zeigen Sie auf, wie Sie auf Ihre Lösung gekommen sind, was für Probleme aufgetreten sind und was Sie alles dabei beachtet und getan haben. Schweifen Sie dennoch nicht zu sehr in die Tiefe ab, da Ihnen sonst Ihre Zeit davon läuft.

Was auch gewertet wird, ist Ihr Auftreten. Versuchen Sie, während Ihrer Präsentation nicht wie beim Militär immer nur stramm auf einer Stelle zu stehen. Laufen Sie auch nicht nervös im Kreis herum. Ändern Sie hin und wieder einmal Ihren Standpunkt, z. B. um etwas an der Pinnwand oder Flipchart zu zeigen. Zum Auftreten gehört auch Ihre Kleidung. Diese sollte  angemessen dem Anlass entsprechen (vermeiden Sie daher T-Shirt, Jeans und Turnschuhe).

Als Abschluss sollten Sie zusätzlich zur Zusammenfassung ein Fazit einbauen. Da Ihr Projekt ja nun seit einiger Zeit umgesetzt ist, hat sich bestimmt schon etwas getan. Zeigen Sie daher kurz die bisherigen Veränderungen zwischen altem und neuem Zustand auf oder wie weit Sie Ihr Ziel schon erreicht haben.

Möchten Sie zusätzliche Informationen an die Zuhörer geben, diese eigenen sich aber nicht zum Präsentieren, verteilen Sie Zusatzblätter. Auf ihnen können Sie z. B. die Berechnung von Zahlen darstellen, die Sie in Ihrer Präsentation verwenden. Oder Sie drucken auf solche Blätter noch einmal detaillierte Grafiken und Tabellen. Teilen Sie Ihre Zusatzblätter erst dann aus, wenn Sie benötigt werden.

Ablauf der Präsentation

Wie Sie eine Präsentation aufbauen, haben Sie bereits im Kapitel 1 »Von der Idee zur fertigen Präsentation« ab Seite 6 erfahren. Da Sie in Ihrer Weiterbildung schon einmal eine Präsentation in der mündlichen Situationsaufgabe gehalten haben, ist Ihnen der Ablauf bereits bekannt.

Bevor es los geht bekommen Sie einige Minuten, um sich auf die Präsentation vorzubereiten. Hängen Sie Ihre Agenda gut sichtbar auf. Prüfen Sie den Overheadprojektor bzw. Beamer und stellen Sie ihn scharf ein. Starten Sie Ihr Notebook und öffnen Sie Ihre Präsentation. Verbinden Sie erst jetzt Ihr Notebook mit dem Beamer. Es macht keinen professionellen Eindruck, wenn Ihr Publikum Einblicke in Ihr Notebook bekommt. Sei es Ihr Hintergrundbild oder Ihre Ordnerstrukturen. Positionieren Sie Ihre Pinnwand, falls Sie eine verwenden, an einem günstigen Platz.

Sind Sie startklar, werden Sie gefragt, ob Sie gesund sind und die Prüfung ablegen können. Wenn Sie diese Fragen mit »Ja« beantworten, zählt Ihre Prüfung. Dort müssen Sie sich eventuell ausweisen, falls der Prüfungsausschuss Sie nicht kennt. Denken Sie daher an Ihren Personalausweis. Bevor man Ihnen das Wort ergibt, stellt sich der Prüfungsausschuss kurz vor. Es sind in der Regel Dozenten, die Sie bereits hatten oder von Ihrer Weiterbildung her kennen. Es kommt eine letzte Frage, ob Sie ein Mitglied für befangen halten. Ist alles geklärt, haben Sie das Wort.

Stellen Sie sich mit Namen und Ihrer aktuellen Tätigkeit vor und was Sie in Ihrer Präsentation behandeln werden (die Vorstellung Ihrer Projektarbeit). Gehen Sie anschließend auf Ihre Agenda ein. Stellen Sie sie auch vor. Anschließend präsentieren Sie Ihre Zusammenfassung Ihrer Projektarbeit. Reden Sie nicht mit der Wand oder Ihrem Notebook, sondern halten Sie Blickkontakt mit dem Prüfungsausschuss.

Tipp:
Um Ihre Präsentationskompetenz zu zeigen, haken Sie den Punkt auf der Agenda ab, den Sie soeben behandelt haben. Zudem lockert es den Vortrag auf.

Sind Sie am Ende angelangt, bedanken Sie sich für die Aufmerksamkeit. Nun können Sie erst einmal durchatmen, Sie haben den ersten Teil überstanden!

5.3 Das anschließende Fachgespräch

In aller Regel wird man Ihnen nach der Präsentation einen Platz anbieten. Je nach Bildungsträger steht auch ein Glas Wasser bereit. Begonnen wird bei Ihrem Thema der Projektarbeit. Unklarheiten oder Verständnisfragen seitens  des Prüfungsausschusses werden geklärt. Anschließend entwickelt sich der weitere Ablauf individuell und hängt von der Situation und dem Thema ab. In aller Regel wird Ihre Vorgehensweise hinterfragt. Sie müssen Rede und Antwort stehen, warum Sie es gerade so und nicht anders gemacht haben. Aber da Sie Ihr Projekt selbst gemacht haben, fällt Ihnen die Antwort nicht schwer. Die Prüfer wollen zum einen sehen, dass Sie die Projektarbeit selbst gemacht haben und zum anderen, ob Sie ein Thema bzw. einen Sachverhalt ganzheitlich von mehreren Gesichtspunkten betrachten können.

Scheuen Sie sich nicht, bei Unklarheiten nachzufragen, falls Sie die Frage nicht richtig verstanden haben.

Tipp

Wenn es die Gelegenheit zulässt, können Sie auch Ihre Antwort mit einer kleinen Skizze unterlegen. Denn oftmals kann man etwas an einem Bild besser erklären als nur mit Worten.

Ist die Prüfungszeit abgelaufen, werden Sie gebeten, für ein paar Minuten den Raum zu verlassen, bevor Sie wieder hereingebeten werden. In den meisten Fällen bekommen Sie nun das lang ersehnte Dokument, auf dem steht, dass Sie bestanden haben. Sollte dies der Fall sein, von meiner Seite herzlichen Glückwunsch! Sie haben soeben Ihre Weiterbildung erfolgreich abgeschlossen und dürfen sich von nun an Geprüfte/r Technische/r Betriebswirt/in nennen! Abhängig vom Bildungsveranstalter bekommen Sie auch gleich Ihre Punktzahl mitgeteilt.

Sollten Sie nicht erfolgreich gewesen sein, bekommen Sie in den meisten Fällen eine Rückmeldung, warum Sie es nicht geschafft haben. Nutzen Sie diese Gelegenheit und vermeiden Sie diese Fehler bei der nächsten Prüfung, die Sie in einem halben Jahr wiederholen können.

Vergessen Sie trotz aller Freude (oder Enttäuschung) nicht, Ihre persönlichen Gegenstände wieder mitzunehmen. Verabschieden Sie sich vor dem Gehen bei Ihrem Prüfungsausschuss.

6 DIE ERSTELLUNG

DER PROJEKTARBEIT

*Die Erstellung der Projektarbeit erfordert besondere Vor-
gaben an die äußere und innere Gestaltung.*

Um diesen Anforderungen gerecht zu werden, sind umfangreiche Kenntnisse im Umgang mit Textverarbeitungsprogrammen erforderlich. Da viele angehende Technische Betriebswirte selten so anspruchsvolle Dokumente erstellt haben, sollen Ihnen hier einige Tipps und Anregungen mitgegeben werden, wie Sie auch ohne große Vorkenntnisse eine ansprechende Projektarbeit erstellen können. Alles was Sie dazu benötigen ist ein relativ aktuelles Textverarbeitungsprogramm, wie beispielsweise **LibreOffice 6 Writer** oder **Microsoft Word 2016**.

Mit den nachfolgenden Tipps gelingt Ihnen die Gestaltung Ihrer Projektarbeit fast von selbst. Es mag am Anfang vielleicht umständlich erscheinen, zahlt sich aber später aus, wenn Sie mit nur einem Klick alles verändern können. Außerdem können Sie sich viel Anpassungsarbeit von Ihrem Textverarbeitungsprogramm abnehmen lassen.

Software-Tipp

Sollten Sie kein aktuelles Textverarbeitungsprogramm zur Verfügung haben, können Sie sich LibreOffice 6 kostenlos aus dem Internet herunterladen (ca. 210 bis 270 MB, je nach Version). Dieses Programm ist für Windows wie auch für Linux und Mac OS X erhältlich.

6.1 Hilfsmittel aktivieren

Moderne Textverarbeitungsprogramme bieten Ihnen von Haus aus eine Menge an nützlichen Hilfsmitteln, um Ihnen die Arbeit so einfach wie möglich zu machen.

Steuerzeichen

Diese seltsamen Zeichen geben Ihnen wichtige Informationen über den Textfluss. Jedes Absatzende wird beispielsweise mit einem ¶, jedes Leerzeichen durch einen Punkt · und Tabulatoren mit einem Pfeil → gekennzeichnet. Diese Steuerzeichen werden jedoch nur im Programm angezeigt und nicht mitgedruckt.

So aktivieren Sie die Steuerzeichen:

LibreOffice 6 Writer	Microsoft Word 2016
• Klicken Sie im Menü auf *Ansicht* → *Steuerzeichen* bzw. *Formatierungszeichen*.	• Klicken Sie im Register *Start* im Feld *Absatz* auf das *Steuerzeichensymbol* ¶.

Tabelle 10: Steuerzeichen aktivieren

automatische Rechtschreibprüfung

Lassen Sie während Ihrer ganzen Schreibarbeit die **automatische Rechtschreib-prüfung** mitlaufen. Falsch geschriebene Wörter werden mit einer roten Wellenli-nie unterstrichen. So können Sie Rechtschreibfehler gleich beseitigen.

So aktivieren Sie die automatische Rechtschreibprüfung:

LibreOffice 6 Writer	Microsoft Word 2016
• Klicken Sie im Menü auf *Extras → Automati-sche Rechtschreibprüfung*.	• Klicken Sie auf *Datei → Optionen → Doku-mentprüfung*. • Setzen Sie den Haken bei *Rechtschreibung während der Eingabe überprüfen*. • Klicken Sie auf *OK*.

Tabelle 11: automatische Rechtschreibprüfung aktivieren

Wortergänzung

Sie ist eines der besten Hilfsmittel! So müssen Sie oft verwendete Wörter nicht ständig komplett eintippen. Tippen Sie die ersten Buchstaben eines Wortes ein und das Textverar-beitungsprogramm macht Ihnen einen Vorschlag, den Sie einfach mit der [ENTER]-Taste übernehmen. Natürlich müssen Sie das Wort zuerst einmal ausgeschrieben haben.

So aktivieren Sie die Wortergänzung:

LibreOffice 6 Writer	Microsoft Word 2016
• Gehen Sie im Menü auf *Extras → AutoKorrek-tur → AutoKorrektur-Optionen…*. • Im Dialogfenster wechseln Sie auf die Regis-terkarte *Wortergänzung*. • Setzen Sie den Haken bei *Wortergänzung akti-vieren*. • Hier können Sie auch die Mindestbuchstaben-anzahl angeben, die ein Wort haben muss, da-mit es in die Liste aufgenommen wird. • Klicken Sie anschließend auf *OK*.	• Ist in Word leider nicht vorhanden ☹. Sollten Sie häufig lange Wörter benötigen, können Sie diese mit Hilfe der Autokorrektur bzw. Text-bausteine ersetzen lassen.

Tabelle 12: Wortergänzung aktivieren

LibreOffice 6 Writer-Tipp

Wenn Sie mehrere Wörter haben, die mit den gleichen Buchstaben beginnen, können Sie mit der Tastenkombination [STRG] und [TABULATOR] zum nächsten Vorschlag springen und ihn dann mit der [ENTER]-Taste übernehmen.

Formatvorlagen

Arbeiten Sie mit **Formatvorlagen**. Textabschnitte bekommen dabei eine **Absatz-vorlage** zugewiesen. Sie legen in der Absatzvorlage die Formatierung einmalig fest und alle Textabschnitte, Überschriften oder Aufzählungen, die diese Absatz-vorlage zugewiesen bekommen, sehen dann immer gleich aus. Wenn Sie später das Er-scheinungsbild einer Formatvorlage ändern, werden automatisch alle entsprechenden Textstellen geändert. Einzelne Zeichen werden mittels **Zeichenvorlagen** formatiert. Sie funktionieren wie Absatzvorlagen, gelten aber nicht für den ganzen Absatz, sondern nur für einzelne Zeichen bzw. Wörter. So können Sie beispielsweise alle fett gedruckten Wörter auf einmal ändern.

So aktivieren Sie die Formatvorlagen:

LibreOffice 6 Writer	Microsoft Word 2016
• Klicken Sie im Menü *Vorlagen* auf *Vorlagen verwalten*.	• Klicken S e im Register *Start* im Feld *Format-vorlagen* auf den kleinen Pfeil rechts unten.
• Am rechten Rand öffnet sich ein neues Fens-ter, dass die bereits verwendeten Formatvor-lagen enthält.	• Am rechten Rand öffnet sich das Formatvorla-genfenster.
• Wählen Sie ganz unten »alle Vorlagen« aus, um alle Vorlagen anzuzeigen.	• Klicken Sie auf *Optionen...* und wählen Sie un-ter *anzuzeigende Formatvorlagen auswählen* »alle Formatvorlagen« und unter *Sortierung für die Liste auswählen* »Alphabetisch« aus.

Tabelle 13: Formatvorlagen aktivieren

6.2 Das Grundgerüst erstellen

Bevor Sie mit dem eigentlichen Text Ihrer Projektarbeit beginnen, erstellen Sie sich zuerst das Grundgerüst Ihrer Projektarbeit. Dazu zählt das Deckblatt, das In-haltsverzeichnis, der Haupttextblock sowie die Kopf- und Fußzeile.

Starten Sie Ihr Textverarbeitungsprogramm mit einem **neuen und leeren Dokument**. Aus dieser einzigen und weißen Seite wird nun im Laufe dieses Kapitels Ihre Projektarbeit.

6.2.1 Deckblatt einfügen

Das Deckblatt (Titelseite) ist die erste Seite Ihrer Projektarbeit, also das, was der Prüfungsausschuss als erstes sieht. Das Deckblatt sollte folgende Informa-tionen enthalten: das Thema Ihrer Projektarbeit (so wie Sie es eingereicht ha-

ben), Ihren Vor- und Nachnamen und Anschrift sowie das Abgabedatum und Ihre zuständige IHK. Optional können Sie noch ein passendes Bild einfügen.

So erzeugen Sie eine neue Titelseite:

LibreOffice 6 Writer	Microsoft Word 2016
• Wählen Sie im Menü *Format* den Unterpunkt *Titelseite...* aus. • Im aufgehenden Dialogfenster wählen Sie unter *Titelseiten erzeugen* »Neue Titelseite einfügen« aus. • Wählen Sie bei *Seitennummerierung* »Nummerierung nach Titelseite neu beginnen« aus. • Wählen Sie ganz unten bei *Seiteneigenschaften bearbeiten* »Erste Seite« aus. • Klicken Sie auf *OK*, um die Titelseite einzufügen. • Klicken Sie auf der zweiten Seite unten in der *Statusleiste* mit der rechten Maustaste auf das Wort »Standard« und wählen Sie »Verzeichnis« aus.	• Klicken Sie im Register *Einfügen* auf *Deckblatt*. • Wählen Sie ein Deckblatt nach Ihren Vorlieben aus (Sie können es jederzeit nach belieben abändern). • Das Deckblatt wird automatisch als erste Seite eingefügt.

Tabelle 14: Titelseite erzeugen

6.2.2 Seitenränder einrichten

Die Seitenränder sind von der IHK vorgegeben und müssen in der Regel angepasst werden. Diese Vorgaben erhalten Sie von Ihrer IHK.

So richten Sie die Seitenränder ein:

LibreOffice 6 Writer	Microsoft Word 2016
• Gehen Sie im Menü *Format* auf *Seite...* und dort auf die Registerkarte *Seite*. • Stellen Sie bei *Seitenränder* den Rand entsprechend Ihren IHK-Vorgaben ein. • Schließen Sie das Fenster mit einem Klick auf *OK*.	• Klicken Sie im Register *Seitenlayout* im Feld *Seite einrichten* auf *Seitenränder*. • Wählen Sie »benutzerdefinierte Seitenränder...« aus. • Stellen Sie bei *Seitenränder* den Rand entsprechend Ihren IHK-Vorgaben ein. • Schließen Sie das Fenster mit einem Klick auf *OK*.

Tabelle 15: Seitenränder einrichten

6.2.3 Erstellen des Inhaltsverzeichnisses

Dem Inhaltsverzeichnis schenken Sie nur wenig Aufmerksamkeit. Es wird am Anfang einmal erstellt und angepasst. Alles weitere lassen Sie in Zukunft von Ihrem Textverarbeitungsprogramm erledigen.

So fügen Sie ein neues Inhaltsverzeichnis ein:

LibreOffice 6 Writer	Microsoft Word 2016
• Setzen Sie Ihren Cursor in den ersten Absatz auf der zweiten Seite. • Gehen Sie im Menü *Einfügen* auf *Verzeichnis* und dort auf *Verzeichnis....* • Wählen Sie den Typ *Inhaltsverzeichnis* aus. • Schließen Sie das Fenster mit *OK*.	• Setzen Sie Ihren Cursor in den ersten Absatz auf der zweiten Seite. • Gehen Sie im Menü *Verweise* auf *Inhaltsverzeichnis*. • Wählen Sie ein passendes Inhaltsverzeichnis aus.

Tabelle 16: neues Inhaltsverzeichnis einfügen

Nun haben Sie Ihr Inhaltsverzeichnis erstellt. Es ist aktuell noch leer, aber das ändert sich mit der Zeit. Sie brauchen sich wegen des eventuell grauen Hintergrundes keine Sorgen zu machen. Dieser dient nur zur Kennzeichnung, dass dieser Bereich von Ihrem Textverarbeitungsprogramm verwaltet wird. Er ist später, wenn die Seite ausgedruckt wird, selbstverständlich weiß. Auch die Gestaltung des Inhaltsverzeichnisses spielt aktuell keine Rolle.

6.2.4 Kopf- und Fußzeile einfügen

Die Kopfzeile ist eine besondere Zeile am oberen Rand einer Seite, die immer den gleichen Inhalt enthält. Sie kann beispielsweise das aktuelle Kapitel enthalten. Wenn Sie keine Kopfzeile benötigen, können Sie sie auch weglassen.

So fügen Sie eine Kopfzeile ein:

LibreOffice 6 Writer	Microsoft Word 2016
• Klicken Sie im Menü auf *Format → Seite....* • Klicken Sie die Registerkarte *Kopfzeile* an. • Aktivieren Sie den Haken bei *Kopfzeile einschalten*. • Den *Abstand* zwischen Text und Kopfzeile setzen Sie auf »0,50 cm«. • Klicken Sie anschließend auf *OK*, um die Kopfzeile einzufügen.	• Klicken Sie im Register *Einfügen* im Feld *Kopf- und Fußzeile* auf das Symbol *Kopfzeile*. • Wählen Sie ein vorgefertigtes Design oder eine leere Kopfzeile aus. • Unter *Position* können Sie den Abstand vom oberen Seitenrand bestimmen (z. B. 2 cm). • Entfernen Sie den zweiten Absatz, wenn Sie eine leere Kopfzeile eingefügt haben.

Tabelle 17: Kopfzeile einfügen

Die **Fußzeile** ist das Gegenstück zur Kopfzeile. Sie ist eine Zeile am unteren Rand einer Seite, die immer den gleichen Inhalt enthält, beispielsweise die Seitenzahl.

So fügen Sie eine Fußzeile ein:

LibreOffice 6 Writer	Microsoft Word 2016
• Klicken Sie im Menü auf *Format* → *Seite...*. • Wählen Sie die Registerkarte *Fußzeile* aus. • Aktivieren Sie den Haken bei *Fußzeile einschalten*. • Den *Abstand* zwischen Text und Kopfzeile setzen Sie auf »0,50 cm«. • Klicken Sie anschließend auf *OK*, um die Fußzeile einzufügen.	• Klicken Sie im Register *Einfügen* im Feld *Kopf- und Fußzeile* auf das Symbol *Fußzeile*. • Wählen Sie ein vorgefertigtes Design oder eine leere Fußzeile aus. • Unter *Position* können Sie den Abstand vom unteren Seitenrand bestimmen (z. B. 2 cm). • Entfernen Sie den zweiten Absatz, wenn Sie eine leere Fußzeile eingefügt haben.

Tabelle 18: Fußzeile einfügen

Inhalt der Fußzeile hinzufügen (Seitenzahlen)

Die Fußzeile enthält die aktuelle Seitenzahl. Diese fügen Sie gleich ein und passen sie an, da sie laut IHK-Vorgaben hier römisch nummeriert sein sollen.

So fügen Sie die Seitenzahlen ein:

LibreOffice 6 Writer	Microsoft Word 2016
• Platzieren Sie den Cursor in der Fußzeile. • Gehen Sie dann auf *Einfügen* → *Seitennummer*. • Für die römische Seitenzahlen gehen Sie dazu im Menü auf *Format* → *Seite...*. • Klicken Sie die Registerkarte »*Seite*« an und wählen Sie rechts unten bei Seitennummer die römische Zählung (*I, II, III, ...*) aus. • Schließen Sie das Fenster mit *OK*. • Die Ausrichtung passen Sie später noch an.	• Klicken Sie in die Fußzeile. • Klicken Sie im Register *Einfügen* im Feld *Kopf- und Fußzeile* auf das Symbol *Seitenzahl*. • Wählen Sie dort unter *Seitenzahlen* »einfache Zahl« aus. • Klicken Sie im Register *Einfügen* im Feld *Kopf- und Fußzeile* erneut auf das Symbol *Seitenzahl* und wählen *Seitenzahl formatieren* aus. • Wählen Sie unter *Zahlenformat* die römische Zählung (*I, II, III*) aus. • Schließen Sie das Fenster mit *OK*. • Die Ausrichtung passen Sie später noch an.

Tabelle 19: Seitenzahlen einfügen

6.2.5 Hauptextblock

Der nächste große Block, der sich an das Inhaltsverzeichnis anschließt, ist der eigentliche Haupttext – Ihre Projektarbeit.

So legen Sie den Hauptextblock an:

LibreOffice 6 Writer	Microsoft Word 2016 
• Setzen Sie Ihren Cursor in den Abschnitt unter dem Inhaltsverzeichnis. • Wählen Sie im Menü *Einfügen* den Menüpunkt *Manueller Umbruch...* aus. • Wählen Sie unter *Typ* »Seitenumbruch« und unter *Formatvorlage* »Standard« aus. • Setzen Sie den Haken bei *Seitennummer ändern*, da die erste Seite des Textblockes mit 1 beginnen muss. • Klicken Sie auf *OK* und es wird eine neue Seite eingefügt.	• Setzen Sie Ihren Cursor in den Abschnitt unter dem Inhaltsverzeichnis. • Klicken Sie im Register *Seitenlayout* unter *Seite einrichten* auf den kleinen Pfeil nach *Umbrüche*. • Wählen Sie unter *Abschnittsumbrüche* »nächste Seite« aus und es wird eine neue Seite eingefügt.

Tabelle 20: Hauptextblock anlegen

Da Sie eine neue Seitenvorlage bzw. einen neuen Abschnitt eingefügt haben, müssen Sie wieder die Seitenränder ändern und gegebenenfalls eine Kopf und Fußzeile einfügen.

 Tipp
Speichern Sie Ihre Projektarbeit immer wieder durch Drücken von [STRG] und [S] ab. Vor allem vor größeren Änderungen und wenn Sie diese gemacht haben. Legen Sie sich an jedem neuen Tag eine Sicherungskopie an, die Sie dementsprechend benennen (beispielsweise Projektarbeit_16-10). So können Sie im Bedarfsfall wieder auf den Ursprungszustand zurück, falls einmal etwas schief geht.

Ihr Text bekommt die Absatzvorlage **Textkörper**. So sieht alles gleich aus und spätere Änderungen werden automatisch auf alle entsprechenden Textstellen angewendet. Markieren Sie Ihren Text und wählen Sie im Formatvorlagenfenster »Textkörper« aus.

Wie Sie die Absatzvorlage Textkörper einrichten, erfahren Sie auf Seite 88.

Seitenzahlen anpassen

Die Fußzeile enthält die aktuelle Seitenzahl, die Sie gleich einfügen und anpassen, da sie laut IHK-Vorgaben hier wieder normal nummeriert sein und mit der Zahl 1 beginnen soll.

So fügen Sie die Seitenzahlen ein:

LibreOffice 6 Writer	Microsoft Word 2016
• Platzieren Sie den Cursor in der Fußzeile. • Gehen Sie auf *Einfügen* → *Seitennummer*. Es erscheint eine 1, die wieder einen grauen Hintergrund hat: LibreOffice aktualisiert die Seitenzahlen automatisch. • Falls die Seitenzahlen noch römisch nummeriert sind: Die Seitenzahlen müssen laut IHK-Vorgabe hier normal nummeriert sein. Gehen Sie dazu im Menü auf *Format* → *Seite…*. • Klicken Sie die Registerkarte »*Seite*« an und wählen Sie rechts unten bei Seitennummer die normale Zählung (*1, 2, 3, …*) aus. • Schließen Sie das Fenster mit *OK*.	• Klicken Sie in die Fußzeile. • Klicken Sie im Register *Einfügen* im Feld *Kopf- und Fußzeile* auf das Symbol *Seitenzahl*. • Wählen Sie dort unter *Seitenzahlen* »einfache Zahl« aus. Es erscheint eine 1. • Die Seitenzahlen müssen laut IHK-Vorgabe hier normal nummeriert sein. Klicken Sie erneut im Register *Einfügen* im Feld *Kopf- und Fußzeile* auf das Symbol *Seitenzahl*. • Gehen Sie dort auf *Seitenzahl formatieren*. • Wählen Sie unter *Zahlenformat* die normale Zählung (*1, 2, 3, …*) aus. • Wählen Sie unter *Seitennummerierung* »Beginnen bei« aus und tragen Sie eine »1« ein. • Schließen Sie das Fenster mit *OK*.

Tabelle 21: Seitenzahlen einfügen

Seitenumbruch

Manchmal ist es erforderlich, dass Sie eine neue Seite beginnen müssen, obwohl auf der vorherigen noch ausreichend Platz wäre, beispielsweise wenn ein neues Kapitel anfängt. Nun können Sie die restliche Seite durch mehrmaliges Drücken der [ENTER]-Taste füllen, bis Sie eine neue Seite haben. Dies hat den entscheidenden Nachteil, wenn Sie nun irgendwo davor noch Textzeilen einfügen, verschiebt sich alles dementsprechend und Ihr Text auf der neuen Seite beginnt erst einige Zeilen tiefer.

So fügen Sie einen Seitenumbruch ein:

LibreOffice 6 Writer	Microsoft Word 2016
• Gehen Sie an die Zeile, nach der der Umbruch erfolgen soll. • Wählen Sie im Menü *Einfügen* den Menüpunkt *Seitenumbruch…* aus und es wird eine neue Seite eingefügt.	• Gehen Sie an die Zeile, nach der der Umbruch erfolgen soll. • Klicken Sie im Register *Einfügen* auf die Schaltfläche *Seitenumbruch* und es wird eine neue Seite eingefügt.

Tabelle 22: Seitenumbruch einfügen

6.2.6 Überschriften

Eine Überschrift ist eine möglichst kurze und prägnante Bezeichnung für den folgenden Abschnitt. Sie hebt sich in ihrer Gestaltung (beispielsweise Schriftart und -größe) vom restlichen Text ab. Zudem stehen alle Überschriften später mit der entsprechenden Seitenzahl im Inhaltsverzeichnis.

Sie können jede Überschrift markieren und sie direkt formatieren, indem Sie ihr eine andere Schriftgröße geben. Dieser Weg ist zwar einfach, aber hat entscheidende Nachteile: Sie müssen nicht nur jede Überschrift mühsam von Hand formatieren, sondern Sie müssen auch Ihr Inhaltsverzeichnis selber erstellen und aktuell halten. Das sind Arbeiten, für die die Zeit viel zu knapp ist.

Absatzvorlage Überschrift anwenden

Um Ihrem Textverarbeitungsprogramm mitzuteilen, dass es sich hierbei um eine Überschrift handelt, gibt es die Formatvorlage »Überschrift«. Mit dieser Formatvorlage sind viele Information verknüpft, mit denen Ihr Textverarbeitungsprogramm allerhand anfangen kann, unter anderem auch die Verwendung im Inhaltsverzeichnis.

So wenden Sie die Absatzvorlage »Überschrift 1« an:

LibreOffice 6 Writer	Microsoft Word 2016
• Gehen Sie auf die dritte Seite (die Seite nach dem Inhaltsverzeichnis). • Schreiben Sie Ihre erste Überschrift z. B. »Einleitung«. • Wählen Sie im *Formatvorlagenfenster* »Überschrift 1« aus. Ihre Überschrift nimmt nun eine andere Formatierung an.	• Gehen Sie auf die dritte Seite (die Seite nach dem Inhaltsverzeichnis). • Schreiben Sie Ihre erste Überschrift z. B. »Einleitung«. • Wählen Sie unter *Formatvorlagen* im Reiter *Start* »Überschrift 1« aus. Ihre Überschrift nimmt nun eine andere Formatierung an.

Tabelle 23: Absatzvorlage Überschrift 1 anwenden

LibreOffice 6 Writer-Tipp

Die »Überschrift 1« erhalten Sie auch durch drücken der Tastenkombination [STRG] und [1]. Tiefere Überschriftenebenen erhalten Sie durch Drücken der Taste [STRG] und der jeweiligen Tiefe (z. B. [STRG] und [2] für »Überschrift 2« (1.1) und [STRG] und [3] für »Überschrift 3« (1.1.1)).

Kapitelüberschrift als Inhalt in die Kopfzeile hinzufügen

Die Kopfzeile soll jeweils die aktuelle Kapitelnummer und die Kapitelüberschrift enthalten. Dies lassen Sie jedoch von Ihrem Textverarbeitungsprogramm vornehmen.

So fügen Sie die Kapitelnummer und -überschrift als Inhalt in die Kopfzeile hinzu:

LibreOffice 6 Writer	Microsoft Word 2016
• Platzieren Sie den Cursor in der Kopfzeile. • Gehen Sie auf *Einfügen* → *Feldbefehl* → *weitere Feldbefehle...*. • Es erscheint das Dialogfenster Feldbefehle. Klicken Sie die zweite Registerkarte *Querverweise* an und wählen den Typ *Überschriften* aus. • Klicken Sie bei *Verweis einfügen* zuerst doppelt auf *Kapitel* und dann auf *Verweistext*. • Klicken Sie auf *Schließen*.	• Platzieren Sie den Cursor in der Kopfzeile. • Gehen Sie im Reiter *Einfügen* → *Text* → *Schnellbausteine* → *Feld...*. • Wählen Sie unter *Feldnamen* »StyleRef« aus. • Unter *Formatvorlagennamen* wählen Sie »Überschrift 1« aus. • Setzen Sie unter *Feldoptionen* den Haken bei »Absatznummer einfügen«. • Klicken Sie auf *OK*. • Fügen Sie anschließend erneut ein Feld mit dem Namen »StyleRef« und »Überschrift 1« ein. Setzen Sie dieses Mal den Haken nicht.

Tabelle 24: Kapitelnummer und -überschrift als Inhalt in die Kopfzeile hinzufügen

Fügen Sie noch ein Leerzeichen zwischen der Zahl und dem Text ein.

6.2.7 Anhang

Der letzte Block Ihrer Projektarbeit ist der Anhang. Er enthält eventuelle Verzeichnisse, zusätzliche Dokumente wie Netzpläne, Angebote oder Zeichnungen und als letzte Seite die eidesstattliche Erklärung. Diese Seiten zählen nicht zum Umfang der Textseiten Ihrer Projektarbeit hinzu.

So legen Sie den Anhang an:

LibreOffice 6 Writer	Microsoft Word 2016
• Setzen Sie Ihren Cursor in den letzten Abschnitt Ihrer Projektarbeit. • Wählen Sie im Menü *Einfügen* den Menüpunkt *Manueller Umbruch...* aus. • Wählen Sie unter *Typ* »Seitenumbruch« und unter *Formatvorlage* »Verzeichnis« aus. • Klicken Sie auf *OK*.	• Setzen Sie Ihren Cursor in den Abschnitt unter dem Inhaltsverzeichnis. • Klicken Sie im Register *Seitenlayout* unter *Seite einrichten* auf den kleinen Pfeil nach *Umbrüche*. • Wählen Sie unter *Abschnittsumbrüche* »nächste Seite« aus.

Tabelle 25: Anhang anlegen

Da Sie nun eine bereits verwendete Seitenvorlage bzw. Abschnitt eingefügt haben, werden Ihre zuvor vorgenommenen Einstellungen übernommen.

Weitere Verzeichnisse einfügen

Wenn Sie mehrere Tabellen verwenden, können Sie diese in einem Tabellenverzeichnis auflisten. Es gleicht vom Aufbau her dem Inhaltsverzeichnis. Es enthält die Tabellennummer (z. B. Tabelle 1), den Titel der Tabelle, sowie die Seitenzahl, auf der sich die Tabelle befindet. Wie auch dem Inhaltsverzeichnis schenken Sie ihm nur wenig Aufmerksamkeit. Es wird lediglich erstellt und über den Inhalt kümmert sich Ihr Textverarbeitungsprogramm. Nach dem gleichen Schema können Sie auch ein Abbildungsverzeichnis einfügen.

So fügen Sie ein Tabellenverzeichnis ein:

LibreOffice 6 Writer	Microsoft Word 2016
• Setzen Sie den Cursor in den Anhang. • Gehen Sie im Menü *Einfügen* auf *Verzeichnis* und dort auf *Verzeichnis...*. • Wählen Sie den Typ *Tabellenverzeichnis* aus. • Schließen Sie das Fenster mit einem Klick auf *OK*.	• Setzen Sie den Cursor in den Anhang. • Klicken Sie im Register *Verweise* unter *Beschriftungen* auf *Abbildungsverzeichnis einfügen*. • Wählen Sie unter Beschriftungskategorie »Tabelle«. • Schließen Sie das Fenster mit einem Klick auf *OK*.

Tabelle 26: Tabellenverzeichnis einfügen

Nun haben Sie Ihr Tabellenverzeichnis erstellt. Die einzelnen Einträge können Sie über die entsprechenden Absatzvorlagen wieder an Ihre Wünsche anpassen.

HINWEIS
Das Erstellen eines Tabellen- und Abbildungsverzeichnis ist nur automatisiert möglich, wenn Sie alle Ihre Tabellen und Grafiken über die Beschriftungsfunktion beschriftet haben. Wie Sie eine Tabelle bzw. Grafik beschriften, erfahren Sie auf Seite 78 bzw. 79.

6.3 Objekte einfügen

Keine Projektarbeit besteht nur aus Fließtext. Objekte wie Tabellen, Grafiken oder auch Formeln dienen zur Veranschaulichung von Sachverhalten und lockern darüber hinaus den Textfluss auf.

6.3.1 Tabellen

Wollen Sie z. B. Vor- und Nachteile einer Handlungsalternative stichwortartig aufzeigen, empfiehlt sich die Verwendung einer Tabelle. Natürlich können Sie auch eine Tabelle zum Berechnen von Werten verwenden.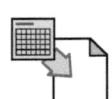

Eine Tabelle ist eine geordnete Zusammenstellung von Texten oder Daten. Die Inhalte werden dabei in Tabellenfeldern (Zellen) geschrieben, die in Zeilen und Spalten gegliedert aneinander ausgerichtet werden.

So fügen Sie eine neue Tabelle ein:

LibreOffice 6 Writer	Microsoft Word 2016
• Setzen Sie den Cursor an die Stelle, an der die Tabelle platziert sein soll. • Klicken Sie im Menü *Tabelle* auf *Tabelle einfügen*.... • In dem Dialogfenster können Sie die Anzahl der Spalten (senkrechte Reihen) und Zeilen (waagrechte Reihen) festlegen. Sie können später bei Bedarf weitere Spalten und Zeilen hinzufügen. • Klicken Sie anschließend auf *OK*.	• Setzen Sie den Cursor an die Stelle, an der die Tabelle platziert sein soll. • Klicken Sie im Register *Einfügen* im Feld *Tabellen* auf *Tabelle*. • In dem kleinen Fenster können Sie die Anzahl der Spalten (senkrechte Reihen) und Zeilen (waagrechte Reihen) durch einfaches Ziehen festlegen. Sie können später bei Bedarf weitere Spalten und Zeilen hinzufügen.

Tabelle 27: Tabelle einfügen

 LibreOffice 6 Writer-Tipp
Aktivieren Sie die Tabellensymbolleiste unter Ansicht → Symbolleiste → Tabelle. Dort haben Sie Zugriff auf alle Tabellenfunktionen wie z. B. eine neue Spalte einfügen, Umrandung und Hintergrundfarbe ändern.

 Tipp
Sind Sie am unteren Ende einer Tabelle angekommen und benötigen noch weitere Tabellenzeilen, so drücken Sie einfach die [TABULATOR]-Taste.

Alternative Tabellen über Tabulatoren (Tabstopps)

Müssen Sie nur wenige Daten tabellarisch anordnen, können Sie auch eine „Tabelle" mittels Tabulatoren erstellen. Schreiben Sie Ihre Daten und trennen Sie diese durch die Tabulator-Taste [⇆]. Markieren Sie anschließend den Text, den Sie tabellarisch anordnen wollen. Klicken Sie mit der linken Maustaste an der gewünschten Stelle oben in das horizontale Lineal. Es erscheint eine kleine schwarze Markierung. Sie markiert einen so genannten **Tabstopp**, d.h. der erste Tabulator beginnt an dieser Stelle. Setzen Sie weitere Tabstopps, wenn Sie noch welche benötigen. Klicken Sie im horizontalen Lineal einen Tabstopp mit der rechten Maustaste an, so können Sie die Ausrichtung bestimmen. Mit rechtsbündigen Tabstopps können Sie Eurobeträge sauber rechtsbündig untereinander anordnen.

So richten Sie einen Tabstopp ein:

LibreOffice 6 Writer	Microsoft Word 2016
• Markieren Sie den Text, der die Tabstopps enthält. • Klicken Sie im Menü *Format* auf *Absatz...*. • Im Register *Tabulatoren* können Sie die Position millimetergenau eingeben. Klicken Sie zum Übernehmen auf *Neu*. • Klicken Sie anschließend auf *OK*.	• Markieren Sie den Text, der die Tabstopps enthält. • Klicken Sie mit der rechten Maustaste und wählen Sie im Kontextmenü *Absatz...* aus. • Mit Klick auf die Schaltfläche *Tabstopps...* können Sie diese millimetergenau ausrichten. Klicken Sie zum Übernehmen auf *Festlegen*. • Klicken Sie anschließend auf *OK*.

Tabelle 28: Tabstopp einrichten

Diese Tabstopps gelten nur in diesem Absatz. Wenn sie für mehrere Absätze benötigt werden, legen Sie sich eine neu Absatzvorlage an und legen die Tabstopps hierüber fest.

Berechnungen

Da Sie Ihre Projektarbeit nicht nur technisch, sondern auch betriebswirtschaftlich betrachten müssen, kommen Sie um **Berechnungen** nicht herum. Diese Berechnungen können einfach gehalten werden, wenn nur der Gesamtpreis eines Produktes berechnet werden soll oder komplex sein, wie die Kapitalwertmethode oder die Amortisationszeit.

Bei allen Berechnungen sollten Sie auf eine saubere Darstellung achten. Positionieren Sie die einzelnen Werte nicht mit der Leertaste, da die Ausrichtung abhängig von den verwendeten Buchstaben ist und nie genau untereinander sein kann. Verwenden Sie stattdessen die Tabulator-Taste und Tabstopps, die Sie sich beliebig im oberen Lineal setzen können.

Professionell wirkt es hingegen, wenn Sie Berechnungen als Tabelle darstellen. Diese Art bietet eine weitere effektive Möglichkeit: Sie können die Berechnungen automatisiert durchführen lassen. So sparen Sie sich enorm Zeit und können sicher sein, dass diese auch stimmen, da Zahlendreher oder Vertipper nicht vorkommen können.

Berechnungen mittels Tabellen

Wenn Sie einfachere Berechnungen haben, beispielsweise den Gesamtpreis eines Produktes, können Sie diese direkt im Textdokument durchführen lassen. Zur Darstellung der Zusammensetzung bietet sich eine vierspaltige Tabelle an, in der Sie die Benennung des Einzelteils, die Menge und den Einzelpreis eingeben. Den jeweiligen Gesamtpreis pro Einzelteil und den Endgesamtpreis lassen Sie sich automatisiert errechnen.

So führen Sie Berechnungen mittels Tabellen durch:

LibreOffice 6 Writer	Microsoft Word 2016
• Erstellen Sie sich eine passende Tabelle.	• Erstellen Sie sich eine passende Tabelle.
• Füllen Sie die Tabelle mit den entsprechenden Werten. Geben Sie Euro-Beträge dabei nur als Zahl (ohne das €-Zeichen) ein.	• Füllen Sie die Tabelle mit den entsprechenden Werten. Geben Sie Euro-Beträge mit dem €-Zeichen ein.
• Platzieren Sie den Cursor in der Zelle, in der die Berechnung stattfinden soll (bei dieser Tabelle in die Zelle D2).	• Platzieren Sie den Cursor in der Zelle, die das Ergebnis enthalten soll (bei dieser Tabelle in die Zelle D2).
• Tippen Sie ein Gleichheitszeichen = ein. Es erscheint nun oben eine Eingabeleiste, in der bereits das Gleichheitszeichen steht.	• Klicken Sie unter Tabellentools auf *Layout* und anschließend im Feld *Daten* auf *Formel*.
• Klicken Sie nun die Zelle mit der Menge an (B2).	• Löschen Sie den Inhalt im Feld *Formel* bis auf das Gleichheitszeichen am Anfang.
• Geben Sie einen Malpunkt * ein.	• Wählen Sie unter *Funktion einfügen* Ihre gewünschte Funktion aus (z. B. PRODUCT).
• Klicken Sie nun die Zelle mit dem Einzelpreis an (C2). In der Eingabeleiste steht nun »=<B2>*<C2>«.	• Schreiben Sie in die Klammer, welche Zellen ausgehend von der aktuellen Zelle berechnet werden sollen (in diesem Fall links, daher lautet die Formel =PRODUCT(left)).
• Drücken Sie nun die [ENTER]-Taste (oder das grüne Häkchen) und der Gesamtpreis wird automatisch berechnet.	• Klicken Sie auf *OK* und der Gesamtpreis wird automatisch berechnet.

Tabelle 29: Berechnungen automatisch durchführen

Nun ist Ihre Berechnung automatisiert. Verfahren Sie mit den anderen Zeilen genauso. Wenn Sie nun einen Wert ändern, ist das Ergebnis immer aktuell. Da Sie in den Spalten Euro-Beträge haben, sollte noch das Euro-Zeichen (€) hinter den Zahlen stehen.

HINWEIS
Wenn Sie das Euro-Zeichen (€) in LibreOffice 6 Writer manuell hinzufügen, wird Ihre automatisierte Berechnung aufgelöst. Der errechnete Wert bleibt zwar bestehen, wird aber nicht mehr aktuell gehalten.

So fügen Sie das Euro-Zeichen ein:

LibreOffice 6 Writer	Microsoft Word 2016
• Markieren Sie die entsprechenden Spalten. • Klicken Sie mit der rechten Maustaste in das Markierte und wählen Sie *Zahlenformat...* aus. • Wählen Sie unter *Kategorie* »Währung« aus. • Klicken Sie anschließend auf *OK*.	• Fügen Sie hinter die berechnete Zahl ein Leerzeichen gefolgt vom €-Zeichen ein.

Tabelle 30: Euro-Zeichen einfügen

Die Berechnungen erhalten automatisch eventuelle Nachkommastellen. Eurobeträge sollten mit zwei Nachkommastellen angegeben werden, auch dann, wenn Ihre automatische Berechnung keine oder nur eine Nachkommastelle ergeben hat.

So ändern Sie das Zahlenformat:

LibreOffice 6 Writer	Microsoft Word 2016
• Markieren Sie die entsprechenden Spalten. • Klicken Sie mit der rechten Maustaste in das Markierte und wählen Sie *Zahlenformat...* aus. • Wählen Sie unter *Format* Ihr gewünschtes Format aus. Sollte es nicht enthalten sein, können Sie sich Ihr gewünschtes Format unter Optionen selbst anpassen, bspw. die Anzahl der Nachkommastellen, der Tausenderpunkt oder negative Beträge in rot darstellen. • Klicken Sie anschließend auf *OK*.	• Setzen Sie den Cursor in die entsprechende Zelle. • Klicken Sie unter Tabellentools auf *Layout* und anschließend im Feld *Daten* auf *Formel*. • Wählen Sie unter *Zahlenformat* Ihr gewünschtes Format aus. Sollte es nicht enthalten sein, geben Sie es einfach ein, bspw. 0 €, wenn Sie nur Beträge in der Form 80 € oder #.##0,00 €, wenn Sie die Form 1.234,56 € benötigen. • Klicken Sie anschließend auf *OK*.

Tabelle 31: Zahlenformat ändern

> **HINWEIS**
> *Anders als in Tabellenkalkulationsprogrammen werden Formeln beim Einfügen oder Löschen von Zeilen oder Spalten nicht automatisch aktualisiert.*

Die Aktualisierung der Berechnung wird unterschiedlich gehandhabt:

So aktualisieren Sie Ihre automatisierten Berechnungen:

LibreOffice 6 Writer	Microsoft Word 2016
• Sobald Sie einen Wert geändert haben, werden Ihre Berechnungen automatisch aktualisiert.	• Markieren Sie die entsprechenden Zellen, die Sie aktualisieren möchten. • Drücken Sie die Taste [F9].

Tabelle 32: automatisierte Berechnungen aktualisieren

Microsoft Word 2016-Tipp

Da Microsoft Word 2016 die Aktualisierung nicht immer so genau nimmt, müssen Sie die Aktualisierung unter Umständen mehrmals durchführen. Alternativ klicken Sie auf Datei → Drucken. Microsoft Word 2016 aktualisiert nun alle Felder. Gehen Sie anschließend wieder zurück zu Ihrem Dokument, ohne es auszudrucken.

Berechnungen mittels externer Tabellenkalkulation

Diese Methode ist in der Anwendung etwas komplexer, bietet aber die meisten Vorteile. Sie erstellen Ihre Berechnungen mit einem Tabellenkalkulationsprogramm wie **LibreOffice 6 Calc** oder **Microsoft Excel 2016** und haben die komplette Bandbreite der Berechnungen zur Verfügung. Mittels dateiübergreifender Zellbezüge können Sie sogar die Werte aus einer Tabellenkalkulation in einer anderen weiterverwenden. Da Sie Ihre Berechnungen als externe Dateien haben, können Sie sie zudem einfach in Ihre Präsentation einbauen, ohne sie noch einmal neu erstellen zu müssen.

Sie erstellen in Ihrem Tabellenkalkulationsprogramm eine neue leere Tabellenkalkulation, und speichern diese in Ihrem Projektarbeitsverzeichnis ab. Anschließend binden Sie die Tabellenkalkulationsdatei über eine **Verknüpfung** ein. Achten Sie darauf, dass die Breite aller Tabellenspalten nicht breiter als Ihre maximal verfügbare Seitenbreite ist, sonst wird die Tabelle gestaucht, was unschön aussieht.

So binden Sie eine externe Tabellenkalkulation ein:

LibreOffice 6 Writer 📄	Microsoft Word 2016 ⬜
• Platzieren Sie den Cursor an der Stelle, an der die Tabelle platziert werden soll.	• Die einzufügende Excel-Tabelle öffnen und alle gewünschte Zellen markieren.
• Klicken Sie im Menü *Einfügen* auf *Objekt* und dann auf *OLE-Objekt…*.	• Das Markierte mit [STRG] und [C] in die Zwischenablage kopieren.
• Klicken Sie auf *Aus Datei erstellen*.	• Wechseln Sie in Word und platzieren den Cursor an der Stelle, an der die Tabelle platziert werden soll.
• Klicken Sie auf *Suchen…*.	
• Wählen Sie im nachfolgenden Fenster Ihre gewünschte Tabellenkalkulationsdatei aus und klicken Sie auf *Öffnen*.	• Unter dem Reiter *Start* auf den Pfeil neben *Einfügen* klicken und »Verknüpfen und ursprüngliche Formatierung beibehalten« auswählen.
• Aktivieren Sie *Mit Datei verknüpfen*.	
• Klicken Sie anschließend auf *OK*.	

Tabelle 33: externe Tabellenkalkulation einfügen

Ihre Tabelle wird nun eingefügt. Sollten die Breite und die Höhe nicht passen, müssen Sie die Spaltenbreite und Zeilenhöhe *in Ihrer Tabellenkalkulationsdatei* bearbeiten. Ändern Sie die Breite oder Höhe *nicht* im Textverarbeitungsprogramm, die Tabelle wird dadurch verzerrt. Nach der Anpassung speichern Sie Ihre Tabellenkalkulationsdatei wieder ab. Um sie nun zu aktualisieren, klicken Sie in LibreOffice 6 Writer auf *Extras* → *Aktualisieren* → *Verknüpfungen* bzw. gehen in Microsoft Word 2016 auf *Datei* → *Informationen* → *Verknüpfungen von Dateien bearbeiten*.

LibreOffice 6 Writer-Tipp
Sollte die Aktualisierung nicht klappen, speichern Sie Ihr Dokument und wählen im Menü Datei → Neu laden aus. Bestätigen Sie das Dialogfenster mit einem Klick auf »Ja«.

dateiübergreifende Zellbezüge

Über dateiübergreifende Zellbezüge können Sie die Werte aus einer Tabellenkalkulationsdatei in einer anderen weiterverwenden. Tippfehler und Zahlendreher lassen sich so vermeiden. Durch den Zellbezug haben Sie die Daten in „Echtzeit", d.h. sie sind immer aktuell.

So stellen Sie Zellzüge zwischen Tabellenkalkulationen her:

LibreOffice 6 Calc	MS Excel 2016
• Erstellen Sie Ihre Tabellenkalkulation mit den entsprechenden Berechnungen (sie muss zuvor gespeichert und aktuell geöffnet sein).	• Erstellen Sie Ihre Tabellenkalkulation mit den entsprechenden Berechnungen (sie muss zuvor gespeichert und aktuell geöffnet sein).
• Platzieren Sie den Cursor in der Zelle, in der die Daten eingefügt werden sollen.	• Platzieren Sie den Cursor in der Zelle, in der die Daten eingefügt werden sollen.
• Tippen Sie ein = ein.	• Tippen Sie ein = ein.
• Wechseln Sie nun in die Datei, aus der Sie die Daten holen wollen.	• Wechseln Sie nun in die Datei, aus der Sie die Daten holen wollen.
• Platzieren Sie den Cursor in der Zelle, aus der Sie die Daten holen wollen.	• Platzieren Sie den Cursor in der Zelle, aus der Sie die Daten holen wollen.
• Drücken Sie anschließend die [ENTER]-Taste, um den Zellbezug herzustellen.	• Drücken Sie anschließend die [ENTER]-Taste, um den Zellbezug herzustellen.

Tabelle 34: Zellbezüge zwischen Tabellenkalkulationsdateien herstellen

HINWEIS
Wenn Sie einen Zellbezug hergestellt haben, dürfen Sie die Dateien nicht mehr umbenennen oder verschieben, da sonst die internen Verweise nicht mehr stimmen.

Tabellen beschriften

Tabellen müssen mit einem **Titel** beschriftet sein. Hierfür bietet Ihr Textverarbeitungsprogramm eine Funktion, bei der gleichzeitig alle Tabellen durchnummeriert werden. Diese Beschriftungen lassen sich später sogar automatisiert als Tabellenverzeichnis erstellen. Für die Tabellenbeschriftung wird eine eigene Absatzvorlage verwendet, die Sie bei Bedarf anpassen können.

So beschriften Sie eine Tabelle:

LibreOffice 6 Writer	Microsoft Word 2016
• Klicken Sie in die Tabelle. • Wählen Sie im Menü *Einfügen* → *Beschriftung...* aus. • Geben Sie bei *Beschriftung* den Text ein, der als Titel erscheinen soll. • Da der Titel über der Tabelle stehen soll, wählen Sie unter *Position* »Am Anfang« aus. • Klicken Sie auf *OK*.	• Klicken Sie die Tabelle oben links mit der rechten Maustaste an und wählen Sie *Beschriftung einfügen...* aus. • Geben Sie bei *Beschriftung* zuerst einen Doppelpunkt gefolgt von einem Leerzeichen ein, bevor Sie den Text eingeben, der als Titel erscheinen soll. • Da der Titel über der Tabelle stehen soll, wählen Sie bei *Position* »Über dem ausgewählten Element« aus. • Klicken Sie auf *OK*.

Tabelle 35: Tabellen beschriften

Für die **Quellenangabe** fügen Sie eine neue Zeile unterhalb der Tabelle ein. Es bietet sich auch hier wieder an, eine neue Absatzvorlage »Quellenangabe« zu verwenden. So müssen Sie die Vorgaben nur einmal eingeben und können sie mehrmals verwenden, beispielsweise bei Grafiken. Die Quellenangabe sollte rechtsbündig sein und die Quelle angeben, aus der Sie die Tabelle haben. Stammt sie von Ihnen, geben Sie „Quelle: der Verfasser" an.

6.3.2   Bilder und Grafiken

Wenn Sie **Bilder** (z. B. Fotos) und **Grafiken** (z. B. Zeichnungen) einfügen möchten, sollten Sie einiges beachten, um den Gesamteindruck nicht zu vernichten. Denn auch wenn Sie ein top Layout haben, kann ein unscharfes, verpixeltes und unkenntliches Bild alles wieder zunichte machen.

Tipps zum Arbeiten mit Bilder und Grafiken:

- ☞ Benötigen Sie nur einfache Grafiken (z. B. Pfeile), verwenden Sie stattdessen die Zeichnungsfunktion Ihres Textverarbeitungsprogramms (siehe Seite 80).
- ☞ Verwenden Sie saubere und scharfe Bilder, auf denen alles gut erkennbar ist.

- Vermeiden Sie Grafiken, die von Hand gezeichnet und dann eingescannt wurden. Verwenden Sie stattdessen Grafiken, die mit einem PC erstellt wurden.
- Vergrößern Sie zu kleine Bilder nicht, da diese dadurch unscharf werden.
- Verwenden Sie, wenn es möglich ist, nur Bilder und Grafiken mit einer hohen Auflösung. Verkleinern können Sie sie immer noch.

Bilder einfügen

Sie haben die Wahl, ob Sie das Bild in Ihr Textdokument einbetten oder nur verknüpfen möchten. Beim **Einbetten** befindet sich die Bilddatei im Textdokument, die Dateigröße des Textdokumentes nimmt dementsprechend zu. Sie können Ihr Dokument bedenkenlos weitergeben, das Bild jedoch im Nachhinein nicht mehr bearbeiten und müssen es dann erneut einfügen. Beim **Verknüpfen** befindet sich im Textdokument nur ein Verweis auf die Bilddatei. Sie selbst befindet sich nicht im Textdokument. Wenn Sie Ihr Dokument weitergeben, müssen Sie die Bilddatei ebenfalls weitergeben, da der Empfänger sonst nur einen Platzhalter sieht. Allerdings können Sie die Bilddatei jederzeit mit einem externen Bildbearbeitungsprogramm bearbeiten und sie ist stets aktualisiert.

So fügen Sie ein Bild bzw. Grafik ein:

LibreOffice 6 Writer	Microsoft Word 2016
• Wählen Sie im Menü *Einfügen* → *Bild...* an. • Suchen Sie im nachfolgenden Fenster Ihr gewünschtes Bild aus. • Wenn Sie das Bild mit dem Dokument verknüpfen wollen, setzen Sie den Haken bei *Verknüpfen* bzw. *Als Verknüpfung einfügen*. • Klicken Sie auf *Öffnen*.	• Wählen Sie in der Registerkarte *Einfügen* unter *Illustrationen* die Schaltfläche *Bilder* aus. • Suchen Sie im nachfolgenden Fenster Ihr gewünschtes Bild aus. • Wenn Sie das Bild mit dem Dokument verknüpfen wollen, klicken Sie auf den kleinen Pfeil hinter Einfügen und wählen Sie *Einfügen und verknüpfen* aus.

Tabelle 36: Bild bzw. Grafik einfügen

Bilder beschriften

Bilder und Grafiken müssen mit einem **Titel** beschriftet sein. Hierfür bietet Ihr Textverarbeitungsprogramm eine Funktion, bei der gleichzeitig alle Bilder durchnummeriert werden. Diese Beschriftungen lassen sich später sogar automatisiert als Abbildungsverzeichnis erstellen. Für die Bildbeschriftung wird eine eigene Absatzvorlage verwendet, die Sie bei Bedarf anpassen können.

So beschriften Sie ein Bild bzw. Grafik:

LibreOffice 6 Writer	Microsoft Word 2016
• Klicken Sie das Bild mit der rechten Maustaste an und wählen Sie *Beschriftung einfügen...* aus. • Geben Sie bei *Beschriftung* den Text ein, der als Titel erscheinen soll. • Da der Titel über dem Bild stehen soll, wählen Sie unter *Position* »Am Anfang« aus. • Klicken Sie auf *OK*, um die Beschriftung einzufügen. • Klicken Sie mit der rechten Maustaste erneut das Bild an und wählen diesmal *Verankerung → Als Zeichen*.	• Klicken Sie das Bild mit der rechten Maustaste an und wählen Sie *Beschriftung einfügen...* aus. • Geben Sie bei *Beschriftung* zuerst einen Doppelpunkt gefolgt von einem Leerzeichen ein, bevor Sie den Text eingeben, der als Titel erscheinen soll. • Da der Titel über dem Bild stehen soll, wählen Sie unter *Position* »Über dem ausgewählten Element« aus. • Klicken Sie auf *OK*, um die Beschriftung einzufügen.

Tabelle 37: Bild bzw. Grafik beschriften

Für die **Quellenangabe** fügen Sie eine neue Zeile unterhalb des Bildes ein. Es bietet sich auch hier wieder an, eine neue Absatzvorlage »Quellenangabe« zu verwenden. So müssen Sie die Vorgaben nur einmal eingeben und können sie mehrmals verwenden, beispielsweise bei den Tabellen. Die Quellenangabe sollte rechtsbündig sein und die Quelle angeben, aus der Sie das Bild haben. Stammt es von Ihnen, geben Sie „Quelle: der Verfasser" an.

Zeichnungsfunktion

Für einfache grafische Elemente, wie z. B. ein zeitlicher Ablauf, müssen Sie nicht extra eine Grafik in einem Grafik- oder Bildbearbeitungsprogramm erstellen. Ihr Textverarbeitungsprogramm bietet hier die Möglichkeit, direkt im Textdokument grafische Elemente zu verwenden. Hierzu zählen neben den  Grundformen (Rechteck, Kreis, Quadrat, etc.), verschiedenen Pfeilen und allgemeinen Symbolen auch spezielle Symbole für Flussdiagramme. Natürlich können Sie auch mittels einzelner Linien, Bögen und Polygon-Linien Ihre eigenen Elemente erstellen. Die einzelnen Elemente sind als Vektorgrafiken ausgelegt, das bedeutet, Sie können sie ohne Qualitätsverlust vergrößern und sie werden immer scharf gedruckt. Zudem benötigen nur sehr wenig Speicherplatz und Sie können sie jederzeit ohne Aufwand wieder verändern.

So fügen Sie ein grafisches Element ein:

LibreOffice 6 Writer	Microsoft Word 2016
• Klicken Sie im Menü auf *Ansicht → Symbol-leisten → Zeichnung*. • Wählen Sie Ihr gewünschtes Element aus dem entsprechenden Untermenü aus (beispielsweise einen Pfeil nach rechts). • Ihr Cursor wird zu einem Fadenkreuz. Nun können Sie durch einfaches Ziehen der Maus mit gedrückter linker Maustaste den Pfeil zeichnen. • Klicken Sie ihn einmal an. Um ihn herum erscheinen 8 grüne Quadrate, an denen Sie die Größe beliebig verändern können. Mit dem Kreis können Sie die Form verändern. • Oben erscheint eine neue Menüleiste, in der Sie die *Art*, *Dicke* und *Farbe der Umrandung* sowie die *Füllung* festlegen können.	• Wählen Sie in der Registerkarte *Einfügen* unter *Illustrationen* die Schaltfläche *Formen* aus. • Wählen Sie Ihr gewünschtes Element aus dem entsprechenden Untermenü aus (beispielsweise einen Pfeil nach rechts). • Ihr Cursor wird zu einem Fadenkreuz. Nun können Sie durch einfaches Ziehen der Maus mit gedrückter linker Maustaste den Pfeil zeichnen. • Klicken Sie ihn einmal an. Um ihn herum erscheinen 8 weiße Quadrate, an denen Sie die Größe beliebig verändern können. Mit den gelben Quadraten können Sie die Form verändern. • Unter *Zeichentools → Formenarten* können Sie die *Fülleffekte* und *Formkontur* festlegen.

Tabelle 38: grafisches Element einfügen

LibreOffice 6 Writer-Tipp

Wenn Sie Ihr Element doppelt anklicken, öffnen Sie den Texteditor und Sie können einen Text eingeben. Diesen Text können Sie nach belieben anpassen. Unter Format → Objekt und Form → Text können Sie die allgemeine Textposition sowie Innenränder festlegen.

Wenn Sie Ihre Abbildung erstellt haben, **gruppieren** Sie sie. Dadurch werden die einzelnen Zeichnungsobjekte als *ein* Objekt zusammengefasst, das Sie nun einfach weiterverarbeiten können. Das ist dann besonders wichtig, wenn Sie Ihre erstellte Abbildung als Zeichen verankern. Wird Ihre Abbildung nicht gruppiert, so wird jedes Objekt als Zeichen behandelt und Ihre Abbildung ist unwiderruflich zerstört. Auch über *Bearbeiten → Rückgängig* können Sie sie nicht mehr wiederherstellen. Da die einzelnen Elemente dabei erhalten bleiben, müssen Sie sie wieder erneut zusammensetzen. Aber auch, wenn Sie Ihre Zeichnung verschieben, die Größe ändern oder Text um sie fließen lassen wollen, geht es mit einem gruppierten Objekt einfacher. Über das Gruppieren verhindern Sie auch, dass die Grafik bei erneuten Öffnen des Dokumenten zerteilt wird, was gelegentlich in beiden Textverarbeitungsprogrammen vorkommen kann.

So gruppieren Sie einzelne Zeichenobjekte:

LibreOffice 6 Writer	Microsoft Word 2016
• Klicken Sie in der Zeichensymbolleiste auf den Auswahlpfeil. • Ziehen Sie mit gedrückter linker Maustaste ein Rechteck um diese Objekte auf. • Klicken Sie mit der rechten Maustaste auf ein Objekt und wählen Sie *Gruppe → Gruppieren* aus. Nun sind alle Objekte vereint.	• Markieren Sie mit gedrückter [STRG]-Taste alle Objekte, die Sie gruppieren wollen. • Klicken Sie unter *Zeichentools* auf *Format* und anschließend im Feld *Anordnen* auf *Gruppieren*.

Tabelle 39: Zeichenobjekte gruppieren

LibreOffice 6 Writer-Tipp

Wenn Sie innerhalb einer Gruppe kleine Änderungen vornehmen wollen, z. B. eine Hintergrundfarbe ändern oder eine Linie verschieben, so müssen sie nicht unbedingt die Gruppierung auflösen. Klicken Sie das entsprechende Objekt mit der linken Maustaste an, während Sie die Taste [STRG] gedrückt halten. So können Sie innerhalb der Gruppe einzelne Objekte auswählen.

6.3.3 Fußnote

Eine **Fußnote** ist ein kleiner Bereich am Ende einer Seite oberhalb der Fußzeile, in der kurze Anmerkungen wie eine Quellenangabe eines Zitates steht. Fußnoten werden im Text mit hochgestellten kleinen Zahlen versehen und sollten durchnummeriert sein.

So fügen Sie eine Fußnote ein:

LibreOffice 6 Writer	Microsoft Word 2016
• Klicken Sie an die Stelle, an der die Fußnote stehen soll. • Klicke Sie im Menü *Einfügen* auf *Fuß-/Endnote → Fußnote*. • Am Ende Ihrer Seite erscheint eine schwarze Linie, unter der eine 1 steht. Schreiben Sie dahinter Ihren Fußnotentext, beispielsweise die Quellenangabe.	• Klicken Sie an die Stelle, an der die Fußnote stehen soll. • Wählen Sie im Reiter *Verweise* unter *Fußnoten* die Schaltfläche *Fußnote einfügen* aus. • Am Ende Ihrer Seite erscheint eine schwarze Linie, unter der eine hochgestellte 1 steht. Schreiben Sie dahinter Ihren Fußnotentext, beispielsweise die Quellenangabe.

Tabelle 40: Fußnote einfügen

Fußnoten haben standardmäßig eigene Absatz- und Zeichenvorlagen, die Sie nach Ihren Vorlieben anpassen können. Klicken Sie die Fußnote am Ende der Seite mit der rechten Maustaste an, können Sie weitere Einstellungen vornehmen.

6.3.4   Formeln und Sonderzeichen

Formeln einfügen

Benötigen Sie in Ihrer Projektarbeit Formeln, die einen Bruchstrich beinhalten, z. B. Rendite, so verwenden Sie den mitgelieferten Formeleditor. Werden Formeln mit ihm erstellt, sehen sie nicht nur besser aus als Formeln, die in einem Bildbearbeitungsprogramm erstellt wurden und dann als Bild einfügt oder als Text eingegeben werden. Der weitere Vorteil ist, Sie können sie im Bedarfsfall ganz einfach abändern.

So fügen Sie eine Formel ein:

LibreOffice 6 Writer	Microsoft Word 2016
• Platzieren Sie den Cursor an der Stelle, an der die Formel platziert werden soll. • Den Formeleditor finden Sie unter *Einfügen* → *Objekt* → *Formel...*. • Wählen Sie links die Elemente aus, die Sie für Ihre Formel benötigen. • Wenn Sie einen Bruch einfügen, erscheinen zwei kleine Vierecke. Im Fenster Kommandos wird ein *<?>* farblich hinterlegt. Klicken Sie ein solches *<?>* an, können Sie es mit weiteren Inhalten füllen. Tippen Sie nun mit der Tastatur den gewünschten Wert ein. Er erscheint sofort in der Formel. • Klicken Sie neben die Formel, um den Formeleditor wieder zu verlassen.	• Platzieren Sie den Cursor an der Stelle, an der die Formel platziert werden soll. • Den Formeleditor finden Sie unter *Einfügen* → *Symbole* → *Formel* → *Neue Formel einfügen*. • Wählen Sie aus den oben erscheinenden Feldern *Symbole und Strukturen* die Elemente aus, die Sie für Ihre Formel benötigen. • Wenn Sie einen Bruch einfügen, erscheinen zwei kleine Vierecke. Klicken Sie ein solches Viereck an, können Sie es mit weiteren Inhalten füllen. Tippen Sie nun mit der Tastatur den gewünschten Wert ein. Er erscheint sofort in der Formel.

Tabelle 41: Formel einfügen

Tipp

Schreiben Sie die Formel zuerst einmal mit den Begriffen (ohne konkrete Werte) hin. Dieser Zeile geben Sie eine neue Absatzvorlage mit dem Namen »Formel« und passen sie entsprechend an (beispielsweise zentriert und umrandet). Anschließend fügen Sie die Formel erneut ein, dieses mal mit den konkreten Werten. Dieser Zeile geben Sie eine neue Absatzvorlage mit dem Namen »Berechnung« und passen sie entsprechend an (beispielsweise linksbündig und 1 cm eingerückt).

Ihre Formel ist eingefügt. Sie können noch die Schriftart bzw. Schriftgröße ändern und an Ihr Textbild anpassen.

So passen Sie eine Formel an:

LibreOffice 6 Writer	Microsoft Word 2016
• Klicken Sie die Formel doppelt an, um den Formeleditor zu öffnen. • Unter *Format → Schriftgrößen...* passen Sie die Schriftgröße der Formel an. • Klicken Sie unter *Format → Schriftarten...* auf *Ändern*. Wählen Sie eine entsprechende Kategorie aus, z. B. »Zahlen« oder »Text«, um diese Schriftart zu ändern. • Klicken Sie auf *Standard*, um diese Einstellungen für zukünftige Formeln zu verwenden. • Schließen Sie das Fenster mit *OK*.	• Klicken Sie in die Formel, um den Formeleditor zu öffnen. • Markieren Sie den Text, den Sie ändern wollen. • Klicken Sie in der Registerkarte *Formeltools* im Abschnitt *Tools* auf *normaler Text*. • Nun können Sie wie gewohnt mit dem Reiter Start die *Schriftart* und *Schriftgröße* ändern und an Ihr Textbild anpassen.

Tabelle 42: Formel anpassen

Sonderzeichen einfügen

Sie benötigen irgendein Sonderzeichen, dass Sie nicht über die Tastatur eingeben können? Sie müssen hierbei jedoch nicht das Zeichen über ein Bildbearbeitungsprogramm selber erstellen. Fast jede aktuelle Schriftart liefert die geläufigen Sonderzeichen gleich mit, die Sie nur noch einfügen müssen.

So fügen Sie ein Sonderzeichen ein:

LibreOffice 6 Writer	Microsoft Word 2016
• Platzieren Sie den Cursor an der Stelle, an der das Sonderzeichen platziert werden soll. • Gehen Sie im Menü auf *Einfügen → Sonderzeichen*. • Im sich öffnenden Fenster können Sie über eine Vielzahl an Sonderzeichen auswählen. Klicken Sie das Sonderzeichen an, dass Sie einfügen möchten. • Klicken Sie auf *Einfügen*, um es einzufügen. • Klicken Sie auf *Abbrechen*, um das Fenster wieder zu schließen.	• Platzieren Sie den Cursor an der Stelle, an der das Sonderzeichen platziert werden soll. • Klicken Sie im Register *Einfügen* im Feld *Symbol* auf *Symbol → weitere Symbole...*. • Im sich öffnenden Fenster können Sie über eine Vielzahl an Sonderzeichen auswählen. Klicken Sie das Sonderzeichen an, dass Sie einfügen möchten. • Klicken Sie auf *Einfügen*, um es einzufügen.

Tabelle 43: Sonderzeichen einfügen

6.3.5 Querverweise

Hin und wieder müssen Sie auf zuvor beschriebene Textstellen verweisen. Beispielsweise haben Sie die Bewertungspunkte einer Nutzwertanalyse in Tabelle 6 auf Seite 18 ermittelt. Die dazu gehörenden Gewichtungsfaktoren haben Sie in Tabelle 5 auf Seite 16 festgelegt. Nun möchten Sie gerne im Text erwähnen, dass die Gewichtungsfaktoren weiter vorne beschrieben wurden. Sie können das klassisch mittels Text tun. Was passiert, wenn Sie nun davor noch Text einfügen bzw. die Gliederung ändern und die Tabelle 5 wird zu Tabelle 7 und steht jetzt auf Seite 19? Sie müssen auch daran denken und alles manuell aktuell halten, sonst verweisen Sie auf Inhalte, die dort nicht stehen. Um Ihnen auch hier die Arbeit so einfach wie möglich zu machen, gibt es die **Querverweise**. Das sind vom Textverarbeitungsprogramm verwaltete interne Verweise auf bestimmte Textstellen, die Sie einmal einfügen und automatisch aktuell gehalten werden.

So fügen Sie einen Querverweis ein:

LibreOffice 6 Writer	Microsoft Word 2016
• Platzieren Sie den Cursor an der Stelle, an der Sie den Querverweis einfügen wollen.	• Platzieren Sie den Cursor an der Stelle, an der Sie den Querverweis einfügen wollen.
• Klicken Sie im Menü *Einfügen* auf *Querverweis…*.	• Klicken Sie im Reiter *Einfügen* im Feld *Link* auf das Symbol *Querverweis*.
• Es öffnet sich das Fenster *Feldbefehle*.	• Es öffnet sich das Fenster *Querverweis*.
• Im Register *Querverweise* können Sie unter *Typ* auswählen, <u>welchen</u> Querverweis Sie einfügen wollen (Verweis auf eine Überschrift, eine Grafik oder eine Tabelle).	• Unter *Verweistyp* können Sie auswählen, <u>welchen</u> Querverweis Sie einfügen wollen (Verweis auf eine Überschrift, eine Grafik oder eine Tabelle).
• Unter *Auswahl* legen Sie fest, <u>wohin</u> der Querverweis gehen soll.	• Unter *Verweisen auf* legen Sie fest, <u>was</u> Sie als Querverweis einfügen wollen (Seitenzahl, Überschriftennummer oder Überschriftentext).
• Unter *Verweis einfügen* legen Sie fest, <u>was</u> Sie als Querverweis einfügen wollen (Seitenzahl, Kapitelnummer (Kapitel) oder Kapitelnamen (Verweistext)).	• Unter *Für welche* legen Sie fest, <u>wohin</u> der Querverweis gehen soll.
• Klicken Sie anschließend auf *Einfügen*, um den Querverweis einzufügen.	• Klicken Sie anschließend auf *Einfügen*, um den Querverweis einzufügen.
• Im Anschluss daran schließen Sie das Fenster.	• Im Anschluss daran schließen Sie das Fenster.

Tabelle 44: Querverweise einfügen

Tipp

Querverweise werden in LibreOffice 6 Writer automatisch als interne Links eingefügt. Wenn Sie mit der linken Maustaste auf den Querverweis (grau hinterlegter Text) klicken, gelangen Sie automatisch an die verwiesene Stelle. In Microsoft Word 2016 aktivieren Sie den Haken bei »Als Hyperlink einfügen«, bevor die den Querverweis einfügen.

6.4 Die Projektarbeit gestalten

Sie können die Formatierung schon zu Beginn anpassen oder erst dann, wenn Sie bereits die entsprechenden Texte verfasst haben.

6.4.1 Formatvorlagen anpassen

Sie können jede Überschrift und Textstelle markieren und sie direkt formatieren, indem Sie ihr eine andere Schriftart, -größe und -farbe zuweisen. Diese Formatierung können Sie mit dem Pinselwerkzeug »Format übertragen« auf gleiche Textstellen übertragen. Dieser Weg ist zwar einfach, hat aber den Nachteil, dass Sie bei einer späteren Formatierungsänderung jede Textstelle wieder mühsam mit dem Pinsel formatieren müssen. Das sind Arbeiten, für die die die Zeit viel zu knapp ist.

Daher werden alle Formatierungen nur in den entsprechenden Absatzvorlagen vorgenommen. Viele Absatzvorlagen sind bereits formatiert, es bedarf nur noch kleinere Anpassungen an die Vorgaben und an Ihren individuellen Geschmack und Vorstellungen.

Absatzvorlage Überschriften anpassen

Die Absatzvorlagen »Überschrift …« legen das Aussehen der Überschriften fest. Sie enthalten darüber hinaus weitere Informationen für Ihr Textverarbeitungsprogramm und können automatisiert für Ihr Inhaltsverzeichnis verwendet werden.

So passen Sie die Absatzvorlage Überschrift 1 an:

LibreOffice 6 Writer	Microsoft Word 2016
• Klicken Sie die Absatzvorlage Überschrift 1 im *Formatvorlagen-Fenster* mit der rechten Maustaste an und wählen Sie *Ändern…* aus. • Unter der Registerkarte *Einzüge und Abstände* setzen Sie den *Abstand unter Absatz* auf »0,60 cm«. • Wechseln Sie anschließend in die Registerkarte *Schrift*. Wählen Sie eine zulässige *Schriftart* (z. B. Arial, Calibri) aus, den *Schriftgrad* stellen Sie auf »16 pt«. Den *Schriftstil* können Sie hier auch anpassen. • Unter der Registerkarte *Schrifteffekte* können Sie der Überschrift eine Schriftfarbe geben. • Klicken Sie zum Übernehmen auf *OK*.	• Klicken Sie die Absatzvorlage Überschrift 1 im *Formatvorlagen-Fenster* mit der rechten Maustaste an und wählen Sie *Ändern…* aus. • Im aufgehenden Dialogfenster stellen Sie die *Schriftart* (z. B. Arial, Calibri), den *Schriftgrad* (16 pt) sowie den *Schriftstil* und die gewünschte *Farbe* ein. • Klicken Sie links unten auf *Format* und wählen Sie »Absatz« aus. • Setzen Sie den *Abstand nach* auf »18 pt« sowie den *Zeilenabstand* auf »1,5 Zeilen«. • Klicken Sie zum Übernehmen zweimal auf *OK*.

Tabelle 45: Absatzvorlage Überschrift anpassen

Weitere Überschriften (z. B. Überschrift 2) passen Sie genau so wie oben beschrieben an. Um den Textfluss aufzulockern setzen Sie den *Abstand über Absatz* auf beispielsweise »0,80 cm« (22 pt) und den *Abstand unter Absatz* auf »0,30 cm« (8 pt).

Nummerierung der Überschrift einschalten

Nach IHK-Vorgaben sollen die Überschriften entsprechend der Gliederungstiefe nummeriert werden. Auf jeden Gliederungspunkt muss immer ein weiterer gleichwertiger Gliederungspunkt folgen. Die einzelnen Ebenen werden dabei durch einen Punkt getrennt, es gibt aber keinen Schlusspunkt.

So schalten Sie die Überschriften-Nummerierung ein:

LibreOffice 6 Writer	Microsoft Word 2016
• Setzen Sie den Cursor in die eben geschriebene Überschrift. • Drücken Sie die Taste [F12], um eine Nummerierung hinzuzufügen. Es erscheint eine 1 vor Ihrer Überschrift. • Klicken Sie in die Überschrift und wählen im Menü *Format → Aufzählungszeichen und Nummerierung...* aus. • Klicken Sie links in der Liste *Ebene* »2« an und wählen Sie bei *Art:* »1, 2, 3,…« und tragen bei *Vollständig:* die Ebene (in diesem Fall »2«) ein. • Wiederholen Sie das für alle weiteren Überschriftenebenen (tragen Sie bei »Vollständig:« jeweils die aktuelle Ebene ein). • Klicken Sie am Ende auf *OK*.	• Setzen Sie den Cursor in die <u>erste</u> geschriebene Überschrift. • Klicken Sie im Formatvorlagenfenster unten links auf »neue Formatvorlage«. • Geben Sie ihr einen Namen und wählen Sie unter *Formatvorlagentyp* »Liste« aus. • Wählen Sie unter *Format* (links unten) »Nummerierung« aus. • Klicken Sie auf *Erweitern > >*. • Wählen Sie links oben die zu bearbeitende *Überschriften-Ebene* (z. B. 1) aus. • Im Feld *Formatierung für Zahl eingeben:* löschen Sie alles nach der grau hinterlegt Zahl. • Unter *Verbinden mit Formatvorlage:* wählen Sie die entsprechende Überschriften-Formatvorlagen aus (beispielsweise »Überschrift 1« für Ebene 1, »Überschrift 2« für Ebene 2). • Ab der Ebene 2 setzen Sie im Feld *Formatierung für Zahl eingeben:* einen Punkt <u>vor</u> die Zahl und setzen den Cursor vor den Punkt. Wählen Sie unter *Ebenennummern einschließen* die übergeordnete Ebene (Ebene 1) aus. • Wiederholen Sie das für alle weiteren Überschriftenebenen. • Klicken Sie am Ende zweimal auf *OK*.

Tabelle 46: Überschriften-Nummerierung einschalten

Alle weiteren Überschriftebenen werden nun mit einem Punkt zwischen den Ziffern nummeriert (z. B. 2.5.2).

Absatzvorlage Textkörper

Ihr Text bekommt die Absatzvorlage Textkörper. Dies hat den Vorteil, dass zum einen alles gleich aussieht und zum anderen, wenn Sie später das Erscheinungsbild der Absatzvorlage ändern, werden automatisch alle entsprechenden Textstellen geändert.

So wenden Sie die Absatzvorlage Textkörper an:

LibreOffice 6 Writer	Microsoft Word 2016
• Schreiben Sie den ersten Abschnitt Ihrer Projektarbeit. • Markieren Sie ihn mit der Maus und drücken Sie die Tasten [STRG] und [0] oder wählen Sie im *Formatvorlagen-Fenster* »Textkörper« aus.	• Schreiben Sie den ersten Abschnitt Ihrer Projektarbeit. • Markieren Sie ihn mit der Maus und wählen Sie im *Formatvorlagen-Fenster* »Textkörper« aus.

Tabelle 47: Absatzvorlage Textkörper anwenden

Er ändert sein Aussehen. Diese Absatzvorlage ist sehr wichtig, da sie den kompletten Text Ihrer Projektarbeit umfasst. Hier sind viele Anpassungen notwendig, damit alle gestellten Anforderungen erfüllt werden.

So passen Sie die Absatzvorlage Textkörper an:

LibreOffice 6 Writer	Microsoft Word 2016
• Klicken Sie die Absatzvorlage Textkörper im Fenster Formatvorlagen mit der rechten Maustaste an und wählen Sie *Ändern...* aus. • Unter der Registerkarte *Einzüge und Abstände* setzen Sie den *Abstand unter Absatz* auf »0,3 cm«, sowie den *Zeilenabstand* auf »1,5-zeilig«. • Wechseln Sie anschließend in die Registerkarte *Ausrichtung*. Wählen Sie hier unter Optionen entweder »Links« oder »Blocksatz« aus. • In der Registerkarte *Textfluss* aktivieren Sie unter Silbentrennung *Automatisch*. • Wechseln Sie weiter zur Registerkarte *Schrift*. Wählen Sie als *Schriftart* eine zulässige Schriftart (z. B. Arial, Calibri) und bei *Schriftgrad* »12 pt« aus. • Klicken Sie zum Übernehmen auf *OK*.	• Klicken Sie die auf den kleinen Pfeil hinter der Absatzvorlage Textkörper im Fenster *Formatvorlagen* und wählen Sie *Ändern...* aus. • In dem aufgehenden Dialogfenster stellen Sie die *Schriftart* (z. B. Arial, Calibri) sowie den *Schriftgrad* (12 pt) ein. • Klicken Sie links unten auf *Format* und wählen Sie »Absatz« aus. • Wählen Sie als *Ausrichtung* entweder »Links« oder »Blocksatz« aus. • Setzen Sie den *Abstand nach* auf »18 pt« sowie den *Zeilenabstand* auf »1,5 Zeilen«. • Klicken Sie zum Übernehmen zweimal auf *OK*.

Tabelle 48: Absatzvorlage Textkörper anpassen

Tipp

Verwenden Sie während der Erstellung Ihrer Projektarbeit für jede Absatzvorlage eine eigene Schriftfarbe (z. B. Textkörper in Magenta, Aufzählungen in Grün). So können Sie schnell erkennen, welche Absatzvorlage der Text gerade hat. Stellen Sie aber vor dem Ausdrucken die Farbe bei allen Vorlagen wieder auf schwarz bzw. auf die ursprüngliche Farbe!

Silbentrennung

Um den Lesefluss zu verbessern und große Lücken am Zeilenende zu verhindern, sollten Sie die Silbentrennung aktivieren.

So aktivieren Sie die Silbentrennung:

LibreOffice 6 Writer	Microsoft Word 2016
• Klicken Sie die entsprechende Absatzvorlage (z. B. Textkörper) mit der rechten Maustaste an und wählen Sie *Ändern...* aus. • In der Registerkarte *Textfluss* aktivieren Sie unter *Silbentrennung* den Haken bei »automatisch«. • Klicken Sie zum Übernehmen auf *OK*.	• Klicken Sie in Ihren Text. • Klicken Sie im Register *Seitenlayout* im Feld *Seite einrichten* auf das Symbol *Silbentrennung*. • Wählen Sie dort »automatisch« aus.

Tabelle 49: Silbentrennung aktivieren

Absatzvorlage Kopfzeile ändern

Das Schriftbild der Kopfzeile soll sich vom restlichen Text abheben.

So passen Sie die Absatzvorlage Kopfzeile an:

LibreOffice 6 Writer	Microsoft Word 2016
• Klicken Sie die Absatzvorlage Kopfzeile mit der rechten Maustaste an und wählen Sie *Ändern...* aus. • Unter der Registerkarte *Schrift* stellen die *Schriftart*, den *Schriftgrad* (10 pt) sowie den *Schriftstil* ein. • Unter der Registerkarte *Schrifteffekte* können Sie, falls gewünscht, die *Farbe* ändern. • Klicken Sie zum Übernehmen auf *OK*.	• Klicken Sie in die Kopfzeile. • Klicken Sie die Absatzvorlage Kopfzeile im Formatvorlagen-Fenster mit der rechten Maustaste an und wählen Sie *Ändern...* aus. • In dem aufgehenden Dialogfenster stellen Sie die *Schriftart*, den *Schriftgrad* (10 pt) sowie den *Schriftstil* und falls gewünscht, die *Farbe* ein. • Klicken Sie zum Übernehmen auf *OK*.

Tabelle 50: Absatzvorlage Kopfzeile anpassen

Absatzvorlage Fußzeile ändern

Die Fußzeile soll rechtsbündig mit einem Abstand von 1 cm zum Seitenrand sein. Auch das Schriftbild soll sich vom restlichen Text abheben.

So passen Sie die Absatzvorlage Fußzeile an:

LibreOffice 6 Writer	Microsoft Word 2016
• Klicken Sie die Absatzvorlage Fußzeile mit der rechten Maustaste an und wählen Sie *Ändern…* aus.	• Klicken Sie in die Fußzeile.
• Unter der Registerkarte *Einzüge und Abstände* setzen Sie den *Einzug hinter Text* auf »1 cm«.	• Klicken Sie die Absatzvorlage Kopfzeile im For- matvorlagen-Fenster mit der rechten Maus- taste an und wählen Sie *Ändern…* aus.
• Da die Seitenzahlen rechtsbündig sein sollen, wählen Sie unter der Registerkarte *Ausrich- tung* bei *Optionen* »Rechts« aus.	• In dem aufgehenden Dialogfenster stellen die *Schriftart*, den *Schriftgrad* (9 pt) sowie Sie den *Schriftstil* und falls gewünscht, die *Farbe* ein.
• Unter der Registerkarte *Schrift* stellen Sie die *Schriftart*, den *Schriftgrad* (9 pt) sowie den *Schriftstil* ein.	• Klicken Sie links unten auf *Format → Absatz*.
• Unter der Registerkarte *Schrifteffekte* können Sie, falls gewünscht, die *Farbe* ändern.	• Da die Seitenzahlen rechtsbündig sein sollen, wählen Sie bei *Ausrichtung* »Rechts« aus.
• Klicken Sie zum Übernehmen auf *OK*.	• Den *Einzug Rechts:* setzen Sie auf »1 cm«.
	• Klicken Sie zum Übernehmen zweimal auf *OK*.

Tabelle 51: Absatzvorlage Fußzeile anpassen

Vorhandene Absatzvorlagen verwenden und anpassen

Während Sie Ihre Projektarbeit schreiben, kommt es hin und wieder vor, dass Sie weitere Absatzvorlagen benötigen. Wählen Sie hierzu in LibreOffice 6 Writer im Fenster Formatvor- lagen ganz unten »Alle Vorlagen« aus. Unter Microsoft Word 2016 klicken Sie im Fenster Formatvorlagen ganz unten auf *Optionen* und wählen dann unter *anzuzeigende Formatvorla- gen auswählen* »alle Formatvorlagen« aus. Sie erhalten nun eine Übersicht über alle vor- handenen Vorlagen. Wenn Sie eine davon verwenden möchten, markieren Sie den Text in Ihrem Dokument und klicken Sie die gewünschte Absatzvorlage doppelt an.

Tipp

Möchten Sie eine vorhandene Absatzvorlage anpassen, klicken Sie sie mit der rechten Maustaste an und wählen Sie »Ändern…« aus.

Eigene Absatzvorlagen anlegen

Wenn Sie keine passende Vorlage finden, können Sie auch eigene Vorlagen anlegen. Sie benötigen z. B. eine Vorlage, die einen dunkelroten Rahmen um den Text und einen hellroten Hintergrund hat. Klicken Sie dazu eine Vorlage mit der rechten Maustaste an, die von der Formatierung in etwa Ihren Vorstellungen entspricht und wählen Sie diesmal »*Neu…*« aus. Geben Sie dieser Absatzvorlage zuerst einen Namen, bevor Sie Ihre individuellen Anpassungen vornehmen.

Neu erstelle Vorlagen finden Sie im Fenster Formatvorlagen, wenn Sie in LibreOffice 6 Writer im Fenster Formatvorlagen ganz unten »*Alle Vorlagen*« auswählen. Unter Microsoft Word 2016 klicken Sie im Fenster Formatvorlagen ganz unten auf *Optionen* und wählen dann unter *anzuzeigende Formatvorlagen auswählen* »alle Formatvorlagen« aus.

Zeichenvorlagen

Genau so wichtig wie die Absatzvorlagen sind die Zeichenvorlagen. Sie gelten nur für einzelne Zeichen. Sie werden beispielsweise benötigt, wenn Sie ein Wort fett gedruckt schreiben wollen. Es ist prinzipiell nicht falsch, wenn Sie diese Formatierung über das Symbol für Fett auswählen. Eleganter ist hierbei die Verwendung von Zeichenvorlagen. Sie finden diese auch im Fenster Formatvorlagen unter der Rubrik Zeichenvorlagen. Dort gibt es die Vorlage »stark betont« (LibreOffice 6 Writer) bzw. »Fett« (Microsoft Word 2016), die Sie für den Fettdruck verwenden.

6.4.2 Aufzählung im Textabschnitt

Ziele oder die einzelnen Schritte in einer Vorgehensweise lassen sich z. B. sehr gut mit einer Aufzählung darstellen. Wenn Sie eine neue Aufzählung starten wollen, schreiben Sie vor dem Text des ersten Punktes einen kurzen Bindestrich 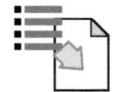 (-), getrennt durch ein Leerzeichen (z. B. - erstes Ziel). Wenn Sie nun die [ENTER]-Taste drücken, wird automatisch eine Aufzählung mit Spiegelstrichen (langer Gedankenstrich (–)) begonnen. Wenn Sie keine weiteren Spiegelstriche mehr benötigen, da Ihre Aufzählung zu Ende ist, drücken Sie zweimal die [ENTER]-Taste. Die Nummerierung wird beendet und es kann wieder normaler Fließtext eingefügt werden.

Es empfiehlt sich, für Aufzählungen eine eigene Absatzvorlage zu verwenden, um alle weiteren Aufzählungen einheitlich zu formatieren bzw. diese schnell anzupassen. Hierzu gibt es in LibreOffice 6 Writer bereits die vorgefertigte Absatzvorlage »Aufzählung 1«. Die letzte Zeile in Ihrer Aufzählung formatieren Sie in »Aufzählung 1 Ende«. Diese Absatzvorlage hat einen größeren Abstand unter dem Absatz, den Sie bei Bedarf noch anpassen können. Unter Microsoft Word 2016 können Sie die Absatzvorlage »Aufzählungszeichen« verwenden und entsprechend anpassen.

So passen Sie die Aufzählung an:

LibreOffice 6 Writer 📄	Microsoft Word 2016 w
• Klicken Sie mit der rechten Maustaste auf die Aufzählung und wählen im Kontextmenü *Aufzählungszeichen und Nummerierung...* aus. • Unter dem Register *Position* können Sie die Abstände und den Einzug festlegen. • Schließen Sie das Fenster mit *OK*. • Die Ausrichtung des Textes selber passen Sie über die Absatzvorlage »Aufzählung 1« an. Klicken Sie sie im Formatvorlagen-Fenster mit der rechten Maustaste an und wählen Sie *Ändern...* aus.	• Platzieren Sie den Cursor in der Aufzählung. • Klicken Sie mit der rechten Maustaste auf die Aufzählung und wählen im Kontextmenü *Listeneinzug anpassen...* aus. • Im aufgehenden Dialogfenster können Sie die Abstände und den Texteinzug festlegen. • Schließen Sie das Fenster mit *OK*.

Tabelle 52: Aufzählung anpassen

6.4.3 Inhaltsverzeichnis

Inhaltsverzeichnis aktualisieren

Ist Ihre Projektarbeit bereits fortgeschritten, können Sie Ihr noch leeres Inhaltsverzeichnis mit Inhalt füllen. Dies funktioniert jedoch nur, wenn Sie Ihre Überschriften jeweils immer mit der Formatvorlage Überschrift 1, Überschrift 2 etc. formatiert haben.

So aktualisieren Sie Ihr Inhaltsverzeichnis:

LibreOffice 6 Writer 📄	Microsoft Word 2016 w
• Klicken Sie mit der rechten Maustaste in Ihr Inhaltsverzeichnis und wählen Sie aus dem Kontextmenü *Verzeichnis aktualisieren*.	• Klicken Sie in Ihr Inhaltsverzeichnis. • Es erscheint der Text *Inhaltsverzeichnis aktualisieren...*. Klicken Sie drauf und wählen »Gesamtes Verzeichnis aktualisieren« aus.

Tabelle 53: Inhaltsverzeichnis aktualisieren

Inhaltsverzeichnis anpassen

Ihr Inhaltsverzeichnis enthält nun alle Überschriften der jeweiligen Gliederungsebene, sowie die aktuelle Seitenzahlen. Nun passen Sie Ihr Inhaltsverzeichnis noch etwas an:

So passen Sie Ihr Inhaltsverzeichnis an:

LibreOffice 6 Writer	Microsoft Word 2016
• Klicken Sie in Ihr Inhaltsverzeichnis mit der rechten Maustaste und wählen Sie aus dem Kontextmenü *Verzeichnis bearbeiten*. • Wechseln Sie anschließend in die Registerkarte *Vorlagen*. Klicken bei *Ebenen* zuerst auf *Titel [Inhaltsverzeichnis Überschrift]*. Anschließend wählen Sie bei *Absatzvorlage* »Überschrift 1« aus. Klicken Sie zum Übernehmen auf »<«. • Klicken Sie abschließend auf *OK*.	• Sie können in Microsoft Word 2016 an dieser Stelle Anpassungen nur über direkte Formatierungen durchführen. Bei einer erneuten Aktualisierung werden sie allerdings wieder mit den ursprünglichen Einstellungen überschrieben.

Tabelle 54: Inhaltsverzeichnis anpassen

Wenn Sie Ihr Inhaltsverzeichnis noch weiter anpassen wollen: Die einzelnen Einträge des Inhaltsverzeichnisses sind mit der Formatvorlage »Inhaltsverzeichnis 1« bzw. »Verzeichnis 1« usw. formatiert. Um sie zu ändern, klicken Sie sie im Fenster Formatvorlagen mit der rechten Maustaste an und wählen Sie *Ändern...* aus.

6.4.4 Tabelleneigenschaften ändern

Wenn Sie Tabellen verwendet haben, können Sie diese auch noch an Ihr Textbild anpassen.

So passen Sie Ihre Tabelle an:

LibreOffice 6 Writer	Microsoft Word 2016
• Setzen Sie den Cursor in Ihre Tabelle. • Klicken Sie im Menü *Tabelle* auf *Eigenschaften...*, um die aktuelle Tabelle anzupassen. • Unter *Tabelle* können Sie die Maße bzw. Abstände sowie die Ausrichtung festlegen. • Unter *Textfluss* legen Sie den Fluss des Textes innerhalb der Zelle fest. • Unter *Umrandung* können Sie die Art der Umrandung bzw. Abstände bestimmen • Unter *Hintergrund* können Sie den Hintergrund für nur eine Zelle, eine ganze Zeile oder die komplette Tabelle festlegen. • Klicken Sie abschließend auf *OK*.	• Setzen Sie den Cursor in Ihre Tabelle. • Klicken Sie im Menü *Tabellentools* auf *Layout*, um die aktuelle Tabelle anzupassen. • Unter *Zellengröße* können Sie die Maße der Zelle festlegen. • Unter *Ausrichtung* legen Sie die Ausrichtung des Textes innerhalb der Zelle fest. • Klicken Sie im Menü *Tabellentools* auf *Entwurf*, um den Rahmen (Dicke, Art und Farbe) sowie die Schattierung (Hintergrundfarbe) anzupassen.

Tabelle 55: Tabelle anpassen

6.5 Die letzten Schritte

6.5.1 Alles aktualisieren

Inhaltsverzeichnis aktualisieren

Haben Sie Ihre Projektarbeit fertig geschrieben, müssen Sie jetzt nur noch Ihr Inhaltsverzeichnis aktualisieren.

So aktualisieren Sie Ihr Inhaltsverzeichnis:

LibreOffice 6 Writer	Microsoft Word 2016
• Klicken Sie mit der rechten Maustaste in Ihr Inhaltsverzeichnis und wählen Sie aus dem Kontextmenü *Verzeichnis aktualisieren*.	• Klicken Sie in Ihr Inhaltsverzeichnis. • Es erscheint der Text *Inhaltsverzeichnis aktualisieren…*. Klicken Sie drauf und wählen »Gesamtes Verzeichnis aktualisieren« aus.

Tabelle 56: Inhaltsverzeichnis aktualisieren

Querverweise und Felder aktualisieren

Die Aktualisierung der Querverweise und Felder wird unterschiedlich gehandhabt. LibreOffice 6 Writer hält Querverweise und Felder automatisch aktuell, während Microsoft Word 2016 den aktuellen Wert nur beim Erstellen einfügt.

So aktualisieren Sie Ihre Querverweise und Felder:

LibreOffice 6 Writer	Microsoft Word 2016
• Klicken Sie dennoch auf *Extras → Aktualisieren* und wählen dann aus, was Sie aktualisieren möchten (z. B. Felder).	• Markieren Sie Ihren kompletten Text mit der Tastenkombination [STRG] und [A]. • Drücken Sie die Taste [F9].

Tabelle 57: Querverweise und Felder aktualisieren

Microsoft Word 2016-Tipp

Da Microsoft Word 2016 die Aktualisierung nicht immer so genau nimmt, müssen Sie die Aktualisierung unter Umständen mehrmals durchführen. Alternativ klicken Sie auf Datei → Drucken. Microsoft Word 2016 aktualisiert nun alle Felder. Gehen Sie anschließend wieder zurück zu Ihrem Dokument, ohne es auszudrucken.

6.5.2 Die abschließende Korrektur

Sie sollten sich bei Ihrer Projektarbeit das **Null-Fehler-Ziel** setzen. Nutzen Sie hierzu die Rechtschreibprüfung Ihres Textverarbeitungsprogramms. So können Sie bereits grobe Rechtschreibfehler abfangen. Lesen Sie die Arbeit anschließend mindestens noch dreimal gründlich durch. Korrigieren Sie eventuell gefundene Fehler. Lassen Sie zwischen den Durchgängen jedoch eine Pause von mehreren Stunden, sonst übersehen Sie Fehler, da Sie wissen, was dort stehen sollte. Die letzte Korrektur erfolgt erst einen Tag später.

Von Vorteil ist es natürlich, die Arbeit noch von einem oder mehreren Dritten (z. B. Partner, Kollegen, Freunde) Korrektur lesen zu lassen. Es hat sich in der Praxis gezeigt, dass mehr Fehler gefunden werden, wenn Sie Ihre Projektarbeit im ausgedruckten Zustand korrigieren. Hierbei können Sie auch gleich sehen, wie Ihre Projektarbeit später aussieht und ob Ihre Bilder und Grafiken erkennbar sind. Passen Sie Stellen, die Ihnen nicht gefallen, anschließend entsprechend an.

Auf was Sie bei der Korrektur achten müssen:
- Achten Sie auf besonders auf Rechtschreibfehler, Satzbau, Grammatik und Silbentrennung (auch dass Maßzahlen und Einheiten nicht getrennt wurden).
- Wurden die formalen Anforderungen eingehalten (siehe Seite 44)?
- Berücksichtigen Sie auch die Tipps unter 4.6 Gestaltung der Projektarbeit ab Seite 51.
- Überprüfen Sie zur Sicherheit mindestens einmal Ihre Berechnungen.
- Stimmt das Thema im Wortlaut exakt mit dem eingereichten Thema überein?
- Sind alle Bilder und Grafiken sauber und gut erkennbar? Sind sie beschriftet und mit Quellenangaben versehen?
- Sind alle Seitenumbrüche noch vorhanden oder hat sich etwas verschoben?
- Sind alle Einheiten in den Formeln und Berechnungen vorhanden?

Tipp

Suchen Sie über die integrierte Suchfunktion Ihres Textverarbeitungsprogramms nach eventuell vorhandenen doppelten Leerzeichen. Diese verursachen unschöne Lücken im Textfluss. Tippen Sie hierzu in das Suchfeld zwei Leerzeichen ein und ersetzten Sie sie durch ein Leerzeichen.

6.5.3 Projektarbeit ausdrucken

Wenn Sie mit Ihrer Projektarbeit fertig sind und alles Korrektur gelesen wurde, können Sie Ihre Projektarbeit ausdrucken und binden (lassen).

Bevor Sie Ihre Projektarbeit ausdrucken, achten Sie auf folgende Punkte:

- Aktualisieren Sie noch einmal Ihr Inhaltsverzeichnis sowie Querverweise (siehe Seite 94)
- Haben Sie den Mindest-/Maximalumfang an Textseiten eingehalten?
- Sind alle Bilder und Grafiken sauber und gut erkennbar? Sind sie beschriftet und mit Quellenangaben versehen?
- Sind alle Seitenumbrüche noch vorhanden oder hat sich inzwischen etwas verschoben?
- Stimmt das Thema im Wortlaut exakt mit dem eingereichten Thema überein?
- Steht Ihr Name, Adresse, Abgabedatum und zuständige IHK auf dem Deckblatt?

Drucken über den heimischen Drucker

Wenn Sie Ihre Projektarbeit bei sich zu Hause drucken wollen, wählen Sie eine gute Druckqualität aus (wie Sie dies einstellen, hängt von Ihrem Drucker ab). Die höchste Druckqualität (Foto) ist für das Drucken auf Fotopapier gedacht. Da Fotopapier sehr saugstark ist, verbrauchen Sie beim Drucken auf Standardpapier mehr Tinte, das Gedruckte wird dadurch nicht besser.

Das Drucken über den heimischen Drucker hat den Vorteil, dass Sie zusätzliche Seiten einfügen können, ohne diese zuvor einscannen und in Ihre Projektarbeit einbinden zu müssen. So können Sie z. B. Stücklisten oder Konstruktionszeichnungen, aber auch Angebote kopieren und beifügen. Denken Sie daran, Ihre Projektarbeit nur <u>einseitig</u> auszudrucken.

Tipp
Wenn Sie Ihrer Projektarbeit ein hochwertigeres Aussehen geben möchten, verwenden Sie ein etwas dickeres Papier (z. B. 120 g/m²) anstelle dem Standardpapier mit 80 g/m².

Drucken über einen Copy-Shop

Wenn Sie Ihre Projektarbeit über einen Copy-Shop drucken und dort gleich binden lassen wollen, benötigen Sie eine PDF-Datei. Sie kann anschließend nicht mehr bearbeitet werden und enthält alle Informationen, die zum Darstellen notwendig sind. Diese Datei wird daher auf allen PCs gleich dargestellt. Denken Sie daran, Ihre Projektarbeit nur einseitig zu drucken.

So erstellen Sie eine PDF-Datei:

LibreOffice 6 Writer	Microsoft Word 2016
• Wählen Sie hierzu im Menü *Datei → Exportieren als...→ Als PDF exportieren....* aus. • In dem aufgehenden Fenster aktivieren Sie unter *Bilder* den Punkt »verlustfreie Komprimierung«. • Klicken Sie auf *Exportieren*, um die PDF-Datei zu erstellen.	• Klicken Sie auf *Datei*. • Klicken Sie unter *Optionen* auf *Erweitert*. • Klicken Sie unter *Bildgröße und -qualität* auf die Ihre Datei und aktivieren Sie den Haken bei »Bilder nicht in Datei komprimieren«. • Wählen Sie anschließend im Menü *Datei → Speichern unter...* aus und klicken auf »Durchsuchen«. • In dem aufgehenden Fenster wählen Sie unter *Dateityp:* »PDF« aus. • Achten Sie darauf, das unter *Optimieren für:* »Standard« ausgewählt ist. • Klicken Sie auf *Speichern*, um die PDF-Datei zu erstellen.

Tabelle 58: PDF-Datei erstellen

Öffnen Sie die erstellte PDF-Datei mit einem entsprechenden Programm (z. B. Adobe Acrobat Reader DC) und kontrollieren Sie, ob alles passt und Ihren Vorstellungen entspricht. Wenn nicht, nehmen Sie die entsprechenden Änderungen vor und exportieren sie erneut. Schließen Sie Ihre PDF vorher, wenn Sie sie überschreiben wollen.

> **HINWEIS**
> *Denken Sie daran, Ihre eidesstattliche Erklärung zu unterschreiben, bevor Sie Ihre Projektarbeit bei Ihrer zuständigen IHK abgeben.*

6.5.4 Projektarbeit binden lassen

Ihre Projektarbeit muss gebunden sein. Das einfache Lochen und Abheften in einem Schnellhefter ist nicht zulässig. Es stehen Ihnen daher mehrere Bindungsarten zur Auswahl:

zulässige Bindungsarten		
Spiralbindung	Klebebindung	Hardcover-Bindung

Abbildung 9: Überblick über die zulässigen Bindungsarten

Spiralbindung

Die Spiralbindung ist die einfachste und kostengünstigste Bindung, die Sie sogar selbst durchführen können. Sie benötigen dazu eine spezielle Bindemaschine, die oftmals in Sekretariaten oder aufgrund des geringen Preises auch in Privathaushalten zu finden ist. Bei dieser Bindungsart werden die einzelnen Seiten mit einem rechteckigen Lochband versehen, durch die  anschließend mehrere Plastikspiralen geschoben werden. Als „Umschlag" wird vorne eine durchsichtige, stärkere Folie und hinten eine verstärkte Rückseite angebracht. Da die Seiten nur durch die Spiralen zusammenhalten, können Sie im Notfall die Bindung öffnen und anschließend erneut wieder binden.

Klebebindung

Die Klebebindung ist eine einfache und kostengünstige Bindung werden die einzelnen Seiten am Rand zusammengeklebt. Als „Ur durchsichtige, stärkere Folie und hinten eine verstärkte, farbige die Seiten verklebt werden, müssen Sie im Notfall Ihre gesamte drucken und binden lassen.

Hardcover-Bindung

Die Hardcover-Bindung sieht edel aus, hat aber auch ihren Prei bekommt Ihre Projektarbeit einen stabilen Umschlag, wie bei ei einzelnen Seiten werden über eine Presse in den Hardcover-Um Seiten nur durch die Klemmung zusammenhalten, können Sie ir nen und anschließend erneut wieder binden.

6.5.5   Abbildungen als Poster drucken

Um Ihre Präsentationskompetenz weiter zu verbessern und noch zusätzlich ein Medium einzusetzen, drucken Sie sich bestimmte Abbildungen als **Poster** aus und hängen Sie diese an die Pinnwand. Es können auch Bilder oder Grafiken sein, die sich nicht in Ihrer Präsentation befinden.

So erstellen Sie aus einem Bild bzw. Grafik ein Poster:

LibreOffice 6 Draw	Microsoft Word 2016
• Öffnen Sie dazu eine neue Zeichnung über *Datei → Neu → Zeichnung*. • Wählen Sie über das Menü *Format → Folieneigenschaften…* unter *Ausrichtung* »Querformat« aus. • Fügen Sie Ihr Bild über *Einfügen → Bild…* ein. • Platzieren Sie das Bild in der Mitte der Seite. • Bei Bedarf können Sie nun noch erläuternde Beschreibungen (z. B. Pfeile auf wichtige Bestandteile oder rote Markierungen von Änderungen) hinzufügen. • Exportieren Sie das fertige Dokument über *Datei → Als PDF exportieren…*.	• Öffnen Sie dazu ein neues Dokument über *Datei → Neu*. • Wählen Sie im Register *Seitenlayout → Seite einrichten* unter *Ausrichtung* »Querformat« aus. • Fügen Sie Ihr Bild über *Einfügen → Bilder* ein. • Platzieren Sie das Bild in der Mitte der Seite. • Bei Bedarf können Sie nun noch erläuternde Beschreibungen (z. B. Pfeile auf wichtige Bestandteile oder rote Markierungen von Änderungen) hinzufügen. • Speichern Sie anschließend Ihr Dokument als *PDF* ab (siehe hierzu Tabelle 58 »PDF-Datei erstellen« auf Seite 97).

Tabelle 59: Poster aus einem Bild bzw. Grafik erstellen

So drucken Sie eine PDF-Datei als Poster aus:

z. B. Adobe Acrobat Reader DC
• Öffnen Sie die PDF-Datei mit Adobe Acrobat Reader DC (oder einem entsprechenden Programm). • Wählen Sie *Datei → Drucken…* aus. • Wählen Sie unter *Seite anpassen* und Optionen »Poster« aus. • Tragen Sie bei *Überlappung* »20« ein (das ist nachher Ihre Klebefläche). • Drucken Sie Ihr Dokument aus. • Schneiden Sie auf dem Blatt für die linke Seite den rechten weißen Rand sauber ab. • Kleben Sie nun beide Blätter entsprechend zu einem Poster zusammen.

Tabelle 60: PDF-Datei als Poster ausdrucken

7 DIE ERSTELLUNG

DER PRÄSENTATION

Die Erstellung einer ansprechenden Präsentation ist mittels vorgefertigter Vorlagen schnell und einfach zu Handhaben. Dennoch sind einige Anpassungen notwendig.

Für die Erstellung einer ansprechenden Präsentation sind Kenntnisse im Umgang mit Präsentationsprogrammen erforderlich. Moderne Präsentationsprogramme bieten Ihnen beim Start einen Assistenten an, über den Sie viele Einstellungen bereits vornehmen können. Auch durch das Verwenden von mitgelieferten Vorlagen können Sie auch ohne große Vorkenntnisse schnell eine ansprechende Präsentation erstellen. Alles was Sie dazu benötigen ist ein relativ aktuelles Präsentationsprogramm, wie beispielsweise **LibreOffice 6 Impress** oder **Microsoft PowerPoint 2016**.

Mit den nachfolgenden Tipps gelingt Ihnen die Gestaltung Ihrer Präsentation fast von selbst. Es mag am Anfang vielleicht umständlich erscheinen, zahlt sich aber später aus, wenn Sie mit nur einem Klick alles verändern können.

Software-Tipp

Sollten Sie kein aktuelles Präsentationsprogramm zur Verfügung haben, können Sie sich LibreOffice 6 kostenlos aus dem Internet herunterladen (ca. 210 bis 270 MB, je nach Version). Dieses Programm ist für Windows wie auch für Linux und Mac OS X erhältlich.

7.1 Folienmaster verwenden

Sie können die Formatierung der einzelnen Elemente (Überschriften, Texte, Aufzählungen, grafische Elemente wie Hintergründe, etc.) auf jeder Folie direkt formatieren, indem Sie ihnen eine andere Schriftart, -größe und -farbe zuweisen. Dieser Weg ist zwar einfach, hat aber den Nachteil, dass Sie bei einer späteren Formatierungsänderung jede Textstelle wieder mühsam formatieren müssen. Über die Folienmasteransicht können Sie Einstellungen und Gestaltungen (z. B. Schriftarten und Bilder) vornehmen, die dann auf allen Folien übernommen werden.

So öffnen Sie den Folienmaster:

LibreOffice 6 Impress	Microsoft PowerPoint 2016
• Öffnen Sie eine neue und leere Präsentation. • Klicken Sie im Menü auf *Ansicht → Folienmaster*.	• Öffnen Sie eine neue und leere Präsentation. • Klicken Sie im Register *Ansicht* im Feld *Masteransichten* auf *Folienmaster*.

Tabelle 61: Folienmaster öffnen

So passen Sie den Folienmaster für die Titelfolie an:

LibreOffice 6 Impress	Microsoft PowerPoint 2016
• Klicken Sie im Menü *Folie* auf *Neuer Master*. • In der linken Spalte »Folien« erscheint eine neue Folie. Klicken Sie auf die <u>erste</u> Folie. • Nun können Sie die Gestaltung der Titelfolie vornehmen: Passen Sie die *Schriftart, -größe* und *-farbe* sowie die *Ausrichtung* der einzelnen Textboxen an Ihre Vorstellungen an.	• Klicken Sie in der linken Spalte auf die erste Unterfolie »Titelfolie«. • Nun können Sie die Gestaltung der Titelfolie vornehmen: Passen Sie die *Schriftart, -größe* und *-farbe* sowie die *Ausrichtung* der einzelnen Textboxen an Ihre Vorstellungen an.

Tabelle 62: Folienmaster für die Titelfolie anpassen

So passen Sie den Folienmaster für die Folien des Inhaltes an:

LibreOffice 6 Impress	Microsoft PowerPoint 2016
• Klicken Sie in der linken Spalte »Folien« auf die <u>zweite</u> Folie. • Nun können Sie die Gestaltung der Inhaltsfolien vornehmen: Passen Sie die *Schriftart, -größe* und *-farbe* sowie die *Ausrichtung* der einzelnen Textboxen an Ihre Vorstellungen an.	• Klicken Sie in der linken Spalte auf die zweite Unterfolie »Titel und Inhalt«. • Nun können Sie die Gestaltung der Inhaltsfolien vornehmen: Passen Sie die *Schriftart, -größe* und *-farbe* sowie die *Ausrichtung* der einzelnen Textboxen an Ihre Vorstellungen an.

Tabelle 63: Folienmaster für die Folien des Inhaltes anpassen

Ihre Folien sollten Ihren Namen, das aktuelle Datum und die Foliennummer anzeigen. Dies können Sie für alle Folien sehr einfach über den Folienmaster einstellen.

So fügen Sie im Folienmaster Datum, Fußzeile und Foliennummer hinzu:

LibreOffice 6 Impress	Microsoft PowerPoint 2016
• Klicken Sie im Menü auf *Einfügen → Foliennummer*. • Klicken Sie unter *Datum und Uhrzeit* auf »Variabel«, um das aktuelle Datum anzuzeigen. • Geben Sie bei *Fußzeilentext* Ihren Namen ein. • Aktivieren Sie den Haken bei *Foliennummer*. • Soll Ihre Titelfolie anders gestaltet sein, so aktivieren Sie den Haken bei *Auf der ersten Folie nicht anzeigen*. • Klicken Sie auf *Auf alle anwenden*.	• Klicken Sie im Register *Einfügen* im Feld *Text* auf *Foliennummer*. • Aktivieren Sie den Haken unter *Datum und Uhrzeit* auf »Automatisch aktualisieren«, um das aktuelle Datum anzuzeigen. • Aktivieren Sie den Haken bei *Foliennummer*. • Aktivieren Sie den Haken bei *Fußzeilentext* und geben Sie Ihren Namen ein. • Soll Ihre Titelfolie anders gestaltet sein, so aktivieren Sie den Haken bei *Auf Titelfolie nicht anzeigen*. • Klicken Sie auf *Für alle übernehmen*.

Tabelle 64: Datum, Fußzeile und Foliennummer hinzufügen

Haben Sie alle Anpassungen vorgenommen, können Sie den Folienmaster wieder schließen. Möchten Sie weitere Änderungen vornehmen, können Sie den Folienmaster jederzeit wieder öffnen.

So schließen Sie den Folienmaster:

LibreOffice 6 Impress	Microsoft PowerPoint 2016
• Klicken Sie im Menü auf *Ansicht → Normal*.	• Klicken Sie im Register *Folienmaster* im Feld *Schließen* auf *Folienmaster schließen*.

Tabelle 65: Folienmaster schließen

7.2 Folien erstellen

Die Titelfolie ist die erste Folie, die Ihr Publikum sieht. Auf der Titelfolie sollte neben dem eigentlichen Titel bzw. Untertitel Ihrer Präsentation auch Ihr Name sowie das Datum stehen. Wenn es möglich ist, können Sie noch ein passendes Bild einfügen.

So erstellen Sie die Titelfolie:

LibreOffice 6 Impress	Microsoft PowerPoint 2016
• Wenn Sie eine leere Präsentation starten, ist die erste Folie bereits die *Titelfolie*.	• Wenn Sie eine leere Präsentation starten, ist die erste Folie bereits die *Titelfolie*.

Tabelle 66: Titelfolie erstellen

Die Folien für den Inhalt enthalten den eigentlichen Inhalt Ihrer Präsentation.

So fügen Sie eine Folie für den Inhalt hinzu:

LibreOffice 6 Impress	Microsoft PowerPoint 2016
• Klicken Sie im Menü auf *Folie → Neue Folie*. • Klicken Sie erneut im Menü auf *Folie → Layout → Titel und Inhalt*. • Klicken Sie erneut im Menü auf *Folie → Folienmaster...*. • Wählen Sie im Fenster *Folienvorlagen* die zweite Folien aus. • Klicken Sie anschließend auf *OK*.	• Klicken Sie im Register *Einfügen* im Feld *Folien* auf *Neue Folie*. • Wählen Sie im Auswahlmenü die Folie *Titel und Inhalt* aus.

Tabelle 67: Folie für den Inhalt hinzufügen

Füllen Sie nun die Folien mit den entsprechenden Inhalten. Überladen Sie die Folien nicht und verwenden Sie lieber mehrere Folien. Versuchen Sie, ganze Sätze auf den Folien zu vermeiden. Verwenden Sie stattdessen nur einzelne Stichwörter oder höchstens Halbsätze.

Tipp

Berücksichtigen Sie auch die Tipps zur Erstellung und Gestaltung einer Präsentation unter 1.2 Ihre Präsentation gestalten ab Seite 19.

So fügen Sie eine weitere Folie hinzu:

LibreOffice 6 Impress	Microsoft PowerPoint 2016
• Klicken Sie im Menü auf *Folie → Neue Folie*. Eine neue Folie wird eingefügt, die das Layout der vorherigen Folie übernimmt. • Wenn Sie das Layout ändern wollen, klicken Sie erneut im Menü auf *Folie → Layout* und wählen das passende Layout aus.	• Klicken Sie im Register *Einfügen* im Feld *Folien* auf *Neue Folie*. • Wählen Sie im Auswahlmenü die das passende Layout aus.

Tabelle 68: weitere Folien hinzufügen

Wenn Sie feststellen, dass Sie anstelle einer Textspalte vielmehr zwei Textspalten verwenden wollen, können Sie jederzeit das Layout der Folie ändern.

So ändern Sie das Layout einer Folie:

LibreOffice 6 Impress	Microsoft PowerPoint 2016
• Klicken Sie im Menü auf *Folie → Layout*. • Wählen Sie das passende Layout aus.	• Klicken Sie im Register *Start* im Feld *Folien* auf *Layout*. • Wählen Sie das passende Layout aus.

Tabelle 69: Layout einer Folie ändern

7.3 Objekte einfügen

Eine Präsentation besteht nicht nur aus Text. Bilder, Grafiken, Tabellen oder Diagramme lockern nicht nur die Präsentation auf, sondern unterstützen auch den Vortragenden. Mit Bildern oder Diagramme können zudem Sachverhalte leichter dargestellt werden als nur mittels reinem Text.

Bilder und Grafiken einfügen

Tipps zum Arbeiten mit Bilder und Grafiken:

☑ Benötigen Sie nur einfache Grafiken (z. B. Pfeile), verwenden Sie stattdessen die Zeichnungsfunktion Ihres Präsentationsprogramms (siehe Seite 80).

☑ Verwenden Sie saubere und scharfe Bilder, auf denen alles gut erkennbar ist.

☑ Das Bild sollte so groß wie möglich und mittig platziert sein. Vergrößern Sie zu kleine Bilder nicht durch einfaches Aufziehen des Bildrahmens, da diese dadurch unscharf werden. Verwenden Sie daher möglichst Bilder und Grafiken mit einer hohen Auflösung. Verkleinern können Sie sie immer noch.

☑ Vermeiden Sie Grafiken, die von Hand gezeichnet und dann eingescannt wurden. Verwenden Sie stattdessen Grafiken, die mit einem PC erstellt wurden.

☑ Hat ein verwendetes Bild die gewünschte erläuternde Funktion oder ist es nur Dekoration? Verzichten Sie auf überflüssige Fotos, lustige Strichmännchen und aufdringliche Dekorelemente, da diese die Aufmerksamkeit des Zuschauers unnötig ablenken.

So fügen Sie ein Bild bzw. Grafik ein:

LibreOffice 6 Impress 🖼	Microsoft PowerPoint 2016 P🖻
• Wählen Sie im Menü *Einfügen* → *Bild...* an. • Suchen Sie im nachfolgenden Fenster Ihr gewünschtes Bild aus. • Wenn Sie das Bild mit der Präsentation verknüpfen wollen, setzen Sie den Haken bei *Verknüpfen* bzw. *Als Verknüpfung einfügen*. • Klicken Sie auf *Öffnen*.	• Wählen Sie in der Registerkarte *Einfügen* unter *Bilder* die Schaltfläche *Bilder* aus. • Suchen Sie im nachfolgenden Fenster Ihr gewünschtes Bild aus. • Wenn Sie das Bild mit der Präsentation verknüpfen wollen, klicken Sie auf den kleinen Pfeil hinter Einfügen und wählen Sie *Einfügen und verknüpfen* aus.

Tabelle 70: Bild bzw. Grafik einfügen

⇨ *Mehr Information zum Einfügen bzw. Verknüpfen erfahren Sie auf Seite 79.*

externe Tabellenkalkulationen einbinden

Wenn Sie für Ihre Projektarbeit Berechnungen oder auch Diagramme als externe Tabellenkalkulationsdateien erstellt haben, können Sie diesen natürlich auch für Ihre Präsentation verwenden und müssen sie nicht erneut erstellen.

So binden Sie eine externe Tabellenkalkulation ein:

LibreOffice 6 Impress	Microsoft PowerPoint 2016
• Klicken Sie im Menü *Einfügen* auf *Objekt* und dann auf *OLE-Objekt...*. • Klicken Sie auf *Aus Datei erstellen*. • Klicken Sie auf *Suchen...*. • Wählen Sie im nachfolgenden Fenster Ihre gewünschte Tabellenkalkulationsdatei aus und klicken Sie auf *Öffnen*. • Aktivieren Sie *Mit Datei verknüpfen*. • Klicken Sie anschließend auf *OK*.	• Klicken Sie im Register *Einfügen* unter *Text* auf *Objekt*. • Klicken Sie auf *Aus Datei erstellen*. • Klicken Sie auf *Durchsuchen...*. • Wählen Sie im nachfolgenden Fenster Ihre gewünschte Tabellenkalkulationsdatei aus und klicken Sie auf *Öffnen*. • Aktivieren Sie *Verknüpfung*. • Klicken Sie anschließend auf *OK*.

Tabelle 71: externe Tabellenkalkulation einfügen

7.4 Folienübergänge und Animationen

Aktuelle Präsentationsprogramme bieten eine Hülle und Fülle an Effekten und Animationen. Die Übergänge sollten mit angemessenen Effekten mit wenig Bewegung ausgeführt sein. Dezent eingesetzt lockern sie Ihren Vortrag auf.

☞ Ein rollender Aufbau von unten oder links wirkt ruhig, aber nicht langweilig. Vermeiden Sie ein wildes Einfliegen der Texte aus verschiedenen Richtungen.

☞ Der Folientitel sollte dabei nicht animiert werden, sondern er wird gleich mit der Folie eingeblendet. So vermeiden Sie eine unnötige Verzögerung, bevor es auf der Folie überhaupt etwas zu sehen gibt.

So stellen Sie den Folienübergang ein:

LibreOffice 6 Impress	Microsoft PowerPoint 2016
• Klicken Sie im Menü *Folie* auf *Folienübergang*. • Wählen Sie im rechten Fenster »Folienübergang« Ihren gewünschten Übergang aus. Klicken Sie darauf, erhalten Sie eine Vorschau. • Je nach gewähltem Übergang können Sie noch spezielle Einstellungen, wie die *Variante* oder die *Dauer*, einstellen.	• Klicken Sie auf das Register *Übergänge* • Wählen Sie im Bereich *Übergang zu dieser Folie* Ihren gewünschten Übergang aus. Klicken Sie darauf, erhalten Sie eine Vorschau. • Je nach gewähltem Übergang können Sie noch spezielle Einstellungen, wie *Effektoptionen* oder die *Anzeigedauer*, einstellen.

Tabelle 72: Folienübergang einstellen

So stellen Sie die Animationen ein:

LibreOffice 6 Impress 🖼	Microsoft PowerPoint 2016 P🗒
• Klicken Sie im Menü *Format* auf *Animation*. • Wählen Sie Ihr erstes zu animierendes Element aus und klicken Sie im rechten Fenster »Animation« auf das Plus *+*. • Wählen Sie Ihre gewünschte *Kategorie* sowie den *Effekt* aus. Klicken Sie darauf, erhalten Sie eine Vorschau. • Wählen Sie Ihr zweites zu animierendes Element aus und klicken Sie im rechten Fenster »Animation« erneut auf das Plus *+* und weisen Sie ihr eine Animation zu.	• Klicken Sie auf das Register *Animationen*. • Wählen Sie Ihr erstes zu animierendes Element aus und wählen Sie im Bereich *Animation* Ihre gewünschte Animation aus. Klicken Sie darauf, erhalten Sie eine Vorschau. • Je nach gewählter Animation können die noch spezielle Einstellungen, wie *Effektoptionen* oder die *Anzeigedauer*, einstellen. • Wählen Sie Ihr zweites zu animierendes Element aus und weisen Sie ihr eine Animation zu.

Tabelle 73: Animationen einstellen

7.5 Die letzten Schritte

Sie sollten sich bei Ihrer Präsentation das Null-Fehler-Ziel setzen. Nutzen Sie hierzu die Rechtschreibprüfung Ihres Präsentationsprogramms. So können Sie bereits grobe Rechtschreibfehler abfangen. Lesen Sie die Texte anschließend mindestens noch dreimal gründlich durch. Korrigieren Sie anschließend eventuell gefundene Fehler.

Überprüfen Sie auch, dass alle Effekte ohne Verzögerung und Ruckeln an Ihrem Notebook ablaufen. Vermeiden Sie bei großen Objekten wie Bilder oder Diagramme alle Effekte, die das Objekt bewegen lassen, da diese oft in einem kläglichen Ruckeln enden. So können Sie auch gleich sehen, wie Ihre Präsentation später aussieht und ob Ihre Bilder und Grafiken erkennbar sind. Passen Sie Stellen, die Ihnen nicht gefallen, anschließend entsprechend an.

Auf was Sie beim Abschlusstest achten müssen:
- Achten Sie auf besonders auf Rechtschreibfehler, Satzbau, Grammatik und Silbentrennung (auch dass Maßzahlen und Einheiten nicht getrennt wurden).
- Berücksichtigen Sie auch die Tipps unter 1.2 Ihre Präsentation gestalten ab Seite 19.
- Sind alle Bilder, Grafiken, Tabellen oder ähnliches sauber und gut erkennbar? Sind sie beschriftet und mit Quellenangaben versehen?
- Laufen alle Effekte ohne Verzögerung und Ruckeln an Ihrem Notebook ab?
- Passt der Aufbau Ihrer Präsentation zu Ihrem Vortrag? Ist der Ablauf schlüssig und logisch?

8 PROJEKTARBEITEN

Die nachfolgenden Projektarbeiten zeigen den strukturellen Aufbau und sollen Anregungen für die eigene Projektarbeit geben.

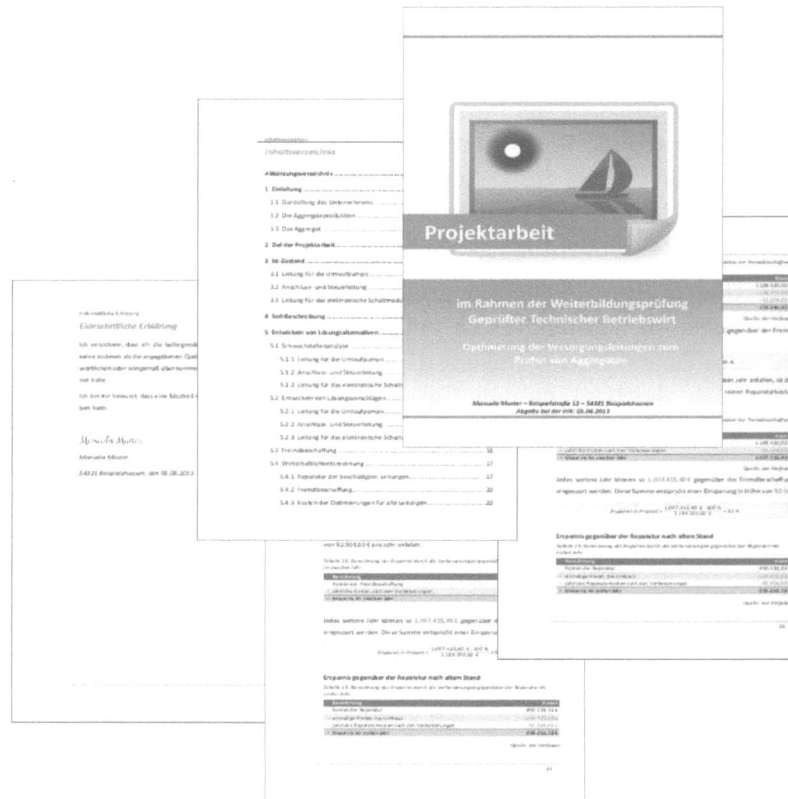

8.1 Beispielprojektarbeiten

Die nachfolgend abgedruckten Projektarbeiten wurden für den Abdruck modifiziert, um das zu behandelnde Thema zu verallgemeinern und um eine Identifikation der betroffenen Betriebe zu verhindern. Auch wurden nicht öffentlich zugängliche Unternehmensdaten in fiktive Werte und firmeninterne Bezeichnungen in Fantasienamen umgewandelt, um den betrieblichen Datenschutz zu gewähren. Die genauen Beschreibungen auf den entsprechenden Seiten in den Projektarbeit wurden daher entfernt und durch einen allgemein gehaltenen Text ersetzt. In den Projektarbeiten wurden auch Bilder und Grafiken verwendet. Diese sind aus den gleichen Gründen nur als Platzhalter dargestellt.

Die 3. Projektarbeit enthält in der Originalfassung im Anhang verschiedene Angebote von den angeschriebenen Firmen. Der Anhang wurde mit nur 2 Seiten stark gekürzt, da die anderen Angebote ähnlich aufgebaut sind. Das abgedruckte Angebot ist ebenfalls in ein fiktives Angebot umgewandelt worden, um eine Identifikation der betroffenen Firma zu verhindern.

Diese Beispielprojektarbeiten sollen Ihnen den Aufbau und die Gliederung einer solchen Projektarbeit zeigen und Ihnen ein Gespür geben, was gefordert ist. Sie können sich an ihnen orientieren oder sich nur einige Tipps und Anregungen holen.

Alle Beispielprojektarbeiten wurden in der Originalfassung bei der IHK abgegeben und haben bestanden.

*Der Dank gilt Tanja Mühlhäuser, die Ihre Projektarbeit für
dieses Buch zur Verfügung gestellt hat!*

Beispielprojektarbeit 1

Diese Projektarbeit beschreibt die Optimierung von Versorgungsleitungen zum Prüfen von Aggregaten. Die Leitungen gehen sehr oft kaputt, was hohe Kosten verursacht. Sie werden daher in einer Istanalyse auf deren Schwachstellen untersucht. Anschließend wurden verschiedene Lösungsansätze entwickelt, um die Reparaturhäufigkeit zu verringern. Die Lösungsansätze werden zum Schluss betriebswirtschaftlich verglichen, um die kostengünstigste Lösung zu finden. Diese wurde dann auch umgesetzt.

Der Umfang des Hauptteils beträgt 28 Seiten (insgesamt besteht sie aus 36 Seiten). Die originale Projektarbeit wurde mit einer Hardcover-Bindung gebunden.

Inhaltsverzeichnis

Inhaltsverzeichnis

Inhaltsverzeichnis

Hinweise:

Aufgrund von innerbetrieblichen Richtlinien zur Wahrung der Datensicherheit war es mir nicht möglich, entsprechende Zeichnungen, Pläne und Angebote etc. innerhalb dieser Projektarbeit zu veröffentlichen.

Die Quellenangaben von allen in dieser Projektarbeit vorkommenden Formeln liegen bei der Verfasserin.

1 Einleitung

Abkürzungsverzeichnis

AUS-Leitung	Anschluss- und Steuerleitung
ESM	elektronisches Schaltmodul
SEH	Steuereinheit
ULP	Umlaufpumpe

1 Einleitung

1.1 Darstellung des Unternehmens

Bei dem Unternehmen handelt es sich um einen metallverarbeitenden Betrieb und er ist mit einer Bilanzsumme von über 100 Mrd. Euro einer der Größten der Branche. Damit die rund 2,3 Millionen Einheiten gebaut und abgeliefert werden konnten, sind weltweit ca. 280.000 Mitarbeiter beschäftigt. Der Umsatz lag 2012 bei insgesamt 111 Mrd. Euro, davon fielen in Westeuropa 50 Mrd. Euro an, allein in Deutschland waren es 30 Mrd. Euro. In den neuen Märkten in Asien konnten rund 25 Mrd. Euro an Umsätzen erzielt werden, davon knapp die Hälfte mit 11 Mrd. Euro in China.

Tabelle 1: Konzernkennzahlen

	2012	2011	2010
Bilanzsumme	100 Mrd. €	102 Mrd. €	95 Mrd. €
Umsatz	111 Mrd. €	104 Mrd. €	97 Mrd. €
Konzernergebnis	9 Mrd. €	7 Mrd. €	5 Mrd. €
Absatz (gesamt)	2.310.000 St.	1.990.000 St.	1.840.000 St.

Quelle: Intranet des Unternehmens

1.2 Die Aggregateproduktion

Die Gesamtnutzfläche der Aggregateproduktion beträgt 666.666 m². In der dortigen Aggregatemontage bauen 2.900 Mitarbeiter täglich bis zu 9.500 Einheiten teils in Handarbeit, teils vollautomatisiert zusammen. Die Anzahl an produzierten Einheiten lag 2012 bei insgesamt rund 2.300.000 Stück.

Die Aggregateproduktion bezieht fast die Hälfte der benötigten Teile aus der vorgelagerten Fertigung. Dort werden mit hochmodernen Maschinen die strategisch wichtigen Bestandteile der Aggregate gefertigt (Kernkompetenz). Durch die

1 Einleitung

eigene Forschungs- und Entwicklungsabteilung konnten einige Wettbewerbsvorteile erzielt werden, die entsprechend durch Patente geschützt sind.

1.3 Das Aggregat

Das Aggregat wird hauptsächlich für die Industrie produziert. Es stehen verschiedene namhafte Großkonzerne als Abnehmer zur Verfügung. Die gefertigten Aggregate werden in einer breiten Produktpalette angeboten. Die Abnehmer können so zwischen verschiedenen Varianten auswählen. Durch eine geschickte Modulbauweise kann fast jede erdenkliche Variation zusammengestellt und geliefert werden. Kleinserien sind dadurch noch für beide Seiten wirtschaftlich und werden dementsprechend nachgefragt.

Die Aggregate werden ständig weiterentwickelt und bieten neben umweltschonenden Maßnahmen auch Komforterhöhungen und ein reduziertes Geräuschniveau.

Die unten stehende Abbildung zeigt ein fertig montiertes Aggregat.

Abbildung 1: das fertig montierte Aggregat

Quelle: Unternehmen

---

2 Ziel der Projektarbeit

2 Ziel der Projektarbeit

Das Ziel der Projektarbeit ist es,

- den jetzigen Zustand kritisch zu untersuchen und einen Standard zu definieren
- diesen Standard auf Wirtschaftlichkeit prüfen, Reparaturkosten senken, Verschleiß minimieren, Lebenszyklen der Leitungen verlängern
- diesen Standard nach der Prüfung ausarbeiten, dokumentieren und die Umsetzung vorbereiten

Die Projektarbeit geht näher auf die gegenwärtige Situation in der Aggregatemontage ein und zeigt anschließend die Möglichkeit der Optimierung der Versorgungsleitungen auf den Werkstückträgern auf.

Phasen der Projektarbeit

Die Projektarbeit gliedert sich in die folgenden Phasen:

Abbildung 2: Phasen der Projektarbeit

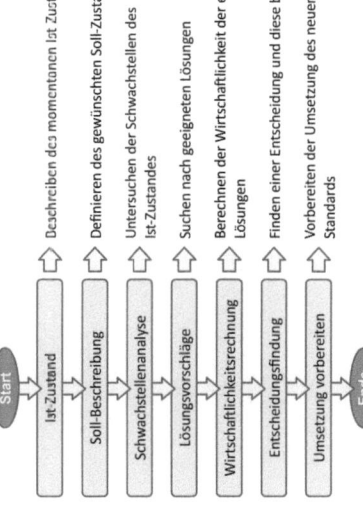

Start

Ist-Zustand → Beschreiben des momentanen Ist-Zustandes

Soll-Beschreibung → Definieren des gewünschten Soll-Zustandes

Schwachstellenanalyse → Untersuchen der Schwachstellen des Ist-Zustandes

Lösungsvorschläge → Suchen nach geeigneten Lösungen

Wirtschaftlichkeitsrechnung → Berechnen der Wirtschaftlichkeit der einzelnen Lösungen

Entscheidungsfindung → Finden einer Entscheidung und diese begründen

Umsetzung vorbereiten → Vorbereiten der Umsetzung des neuen Standards

Ende

Quelle: die Verfasserin

3 Ist-Zustand

Die Aggregate werden vollautomatisch durch Roboter für den Prüflauf in den Prüfständen auf- und nach erfolgtem Prüflauf wieder abgerüstet. Dabei werden auch die entsprechenden Zuleitungen wie die Anschluss- und Steuerleitung (AUS) für die Steuereinheit, das elektronische Schaltmodul (ESM) und die Umlaufpumpe (ULP) vollautomatisch an die Aggregate gesteckt. Eine dieser Zuleitungen besteht aus einzelnen Aderleitungen, die mit einem Gewebeschlauch zusammengefasst sind, die beiden anderen Leitungen aus einer Standardleitung. Das eine Ende der Leitung ist mit einer Anschlusskomponente auf dem Werkstückträger verbunden, das andere Ende mit dem Spezialstecker wird, abhängig von der Aggregatevariante, von den Robotern an die Aggregate angeschlossen.

Diese Leitungen sind harten Umgebungsbedingungen ausgesetzt (Öl, Vibrationen beim Prüfen, Greifer der Roboter), dementsprechend hoch ist auch der Verschleiß der Leitungen. Durch die große Anzahl der Werkstückträger in der Prüfabteilung (250 Stück) und die Sonderbauform sind die Kosten für eine Reparatur der Leitungen hoch. Die Herstellung einer solchen Leitung mit Spezialstecker ist aufwändig und teuer, da auf keine Standardlösung zurückgegriffen werden kann.

Da in fast allen Fällen nur die Leitung selber beschädigt wird und nicht mehr benutzt werden kann, muss trotzdem die komplette Leitung ausgetauscht werden. Die Crimpkontakte in den Steckern können nicht wieder verwendet werden, da sie durch den Crimpvorgang unbrauchbar geworden sind. Dies führt besonders bei den AUS-Leitungen zu hohen Kosten, da deren Kontakte sehr teuer sind.

Durch das Fehlen der Werkstückträger während der Reparatur wird auch der Prozessablauf gestört, was weitere Kosten mit sich bringt. Da weniger Werkstückträger im Umlauf sind, kann nicht mehr mit der vollen Kapazität geprüft werden. Es kommt zu weiteren unnötigen Wartezeiten an den Übersetzern der vorgelagerten Montagelinien. Weitere Kosten entstehen durch das erneute Prüfen von Aggrega-

ten, deren Prüflauf aufgrund von defekten Leitungen abgebrochen wurde und wiederholt werden muss.

3.1 Leitung für die Umlaufpumpe

Die Umlaufpumpe (ULP) ist eine kleine externe Pumpe, die außerhalb des Aggregates angebracht ist. Sie ist nur bei einer besonderen umweltschonenden Funktion erforderlich.

Die ULP-Leitung verbindet die Umlaufpumpe des Aggregates mit dem Prüfstand während des Prüfvorgangs. Sie besteht aus einem Anschlussstecker für die Pumpe, einem Spiralkabel und einem Anschluss für die Anschlusskomponente auf dem Werkstückträger.

Diese Leitung wird nur bei Prüfläufen von Aggregaten benötigt, die über diese Funktion verfügen.

Tabelle 2: Bestandteile und Gesamtkosten der bisherigen ULP-Leitung

Benennung	Menge	Einzelpreis	Gesamtpreis
Steckergehäuse (Werkstückträger)	1	2,50 €	2,50 €
Stifteinsatz	1	12,30 €	12,30 €
Kabelverschraubung	1	1,47 €	1,47 €
Senkschraube	4	0,03 €	0,12 €
Spiralleitung	1	6,15 €	6,15 €
Steckergehäuse (aggregatseitig)	1	7,15 €	7,15 €
Buchsenstecker	1	3,73 €	3,73 €
Kontaktbuchse	4	1,20 €	4,80 €
Gewindestift	6	0,02 €	0,12 €
Zylinderschraube	2	0,02 €	0,04 €
Gesamtkosten einer ULP-Leitung			**38,38 €**

Quelle: interne Stückliste des Unternehmens

3 Ist-Zustand

3.2 Anschluss- und Steuerleitung

Die bisherigen AUS-Leitungen bestehen aus einem Anschlussstecker für das Aggregat, einem Gewebeschlauch, durch den die einzelnen Adern geführt sind und einem Anschluss für die Anschlusskomponente auf dem Werkstückträger. Die AUS-Leitung verbindet während des Prüflaufs die elektronischen Grundkomponenten (u. a. die Steuereinheit) mit dem Prüfstand. Die SEH (Steuereinheit) ist das „Gehirn" des Aggregates. Sie enthält die Software, die für die Steuerung und Überwachung des Aggregates zuständig ist.

Diese Leitung wird bei jedem Prüflauf benötigt, da jedes Aggregat über diese Grundkomponenten verfügt. Sie ist daher der größten Belastung ausgesetzt, da sie täglich bis zu 30-mal mittels Robotergreifer vollautomatisch auf- und abgesteckt wird.

Das Teuerste an dieser Leitung sind die verwendeten Pins, die jeweils über 40 € pro Stück kosten. Die Pins kosten deshalb so viel, da es sich um Hochleistungs-Steckverbindungen handelt. Sie halten hohe Steckzyklen aus und bieten trotzdem eine sichere und zuverlässige Stromführung. Auch ihre kleine Bauform, verbunden mit der hohen Strombelastbarkeit, führen zu diesem hohen Preis.

Tabelle 3: Bestandteile und Gesamtkosten der bisherigen AUS-Leitung

Benennung	Menge	Einzelpreis	Gesamtpreis
Steckergehäuse (Werkstückträger)	1	3,74 €	3,74 €
Stifteinsatz	1	7,19 €	7,19 €
Crimpkontaktstift	2	0,85 €	1,70 €
Crimpkontaktstift	2	0,88 €	1,76 €
Stiftkontakt	4	1,86 €	7,44 €
Sperrbolzen	1	0,95 €	0,95 €
Kabelverschraubung	1	2,57 €	2,57 €
Messleitung hochflexibel	5	3,25 €	16,25 €
Gewebeschlauch	1	2,68 €	2,68 €
Steckergehäuse (aggregatseitig)	1	11,99 €	11,99 €
Versorgungspin	3	49,50 €	148,50 €
Datenpin	2	45,22 €	90,44 €
Versorgungs-Pin Leitung	3	3,88 €	11,64 €
Daten-Pin Leitung	2	3,14 €	6,28 €
Gesamtkosten einer AUS-Leitung			**313,13 €**

Quelle: interne Stückliste des Unternehmens

---

3 Ist-Zustand

3.3 Leitung für das elektronische Schaltmodul

Einige Aggregate können mit komfortsteigernden Funktionen ausgestattet werden. Die Anschaltung des Schaltimpulses erfolgt dabei elektronisch per Tastendruck. Der Schaltbefehl wird hierbei an das elektronische Schaltmodul (ESM) weitergegeben, das dann über Stellmotoren die gewünschte Funktion vornimmt.

Sie wird nur bei Prüfläufen von Aggregaten benötigt, die über die komfortsteigernde Funktion verfügen.

Tabelle 4: Bestandteile und Gesamtkosten der ESM-Leitung

Benennung	Menge	Einzelpreis	Gesamtpreis
Steckergehäuse (Werkstückträger)	1	12,30 €	12,30 €
Stifteinsatz	1	4,57 €	4,57 €
Crimpkontaktstift	4	1,63 €	6,52 €
Stiftkontakt	4	1,28 €	5,12 €
Kabelverschraubung	1	2,53 €	2,53 €
Leitung	1	4,60 €	4,60 €
Steckergehäuse (aggregatseitig)	1	4,30 €	4,30 €
Zylinderschraube	1	0,02 €	0,02 €
Federring	1	0,02 €	0,02 €
Sechskantmutter	1	0,02 €	0,02 €
Abstandshalter	1	1,55 €	1,55 €
Drahtfederbuchse	4	3,71 €	14,84 €
Kontaktbuchse	4	2,04 €	8,16 €
Abstandselement Kupferhülse	4	1,11 €	4,44 €
Zylinderschraube	2	0,02 €	0,04 €
Schrumpfschlauch	1	0,13 €	0,13 €
Kabelschiene	1	15,56 €	15,56 €
Kabelbinder	4	0,03 €	0,12 €
Gesamtkosten einer ESM-Leitung			**84,84 €**

Quelle: interne Stückliste des Unternehmens

Soll-Beschreibung

Die Reparaturhäufigkeit und die daraus resultierenden Reparaturkosten sind momentan zu hoch. Es sollen daher Maßnahmen ergriffen werden, um beides zu senken. Dadurch wird auch die Verfügbarkeit der Werkstückträger erhöht, da sie nicht ständig wegen der Reparatur der Leitungen vom Band genommen werden müssen, welches den Prozessablauf erheblich behindert.

Leitung für die Umlaufpumpe (ULP-Leitung)

Der Stecker der ULP-Leitung soll so optimiert werden, dass eine saubere Führung der Leitung ohne ein Einquetschen möglich ist. Des Weiteren soll eine Leitung verwendet werden, die eine höhere eigene Zugspannung in der Spiralwicklung besitzt, um ein Durchhängen zu verhindern.

Anschluss- und Steuerleitung (AUS-Leitung)

Da die AUS-Leitung sehr teuer ist und bei jedem Prüflauf verwendet wird, soll die Leitung optimiert werden. Es muss nach einer Leitung gesucht werden, die robuster als die momentan verwendete Gewebeschlauch ist.

Leitung für das elektronische Schaltmodul (ESM-Leitung)

Die Lebensdauer einer ESM-Leitung soll erhöht werden, um auch hier die Reparaturhäufigkeit zu senken.

Entwickeln von Lösungsalternativen

In den Monaten Oktober 2012 bis Januar 2013 wurde die Anzahl der defekten Leitungen genau erfasst. Folgende Daten liegen vor:

Tabelle 5: Anzahl der defekten Leitungen im Zeitraum Oktober 2012 bis Januar 2013

KW	Anzahl an defekten ULP-Leitungen	Anzahl an defekten AUS-Leitungen	Anzahl an defekten ESM-Leitungen
43	20	16	25
44	36	25	29
45	24	21	15
46	40	28	21
47	16	15	23
48	60	19	27
49	44	32	27
50	17	24	18
51	52	29	11
52	24	15	9
1	15	13	7
2	21	30	19
Summe	**369**	**267**	**231**

Quelle: tabellarischer Aufschrieb der Montage

5.1 Schwachstellenanalyse

Um die am Besten geeignete Lösung zu finden, wird die momentane Situation zuerst einer Schwachstellenanalyse unterzogen. Hier zeigen sich die Ursachen für die Probleme, die dann letztendlich zum Ausfall der Leitungen führen.

5.1.1 Leitung für die Umlaufpumpe

Leitung nicht ausreichend ölresistent

Die verwendete Leitung ist eine Standardspiralleitung, die nur bedingt gegen das Öl resistent ist. Da sie oft in Kontakt mit dem Öl kommt, wird die Ummantelung angegriffen. Der Weichmacher in der Leitung löst sich, sie verliert ihre Elastizität,

5 Entwickeln von Lösungsalternativen

wird spröde und bricht. Durch sich lösende Teile der Isolierung kommt es zu Kurzschlüssen in der Leitung, die den Prüfablauf sofort abbrechen lassen.

Windungen nicht stark genug

Der Ruheplatz des Steckers befindet sich technisch bedingt relativ weit außen. Dementsprechend muss die Leitung eine weite Strecke zwischen dem Ruhesteckplatz und dem Anschluss am Aggregat überbrücken. Da die Zugkraft in den Windungen mit der Zeit nachlässt, hängen viele Leitungen in der Mitte durch. Dies führt wiederum beim Abstecken dazu, dass sich die Leitungen nicht mehr ganz zusammenziehen, was Verdreher in den Windungen zur Folge hat.

Abbildung 3: gequetschte und abgeknickte ULP-Leitung
Quelle: die Verfasserin

Steckergehäuse zu dünn

Das Gehäuse des Steckers ist an der Stelle, an der der Greifer den Stecker packt, sehr dünn. Durch den ständigen Abrieb des Greifers wird hier zusätzlich Material abgenommen. Der Stecker bricht und kann so nicht mehr verwendet werden.

5.1.2 Anschluss- und Steuerleitung

Die AUS-Leitung ist die Teuerste der Leitungen. Da sie bei jedem Prüflauf zum Einsatz kommt, sind die Schwachstellen genau zu untersuchen und zu beseitigen, um die Reparaturhäufigkeit und die damit verbundenen hohen Kosten zu senken.

10

5 Entwickeln von Lösungsalternativen

Leitungen nicht ausreichend ölresistent

Die Leitungen sind nicht ausreichend gegen das Öl resistent. Es löst sich der Weichmacher in der Leitung, dadurch werden sie spröde, sie verlieren ihre Elastizität und brechen. Durch die beschädigte Isolierung kommt es zu Kurzschlüssen in der Leitung, die den Prüfablauf abbrechen lassen.

Drall der Leitungen

Durch den Drall der Leitungen in dem Gewebeschlauch dreht sich die Leitung immer wieder. Die Gefahr steigt, dass die Leitung zur Seite hin absteht und am Greifer oder im Prüfstand hängen bleibt.

In der Abbildung rechts ist zu erkennen, wie die einzelnen Aderleitungen frei liegen. Hier ist der Gewebeschlauch gerissen. Auch der Drall der Leitung ist hier deutlich zu erkennen. Die Leitung läuft nicht mehr gerade aus dem Stecker heraus, sondern nimmt einen Bogen nach links in den Bereich von Greifer oder Prüfstand ein.

Abbildung 4: AUS-Leitung im Einsatz
Quelle: die Verfasserin

Gewebeschlauch bietet keine ausreichende Festigkeit

Da die gesamte Leitung flexibel sein muss, besteht sie aus einzelnen Aderleitungen, die in einem Gewebeschlauch verlaufen. Dieser Gewebeschlauch ist nicht sonderlich reißfest und geht daher sehr oft kaputt. Die Schutzfunktion der einzelnen Leitungen ist nicht mehr gewährleistet.

11

5.1.3 Leitung für das elektronische Schaltmodul

Leitungsmantel nicht ausreichend stark

Die verwendete Leitung ist ebenfalls eine Standardleitung, die nur eine normale Ummantelung aufweist. Die Leitung scheuert sich im Laufe der Zeit an der rauen Oberfläche des Werkstückträgers ab bzw. wird durch die Kanten des Werkstückträgers beschädigt. Die Isolierung geht dadurch verloren und es kommt zu Kurzschlüssen in der Leitung, die den Prüfablauf abbrechen lassen.

Leitungslänge nicht ideal

Die Länge der Leitungen ist nicht ideal. Viele der Leitungen sind zu lang oder manche extrem kurz. Die zu langen Leitungen rutschen seitlich vom Werkstückträger und bleiben hängen, scheren sich ab oder werden von nachfolgenden Werkstückträgern eingeklemmt. Bei den zu kurzen Leitungen tritt beim Aufstecken an das Aggregat eine hohe Zugspannung auf. Sie beschädigt die Isolierung der Leitung durch Reiben an den Kanten des Werkstückträgers oder lässt sie im schlimmsten Falle ganz abreißen.

5.2 Entwickeln von Lösungsvorschlägen

Die vorliegenden Schwachstellen werden nun ausgewertet und entsprechende Lösungsvorschläge ausgearbeitet, die die Langlebigkeit der Leitungen erhöhen. Die Lösungen werden anschließend auf ihre Wirtschaftlichkeit geprüft.

5.2.1 Leitung für die Umlaufpumpe

Die ULP-Leitung ist die Leitung, die am Häufigsten beschädigt wird und daher sehr oft ausgetauscht werden muss. Die häufigsten Ursachen hierfür sind zum einen der Stecker, zum anderen die Leitung selbst.

Ölresistente Leitung verwenden

Durch die Verwendung einer ölresistenten Spiralleitung werden Schäden an der Leitung durch das Öl vermieden. Leitungsbrüche aufgrund poröser Isolierungen oder Kurzschlüsse lassen sich vermeiden.

Die neue Spiralleitung hat eine dickere Ummantelung als die bisher Verwendete. Sie ist daher widerstandsfähiger gegen das Öl. Auch die Zugkraft in den Windungen ist stärker als bei der bisherigen Leitung, was zum besseren Zusammenziehen der Leitung beim Abrüsten führt und somit Quetschungen verhindert.

Es ergeben sich folgende Kostenänderungen:

Tabelle 6: Berechnung der Gesamtkosten der neuen ULP-Leitung

Berechnung	Kosten
Kosten der seitherigen ULP-Leitung	38,38 €
− Wegfall der alten Spiralleitung	-6,15 €
+ neue Spiralleitung	16,25 €
= Gesamtkosten der neuen ULP-Leitung	48,48 €

Quelle: die Verfasserin

Die neue ULP-Leitung wird um 10,10 € teurer und kostet nun 48,48 €.

Steckergehäuse und Kabelführung ändern

Bei dem Stecker handelt es sich um eine Eigenentwicklung, der in unserer Entwicklungsabteilung aus Kunststoff gedruckt wird. Daher können Änderungen an der Form schnell und unkompliziert berücksichtigt werden. Dies hat daher keine Auswirkungen auf die Kosten des Steckers.

Das Steckergehäuse wird an der Stelle, an der der Greifer zupackt, verstärkt. Es ist somit mehr Material an dieser Stelle, das die Langlebigkeit des Steckers erhöht.

Der Ausgang für die Leitung am Stecker wird seitlich nach oben verlegt. Dadurch wird der natürliche Drall der Spiralleitung beibehalten und der Zug auf den Stecker im eingesteckten Zustand wird vermindert.

5 Entwickeln von Lösungsalternativen

Die nebenstehende Abbildung zeigt die zukünftige AUS-Leitung. Der Gewebeschlauch und die einzelnen Aderleitungen sind durch eine robustere Leitung ersetzt worden.

Abbildung 6: die zukünftige AUS-Leitung

Quelle: die Verfasserin

5.2.3 Leitung für das elektronische Schaltmodul

Die ESM-Leitung hat wenige Schwachstellen. Wenn eine Leitung ausgetauscht werden muss, dann hauptsächlich aufgrund von Schäden an der Leitung selber.

Leitung mit einem dickeren Mantel verwenden

Auch hier soll eine ölresistente Leitung mit einem dickeren Mantel verwendet werden, um Schäden zu minimieren.

Tabelle 8: Berechnung der Kosten der neuen ESM-Leitung

Berechnung	Kosten
Kosten der seitherigen ESM-Leitung	84,84 €
– Wegfall der alten Leitung	-4,60 €
+ neue Leitung	5,61 €
= **Gesamtkosten der neuen ESM-Leitung**	**85,85 €**

Quelle: die Verfasserin

Die bisherige Leitung wird durch eine neue, widerstandsfähigere Leitung ersetzt. Die Kosten für eine ESM-Leitung erhöhen sich daher auf 85,85 €.

Kabelführung verändern

Die Leitungsführung wird geändert und auf die optimal erforderliche Länge gebracht. Die Leitung bewegt sich beim Auf- und Abstecken nicht mehr über die gesamte Länge, sondern nur noch im letzten Bereich. Das Reiben auf dem Werkstückträger durch eine zu lange Leitung wird vermieden.

15

---

5 Entwickeln von Lösungsalternativen

Leitungsführung optimieren

Abbildung 5: die zukünftige ULP-Leitung

Die Leitungslänge ist so zu gestalten, dass die Leitung so kurz wie möglich, aber nur so lang wie nötig ist.

Die Abbildung links zeigt die zukünftige ULP-Leitung. Zu erkennen ist der verstärkte Stecker und die neue Spiralleitung.

Quelle: die Verfasserin

5.2.2 Anschluss- und Steuerleitung

Da die AUS-Leitung sehr teuer ist, sind die Optimierungen hier mit hoher Priorität zu bearbeiten, um die Lebensdauer einer Leitung zu erhöhen und die Reparaturhäufigkeit sowie die damit verbundenen Kosten so gering wie möglich zu halten.

Leitung optimieren

Bei der AUS-Leitung soll eine ölresistente und flexible Leitung verwendet werden, die die Einzeladern und den Gewebeschlauch ersetzt.

Durch die Optimierung an der AUS-Leitung ändern sich auch die Materialkosten, da einige bisherige Bestandteile weggelassen und durch Neue ersetzt werden:

Tabelle 7: Berechnung der Gesamtkosten der neuen AUS-Leitung

Berechnung	Kosten
Kosten der seitherigen AUS-Leitung	313,13 €
– Wegfall der Messleitungen	-16,25 €
– Wegfall des Gewebeschlauches	-2,68 €
+ neue Leitung	8,83 €
= **Gesamtkosten der neuen AUS-Leitung**	**303,03 €**

Quelle: die Verfasserin

Durch die neue Leitung sinkt der Preis pro Leitung auf 303,03 €.

14

5 Entwickeln von Lösungsalternativen

Links in der Abbildung ist die neue ESM-Leitung zu sehen. Die bisher verwendete Leitung wurde durch eine neue Leitung ausgetauscht.

Abbildung 7: die zukünftige ESM-Leitung

Quelle: die Verfasserin

5.3 Fremdbeschaffung

Als weiterer Lösungsvorschlag steht der Bezug aller Leitungen über eine Fremdfirma an. Diese Firma fertigt die Leitungen nach unseren Vorgaben und liefert sie komplett montiert ins Haus.

Vorteile der Fremdbeschaffung gegenüber der Eigenherstellung:
- bessere technische Spezialisierung der beauftragten Firma
- keine Engpässe in personeller, maschineller und räumlicher Hinsicht
- Kostenvorteile, da hierfür keine Anlagen und Werkzeuge beschafft werden müssen und kein Personal benötigt wird

Nachteile der Fremdbeschaffung:
- Geheimhaltung der technischen Kenntnisse, wie z. B. die Belegung der Anschlüsse im Stecker, ist nicht mehr gegeben
- eventuell unzureichende Qualität der abgelieferten Waren
- Abhängigkeit vom Lieferanten und fehlende Sicherheit bei der wirtschaftlichen Entwicklung des Lieferanten

Es liegt ein entsprechendes Angebot der Fremdfirma vor:
- Preis für eine komplett montierte ULP-Leitung: 310,00 €
- Preis für eine komplett montierte AUS-Leitung: 530,00 €
- Preis für eine komplett montierte ESM-Leitung: 180,00 €

5 Entwickeln von Lösungsalternativen

Bei der Fremdbeschaffung würden die eigenen Personalkosten entfallen, allerdings ist der Preis pro Leitung sehr hoch. Um die Tauglichkeit dieser Option zu überprüfen, werden vorerst 50 Leitungen für die Umlaufpumpe beschafft. Diese werden von der Fremdfirma nach unseren Vorgaben, Montageplänen und Stücklisten gefertigt und angeliefert. Nach Erhalt der fertig montierten Leitungen wird deren Qualität überprüft, ob sie unseren Anforderungen und Ansprüchen genügen. Sollte sich ein erfreuliches Ergebnis zeigen, ist diese Möglichkeit nicht auszuschließen.

5.4 Wirtschaftlichkeitsrechnung

5.4.1 Reparatur der beschädigten Leitungen

Im jetzigen Zustand werden die beschädigten Leitungen wieder repariert. Die oben genannten Optimierungen werden nicht berücksichtigt, das heißt, die Leitungen werden nach dem alten, bisherigen Stand gebaut. Es werden im Folgenden die Gesamtkosten der Reparatur ermittelt, die im weiteren Verlauf als Ausgangswert für die Vergleiche der verschiedenen Lösungsalternativen dienen.

Personalkosten für die Reparatur einer Leitung

Die Leitungen werden von zwei eigenen Mitarbeitern repariert, deren verrechneter Stundenlohn 55 €/h beträgt (die verwendeten Zeiten sind ungefähre Mittelwerte).

Es ergeben sich folgende Personalkosten für eine Leitungsreparatur:

$$\text{Personalkosten} = \text{benötigte Zeit} \cdot \text{verrechneter Stundenlohn}$$

Tabelle 9: Berechnung der Personalkosten

Leitung	Berechnung	Kosten
ULP	30 min · 55,00 €/h = 0,50 · 55,00 €/h	27,50 €
AUS	45 min · 55,00 €/h = 0,75 · 55,00 €/h	41,25 €
ESM	30 min · 55,00 €/h = 0,50 · 55,00 €/h	27,50 €

Quelle: die Verfasserin

5 Entwickeln von Lösungsalternativen

Reparaturkosten für die Reparatur einer Leitung

Bei einer Reparatur wird allerdings nur der aggregatseitige Stecker und die Leitung selber ausgetauscht, der Stecker für das Anschlussmodul wird, sofern er nicht beschädigt ist, wiederverwendet. Daher verringern sich die Reparaturkosten um diesen Anteil. Zu den verwendeten Materialkosten werden anschließend die oben ermittelten Personalkosten addiert.

Daher lautet die Formel zur Berechnung der Reparaturkosten:

Reparaturkosten = Materialkosten – Ersparnis + Personalkosten

ULP-Leitung

Tabelle 10: Berechnung der Reparaturkosten einer ULP-Leitung

Berechnung	Kosten
Materialkosten einer kompletten ULP-Leitung	38,38 €
– Ersparnis durch Wiederverwenden des Steckergehäuses	-2,50 €
– Ersparnis durch Wiederverwenden des Stifteinsatzes	-12,30 €
– Ersparnis durch Wiederverwenden der Kabelverschraubung	-1,47 €
– Ersparnis durch Wiederverwenden der Senkschrauben	-0,12 €
+ Personalkosten für den Zusammenbau	27,50 €
= **Reparaturkosten einer UP-Leitung**	**49,49 €**

Ersparnis insgesamt von 16,39 €

Quelle: die Verfasserin

Die Reparaturkosten für eine ULP-Leitung liegen bei 49,49 €.

AUS-Leitung

Tabelle 11: Berechnung der Reparaturkosten einer AUS-Leitung

Berechnung	Kosten
Materialkosten einer kompletten AUS-Leitung	313,13 €
– Ersparnis durch Wiederverwenden des Steckergehäuses	-3,74 €
– Ersparnis durch Wiederverwenden des Stifteinsatzes	-7,19 €
– Ersparnis durch Wiederverwenden der Crimpkontaktstifte	-1,70 €
– Ersparnis durch Wiederverwenden der Crimpkontaktstifte	-1,76 €
+ Personalkosten für den Zusammenbau	41,25 €
= **Reparaturkosten einer AUS-Leitung**	**339,99 €**

Ersparnis insgesamt von 14,39 €

Quelle: die Verfasserin

Die Reparaturkosten für eine AUS-Leitung liegen bei 339,99 €.

ESM-Leitung

Tabelle 12: Berechnung der Reparaturkosten einer ESM-Leitung

Berechnung	Kosten
Materialkosten einer kompletten ESM-Leitung	84,84 €
– Ersparnis durch Wiederverwenden des Steckergehäuses	-12,30 €
– Ersparnis durch Wiederverwenden des Stifteinsatzes	-4,57 €
– Ersparnis durch Wiederverwenden der Crimpkontaktstifte	-6,52 €
– Ersparnis durch Wiederverwenden der Stiftkontakte	-5,12 €
+ Personalkosten für den Zusammenbau	27,50 €
= **Reparaturkosten einer ESM-Leitung**	**83,83 €**

Ersparnis insgesamt von 28,51 €

Quelle: die Verfasserin

Die Reparaturkosten für eine ESM-Leitung liegen bei 83,83 €.

Reparaturkosten im genannten Zeitraum

Es werden die Reparaturkosten der defekten Leitungen im genannten Zeitraum Oktober 2012 bis Januar 2013 berechnet.

Reparaturkosten = Anzahl der defekten Leitungen · Reparaturkosten

Tabelle 13: Berechnung der Reparaturkosten im genannten Zeitraum

Leitung	Berechnung	Kosten
ULP	360 · 49,49 €	18.261,81 €
+ AUS	267 · 339,99 €	90.777,33 €
+ ESM	231 · 83,83 €	19.364,73 €
= **Reparaturkosten im genannten Zeitraum**		**128.403,87 €**

Quelle: die Verfasserin

Die Reparaturkosten in dieser Zeit betragen 128.403,87 €. Dieser Zeitraum erstreckt sich über 12 Wochen, dies entspricht einem Quartal. Es wird davon ausgegangen, dass sich die Häufigkeiten der Reparaturen auch in den anderen Quartalen ähnlich verhalten. Die Reparaturkosten werden auf ein Jahr hoch gerechnet und betragen:

jährliche Reparaturkosten = Reparaturkosten pro Quartal · 4

jährliche Reparaturkosten = 128.403,87 € · 4 = 513.615,48 €

Die Reparaturkosten betragen im Jahr 513.615,48 €. Dieser Wert dient als Ausgangswert für die Vergleiche mit den weiteren Lösungsalternativen.

5.4.2 *Fremdbeschaffung*

Die drei Leitungen können auch über eine Fremdfirma beschafft werden, die die Leitungen nach unseren Vorgaben komplett montiert anbietet.

Die Bezugskosten für eine Leitung belaufen sich auf:

- Preis für eine komplett montierte ULP-Leitung: 310,00 €
- Preis für eine komplett montierte AUS-Leitung: 530,00 €
- Preis für eine komplett montierte ESM-Leitung: 180,00 €

Gesamtkosten für die Leitungen bei der Fremdbeschaffung

Zuerst werden die Kosten für den beobachteten Zeitraum berechnet, die anschließend wieder für ein Jahr berechnet werden.

$$\text{Gesamtkosten} = \text{Anzahl der Leitungen} \cdot \text{Bezugskosten für eine Leitung}$$

Tabelle 14: Berechnung der Gesamtkosten der Fremdbeschaffung

Leitung	Berechnung	Kosten
ULP	369 · 310,00 €	114.390,00 €
+ AUS	267 · 530,00 €	141.510,00 €
+ ESM	231 · 180,00 €	41.580,00 €
= Gesamtkosten der Fremdbeschaffung		297.480,00 €

Quelle: die Verfasserin

Die Gesamtkosten der Leitungen bei der Fremdbeschaffung betragen pro Quartal 297.480,00 €.

Auch hier wird die Summe der Beschaffung für ein ganzes Jahr gebildet:

$$\text{jährliche Beschaffungskosten} = \text{Beschaffungskosten pro Quartal} \cdot 4$$
$$\text{jährliche Beschaffungskosten} = 297.480,00\ € \cdot 4 = 1.189.920,00\ €$$

Die Beschaffungskosten betragen jährlich 1.189.920,00 €.

Testweise Beschaffung von ULP-Leitungen

Es wurden testweise 50 ULP-Leitungen angefordert, um sich von der Qualität und der Beschaffenheit zu überzeugen. Nach eingehender Prüfung wurde festgestellt, dass 25 der gelieferten Leitungen nicht unseren Ansprüchen genügten und von uns nachbearbeitet werden mussten. Die Buchsenstecker waren teilweise nicht gerade verschraubt, einige Gewindestifte fehlten und manche Bohrungen waren ausgebrochen. Zehn Leitungen konnten gar nicht mehr verwendet werden. Es entstanden zusätzlich weitere Kosten zu den hohen Beschaffungskosten.

Kosten für die Nachbearbeitung

Diese 25 Leitungen wurden von einer Mitarbeiterin nachbearbeitet. Die dafür benötigte Zeit lag durchschnittlich bei 15 Minuten pro Leitung. Auch hier wird der Stundensatz von 55,00 €/h verrechnet.

Die Kosten für das Nachbearbeiten belaufen sich somit auf:

$$\text{Kosten der Nachbearbeitung} = \text{Anzahl der Leitungen} \cdot \text{Zeitdauer} \cdot \text{Stundensatz}$$
$$\text{Kosten der Nachbearbeitung} = 25 \cdot 15\ min\ (\rightarrow 0{,}25\ h) \cdot 55{,}00\ €/h = 343{,}75\ €$$

Gesamtkosten

Die Gesamtkosten setzen sich somit aus den Anschaffungskosten der ULP-Leitungen und den Nachbearbeitungskosten zusammen:

$$\text{Gesamtkosten} = \text{Anschaffungskosten der Leitungen} + \text{Nachbearbeitungskosten}$$

Tabelle 15: Berechnung der Gesamtkosten der testweisen Fremdbeschaffung

Berechnung		Kosten
Anschaffungskosten ULP-Leitung	50 · 310,00 €	15.500,00 €
+ Nachbearbeitungskosten	25 · 0,25 h · 55,00 €/h	343,75 €
= Gesamtkosten der testweisen Fremdbeschaffung		15.843,75 €

Quelle: die Verfasserin

Bei der Berechnung wurde das von uns noch benötigte Material außer Acht gelassen.

5 Entwickeln von Lösungsalternativen

Da sich nur noch 40 der bestellten Leitungen verwenden lassen, werden die Gesamtkosten von 15.843,75 € auf eine Leitung umgerechnet:

$$\text{Kosten für eine Leitung} = \frac{\text{Gesamtkosten}}{\text{Anzahl der noch zu verwendenden ULP-Leitungen}}$$

$$\text{Kosten für eine Leitung} = \frac{15.843,75 \ €}{40} = 396,09 \ €$$

Der Preis für eine Leitung erhöht sich von ursprünglich 310,00 € auf 396,09 €.

5.4.3 Kosten der Optimierungen für alle Leitungen

Es werden nun die Kosten für das Umrüsten aller Leitungen mit den in Kapital 5.2 vorgeschlagenen Optimierungen berechnet. Da hierbei die Leitungen im Voraus montiert werden müssen, werden die Leitungen komplett neu aufgebaut. Es kann daher nicht auf bereits verwendetes Material zurückgegriffen werden.

Personalkosten

Die erforderliche Zeit entspricht weitgehendst der bisher benötigten Zeit einer Reparatur, weshalb auf eine neue Aufnahme der Arbeitszeit verzichtet werden kann. Daher werden die gleichen Personalkosten angesetzt.

Herstellungskosten

Es werden nun die Herstellungskosten einer Leitung mit den Optimierungen ermittelt. Sie bestehen aus den Material- und den Personalkosten.

$$\text{Herstellungskosten} = \text{Materialkosten} + \text{Personalkosten}$$

Tabelle 16: Berechnung der Herstellungskosten für eine neue Leitung

Berechnung	ULP	AUS	ESM
Materialkosten einer neuen Leitung	48,48 €	303,03 €	85,85 €
+ Personalkosten für den Zusammenbau	27,50 €	41,25 €	27,50 €
= Herstellungskosten für eine Leitung	75,98 €	344,28 €	113,35 €

Quelle: die Verfasserin

Die Herstellungskosten für eine neue ULP-Leitung betragen 75,98 €, für eine neue AUS-Leitung 344,28 € und für eine neue ESM-Leitung 113,35 €.

5 Entwickeln von Lösungsalternativen

Gesamtkosten des Umbaus

Es werden nun alle Leitungen auf den 250 Werkstückträgern in der Prüfabteilung umgebaut. Die Gesamtkosten des Umbaus betragen daher:

$$\text{Gesamtkosten des Umbaus} = \text{Anzahl der Werkstückträger} \cdot \text{Herstellungskosten einer Leitung}$$

Tabelle 17: Berechnung der Gesamtkosten des Umbaus

Leitung	Berechnung	Kosten
ULP	250 · 75,98 €	18.995,00 €
+ AUS	250 · 344,28 €	86.070,00 €
+ ESM	250 · 113,35 €	28.337,50 €
= Gesamtkosten des Umbaus		133.402,50 €

Quelle: die Verfasserin

Die Gesamtkosten des Umbaus aller Leitungen auf allen 250 Werkstückträgern betragen 133.402,50 €.

Es wird geschätzt, dass sich durch die Optimierungen die Lebensdauer der Leitungen verfünffachen. Auch hier wird bei einer erforderlichen Reparatur der Stecker für die Anschlusskomponente wiederverwendet, das die Höhe der Materialkosten bei einer Reparatur verringert. Die jeweiligen Ersparnisse wurden bereits in Kapitel 5.4.1 berechnet und in die nachfolgenden Rechnungen übernommen. Als Ausgangswert für die Berechnung der Reparaturkosten werden daher die Kosten für eine neue Leitung verwendet (vergleiche Kapitel 5.4.3).

$$\text{Reparaturkosten} = \text{Kosten einer kompletten Leitung} - \text{Ersparnis}$$

Tabelle 18: Berechnung der Reparaturkosten einer neuen Leitung

Berechnung	ULP	AUS	ESM
Herstellungskosten einer neuen Leitung	75,98 €	344,28 €	113,35 €
− Ersparnis durch Wiederverwenden	-16,39 €	-14,39 €	-28,51 €
= Reparaturkosten einer neuen Leitung	59,59 €	329,89 €	84,84 €

Quelle: die Verfasserin

Es ergeben sich Reparaturkosten für eine neue ULP-Leitung in Höhe von 59,59 €, für eine neue AUS-Leitung 329,89 € und für eine neue ESM-Leitung 84,84 €.

5 Entwickeln von Lösungsalternativen

Reparaturkosten pro Quartal

Da sich die Lebensdauer auf das fünffache erhöht, geht die Anzahl der Reparaturen pro Quartal auf ein Fünftel zurück. Die Anzahl der ULP-Leitungen sinken von 369 auf 74, die AUS-Leitungen von 267 auf 53 und die ESM-Leitungen von 231 auf 46. Es ergeben sich folgende Kosten:

Reparaturkosten pro Quartal = Anzahl der defekten Leitungen · Reparaturkosten

Tabelle 19: Berechnung der Reparaturkosten pro Quartal

Leitung	Berechnung	Kosten
ULP	74 · 59,59 €	4.397,74 €
+ AUS	53 · 329,89 €	17.616,13 €
+ ESM	46 · 84,84 €	3.919,61 €
= Reparaturkosten pro Quartal		25.933,48 €

Quelle: die Verfasserin

Die Reparaturkosten pro Quartal werden für ein ganzes Jahr berechnet:

jährliche Reparaturkosten = 25.933,48 € · 4 = 103.733,90 €

Die jährlichen Reparaturkosten würden 103.733,90 € betragen.

5.5 Entscheidung und Begründung

Die Kosten der einzelnen Lösungsvorschläge werden nun miteinander verglichen. Als Ausgangswert für die weiteren Vergleiche dienen die Kosten für den Umbau der Leitungen nach dem alten Stand.

5.5.1 Reparatur der beschädigten Leitungen

Die jährlichen Kosten für die Reparatur der defekten Leitungen liegen weit unterhalb der jährlichen Beschaffungskosten der Fremdbeschaffung.

Ersparnis bei eigener Reparatur gegenüber der Fremdbeschaffung

Ersparnis = Kosten bei Fremdbeschaffung – Kosten bei Eigenfertigung

5 Entwickeln von Lösungsalternativen

Tabelle 20: Berechnung der Ersparnis bei eigener Reparatur gegenüber der Fremdbeschaffung

Berechnung	Kosten
Kosten der Fremdbeschaffung	1.189.920,00 €
– Kosten bei Eigenfertigung	-513.615,48 €
= Ersparnis gegenüber Fremdbeschaffung	676.304,52 €

Quelle: die Verfasserin

Die jährliche Ersparnis liegt bei 676.304,52 €, wenn die Leitungen in der Eigenleistung repariert werden. Das entspricht einer prozentualen Ersparnis von 57 %.

$$Ersparnis\ in\ \% = \frac{Ersparnis \cdot 100\%}{Kosten\ der\ Fremdbeschaffung}$$

$$Ersparnis\ in\ \% = \frac{676.304,52\ € \cdot 100\%}{1.189.920,00\ €} = 57\ \%$$

5.5.2 Fremdbeschaffung

Die Fremdbeschaffung bietet einige Vorteile. So entfallen zum Beispiel die Personalkosten für die Reparatur der Leitungen. Auch die Werkstatt wird nicht mehr benötigt. Der so frei werdende Platz kann anderweitig genutzt werden.

Es fallen jedoch bei der Fremdbeschaffung sehr hohe Kosten von 1.189.920,00 € pro Jahr an. Zudem ist die Qualität und Beschaffenheit der Leitungen nicht zufriedenstellend. Da durch die Nachbearbeitung der Leitungen zusätzlich zu den hohen Kosten noch weitere Kosten entstehen, ist die Fremdbeschaffung nicht zu empfehlen und scheidet daher aus.

5.5.3 Kosten der Optimierungen für alle Leitungen

Die Leitungen werden mit den oben genannten Optimierungen gebaut. Die anfallenden Kosten werden nun mit der Fremdbeschaffung und dem bisherigen Stand verglichen.

5 Entwickeln von Lösungsalternativen

Tabelle 21: Berechnung der Ersparnis durch die Optimierungen gegenüber der Fremdbeschaffung im ersten Jahr

Berechnung	Kosten
Kosten der Fremdbeschaffung	1.189.920,00 €
– einmalige Kosten des Umbaus	-133.402,50 €
– jährliche Reparaturkosten nach den Optimierungen	-103.733,90 €
= Ersparnis im ersten Jahr	952.783,60 €

Quelle: die Verfasserin

Die Optimierungen bringen eine Ersparnis von 952.783,60 € gegenüber der Fremdbeschaffung im ersten Jahr. Dies entspricht in Prozent:

$$\text{Ersparnis in Prozent} = \frac{952.783,60\ € \cdot 100}{1.189.920,00\ €} = 80\ \%$$

Da die Umrüstkosten für alle Leitungen nur einmal im ersten Jahr anfallen, ist die Ersparnis in den weiteren Jahren größer, da hier nur die reinen Reparaturkosten von 103.733,90 € pro Jahr anfallen.

Tabelle 22: Berechnung der Ersparnis durch die Optimierungen gegenüber der Fremdbeschaffung im zweiten Jahr

Berechnung	Kosten
Kosten der Fremdbeschaffung	1.189.920,00 €
– jährliche Reparaturkosten nach den Optimierungen	-103.733,90 €
= Ersparnis im zweiten Jahr	1.096.186,10 €

Quelle: die Verfasserin

Jedes weitere Jahr können so 1.086.186,10 € gegenüber der Fremdbeschaffung eingespart werden. Diese Summe entspricht einer Einsparung in Höhe von 91 %.

$$\text{Ersparnis in Prozent} = \frac{1.086.186,10\ € \cdot 100\%}{1.189.920,00\ €} = 91\ \%$$

Ersparnis gegenüber der Reparatur nach altem Stand

Tabelle 23: Berechnung der Ersparnis durch die Optimierungen gegenüber der Reparatur im ersten Jahr

Berechnung	Kosten
Kosten der Reparatur	513.615,48 €
– einmalige Kosten des Umbaus	-133.402,50 €
– jährliche Reparaturkosten nach den Optimierungen	-103.733,90 €
= Ersparnis im ersten Jahr	276.479,08 €

Quelle: die Verfasserin

---

5 Entwickeln von Lösungsalternativen

Selbst bei einer kompletten Umrüstung aller Leitungen wird im ersten Jahr eine Ersparnis von 276.479,08 € erzielt.

In den folgenden Jahren fallen nur noch die Kosten für die Reparatur an:

Tabelle 24: Berechnung der Ersparnis durch die Optimierungen gegenüber der Reparatur im zweiten Jahr

Berechnung	Kosten
Kosten der Reparatur	513.615,48 €
– jährliche Reparaturkosten nach den Optimierungen	-103.733,90 €
= Ersparnis im zweiten Jahr	409.881,58 €

Quelle: die Verfasserin

Die Verbesserungen an den Leitungen erbringen ab dem zweiten Jahr einen Kostenvorteil von jährlich 409.881,58 € gegenüber dem alten Stand. Es lassen sich so 80 % der Kosten einsparen.

$$\text{Ersparnis in Prozent} = \frac{409.881,58\ € \cdot 100\%}{513.615,48\ €} = 80\ \%$$

Durch die Änderungen und Verbesserungen werden die Kosten und die Reparaturhäufigkeit erheblich gesenkt. Selbst im ersten Jahr lassen sich trotz des hohen Aufwands für das Umrüsten aller Leitungen knappe 280.000 € einsparen. Diese Alternative bietet so die meisten Vorteile und sollte daher angewandt und umgesetzt werden.

5.6 Definieren des neuen Standards

Die oben stehende Wirtschaftlichkeitsrechnung zeigt, dass die Optimierungen der Leitungen die beste Alternative darstellt. Daher wird sie als neuer Standard definiert, der in Zukunft bei der Leitungsherstellung und Reparatur gilt. Er umfasst die nachfolgenden Änderungen der Leitungen:

ULP-Leitung

Durch eine geänderte Form des Steckers und der Leitungsführung wird die Langlebigkeit des Steckers erhöht. Die bisher verwendete Spiralleitung wird durch eine andere ersetzt.

AUS-Leitung

Die Hauptursache für Schäden ist der Gewebeschlauch mit den einzelnen Aderleitungen. An dieser Stelle wird nun eine flexible Leitung verwendet, die die Lebensdauer der Leitung erhöht.

ESM-Leitung

Auch hier sind die meisten Fehler auf die Leitung zurückzuführen, da die Ummantelung nicht ausreichend stark ist. Sie wird gegen eine widerstandsfähige Leitung ausgetauscht.

5.7 Umsetzung vorbereiten

Der neu definierte Standard wird für die verschiedenen beteiligten Bereiche speziell aufbereitet:

- Der Einkauf bekommt die geänderten Stücklisten für die Leitungen, um das entsprechende Material zu beschaffen.
- Der Konstruktionsabteilung werden die neuen Pläne für die zukünftigen Steckerformen zugestellt.
- Für die Produktionsabteilung der Leitungen werden die Montageanleitungen aktualisiert.

Die einzelnen Schritte der Optimierungen werden ausführlich dokumentiert und für die Beteiligten im Intranet zugänglich gemacht, sodass sie jederzeit Zugang zu den Daten haben.

6 Zusammenfassung/Fazit

Das Ziel der Projektarbeit war es, den jetzigen Zustand in der Aggregatemontage kritisch zu untersuchen und einen akzeptablen Standard zu definieren. Dieser Standard sollte auf die Wirtschaftlichkeit geprüft werden, um die Reparaturkosten zu senken, den Verschleiß zu minimieren und die Lebenszyklen der Leitungen zu verlängern. Der neue Standard sollte anschließend ausgearbeitet, dokumentiert und die Umsetzung vorbereitet werden.

In einer Ist-Analyse wurden die Möglichkeiten der Optimierungen untersucht und deren Wirtschaftlichkeit anschließend ausführlich bewertet:

- Die Fremdbeschaffung schied aufgrund der hohen Beschaffungskosten und der schlechten Qualität der abgelieferten Leitungen aus.
- Die bisherigen Reparaturen der Leitungen waren dagegen kostengünstiger als die Fremdbeschaffung, aber immer noch relativ hoch.
- Erst durch eine genaue Untersuchung der Ursachen konnten Optimierungen und Verbesserungen eingeführt werden, die die Lebensdauer der Leitungen wesentlich erhöht haben. Dadurch könnten die Reparaturkosten nachhaltig auf ein deutlich niedrigeres Niveau gesenkt werden.

Aufgrund dieser Ergebnisse ist daher zu den Optimierungen und Verbesserungen der Leitungen zu raten. Der neue Standard sollte umgesetzt und eingeführt werden.

Tabellenverzeichnis

Tabellenverzeichnis

III

Abbildungsverzeichnis

Abbildungsverzeichnis

II

Literaturverzeichnis

Literaturverzeichnis

Folgende Quellen wurden zur Informationsgewinnung genutzt:

- Geschäftsbericht 2012 des Unternehmens
- Intranet des Unternehmens
- tabellarischer Aufschrieb der Montage
- interne Stücklisten des Unternehmens

IV

Eidesstattliche Erklärung

Eidesstattliche Erklärung

Ich versichere, dass ich die beiliegende Projektarbeit selbstständig verfasst, keine anderen als die angegebenen Quellen und Hilfsmittel benützt, sowie alle wörtlichen oder sinngemäß übernommenen Stellen in der Arbeit gekennzeichnet habe.

Ich bin mir bewusst, dass eine falsche Erklärung rechtliche Folgen für mich haben kann.

Manuela Muster

Manuela Muster

54321 Beispielshausen, den 05.06.2013

V

Beispielprojektarbeit 2

Diese Projektarbeit beschreibt einen Entscheidungsvorschlag zu optimalen Neubedachung eines bestehenden Einfamilienhauses. Das Dach des Hauses ist mit 60 Jahren nicht mehr auf dem Stand der Technik. Daher soll es einer energetischen Neueindeckung unterzogen werden. Es werden verschiedene Techniken der Dämmung beleuchtet. Es stehen mehrere Firmen zur Auswahl, die über eine Nutzwertanalyse bewertet werden. Die eingeholten Angebote werden mittels Kostenvergleichsrechnung verglichen. Es werden verschiedene Finanzierungsmöglichkeiten betrachtet und bewertet. Aus allen Erkenntnissen wird dann der Entscheidungsvorschlag für die optimale Lösung gebildet.

Der Umfang des Hauptteils beträgt 29 Seiten (insgesamt besteht sie aus 36 Seiten). Die originale Projektarbeit wurde mit einer Klebebindung gebunden.

Entscheidungsvorschlag zur
optimalen Neubedachung eines
bestehenden Einfamilienhauses

Projektarbeit im Rahmen der Prüfung zur
Geprüften Technischen Betriebswirtin

Manuela Muster · Beispielstraße 12 · 54321 Beispielshausen
IHK Beispielshausen
Abgabe: 03.06.2013

Inhaltsverzeichnis

Die Quellenangaben von allen in dieser Projektarbeit vorkommenden Formeln und Tabellen liegen bei der Verfasserin.

1 Einleitung

1.1 Vorüberlegungen

Als vor 50 oder 60 Jahren Häuser gebaut wurden, waren effektive Wärmedämmung oder energieeffiziente Heizmöglichkeiten eher Fremdworte. Heute hat sich das Blatt gewendet und diese Kriterien sind aktueller den je, da die Heizkosten aufgrund steigender Rohstoffpreise inzwischen im wahrsten Sinne des Wortes viel Geld verbrennen. Jeder Eigenheimbesitzer muss sich früher oder später mit diesem Thema befassen, um den zukünftig weiter steigenden Kosten für Heizung und Warmwasserversorgung entgegenzuwirken. Es gibt zahlreiche interessante Lösungen, die jedoch meist einen sehr hohen Kostenaufwand bedeuten, verbunden mit einer langen Amortisationsdauer. Diese Tatsache lässt viele Betroffene zuerst zögerlich an das Thema herangehen.

Niemand kann heute garantieren, dass eine aktuell effektive und effiziente Lösung für die Heizung und Warmwasserversorgung in ein paar Jahren genauso günstig ist wie jetzt. Fehlende Erfahrungen auf dem Gebiet erschweren die Entscheidungen zusätzlich. Kaum jemand möchte in eine teure und hoch gelobte innovative Technologie investieren, die sich in einigen Jahrzehnten als besonders anfällig, wartungsintensiv und reparaturbedürftig herausstellt. Wenn es sich dann zeigt, dass bestimmte Verschleißteile einen unerwartet kurzen Lebenszyklus haben und daher oft gewechselt werden müssen, entstehen zusätzliche Kosten und die getätigte Investition wird immer unprofitabler. Ungewissheit ist auch die Preisstabilität des Rohstoffs Öl, Gas oder Holz. Gibt es eine spürbare Preiszunahme oder wird der Rohstoff irgendwann mit einer steigenden Steuer belastet? Diese Fragen und Überlegungen sind durchaus berechtigt, bevor man sich für eine kostenintensive Investition entscheidet.

Ein anderer interessanter Ansatz ist das Thema Wärmeschutz und Dämmung. Was bringt es einem, wenn man zwar sehr effizient Heizwärme erzeugt, diese aber in den Wohnräumen nicht lange gehalten werden kann? Durch eine optimale Dämmung der Räume kann trotzdem ein angenehmes Raumklima mit ausreichender Wärme geschaffen werden. Es muss dann weniger oft und nicht so hoch geheizt werden, weil die Wohnräume weniger stark auskühlen. Es entstehen dadurch automatisch auch weniger Kosten.

Durch eine effektive Hausdachdämmung kann bereits ein spürbarer Sparvorteil im Bereich der Heizkosten erreicht werden. Sie schafft bei einer späteren Auswahl einer neuen Heizanlage eine verbesserte Ausgangslage.

1.2 Beschreibung des Objektes

Das als Beispiel dienende Wohnhaus wurde im Jahre 1952 in Massivbauweise errichtet. Es ist voll unterkellert und bietet eine Gesamtwohnfläche von knapp 150 m². Die Außenwände im Untergeschoss bestehen aus Beton, im Erdgeschoss wurden sie mit Hohlblocksteinen gemauert. Im Obergeschoss unter dem Dach sind die Wände aus Gewichtsgründen damals in Fachwerkbauweise entstanden.

Der Dachstuhl selbst ist eine Holzkonstruktion in Form eines Satteldaches und von innen mit Brettern verschalt, die auch eine einfache Dämmung enthält. Jede Dachfläche weist eine große Dachgaube auf, die sich fast über die gesamte Dachlänge erstreckt. Die bisherige Dacheindeckung besteht aus naturbelassenen Tonziegel.

An einem der beiden Kamine ist die Gaszentralheizung angeschlossen, der andere ist schon seit Jahren nicht mehr in Benutzung. Über ihn wurden früher die Abgase des Verbrennungsofen aus der Küche und dem Badezimmer abgeleitet. Er war über die Jahre ständigen Witterungseinflüssen ausgesetzt und hatte aufgrund der fehlenden Wärme eines angeschlossenen Ofens nie die Möglichkeit zu trocknen. Somit könnte Feuchtigkeit ins Mauerwerk eingedrungen sein. Im Winter besteht daher die Gefahr, dass das eingedrungene Wasser gefrieren und dadurch das Mauerwerk aufsprengen kann. Dieser Kamin muss daher überprüft und eventuell neu gemauert oder zumindest ausgebessert werden. Durch bleibende Undichtigkeiten kann weiterhin Wasser in das Dach und die Dämmung gelangen und so erhebliche Schäden anrichten und zusätzliche Sanierungskosten verursachen. Darüber hinaus kann ein instabiler Kamin vom Dach rutschen und das neu einge-deckte Dach oder Teile des Hauses schwer beschädigen.

2 Ziel der Projektarbeit

Diese Projektarbeit soll eine lösungsorientierte Entscheidungsgrundlage liefern und einen gesamtheitlichen und verständlichen Einblick in das Thema geben.

Die Dachsanierung mit Vollflächendämmung soll eine deutliche Verbesserung des Raum- und Wohnklimas erzielen, da die vorhandene Bausubstanz bislang nicht energetisch ausgerichtet ist. Durch sie sollen die Räume im Dachge-schoss im Sommer weniger auskühlen und sich im Sommer nicht so stark aufheizen. Darüber hinaus sollen die Heizkosten deutlich zurückgehen, da ein Entweichen der Wärme über die Dachfläche fast vollständig vermieden wird. Um Schäden durch Feuchtigkeit zu verhindern, sollte die Dämmung atmungsaktiv sein.

Durch die Verwendung von schwer entflammbaren Materialien soll eine möglichst lange Haltbarkeit des neuen Daches erreicht werden. Die neuen Kamineinfassungen und -abdeckungen sollen dem Kaminmauerwerk einen langanhaltenden Schutz vor Witterungseinflüssen bieten.

Bei einer Dachdämmung ist der Wärmedurchgangskoeffizient, auch U-Wert genannt, ein wichtiger Faktor. Der U-Wert gibt die Wärmemenge an, die pro Stunde und Quadratmeter Fläche bei einem Temperaturunterschied zwischen innen und außen von einem Kelvin, verloren geht. Je kleiner der U-Wert, desto besser ist die Dämmeigenschaft und daraus resultiert ein geringerer Energieaufwand. Er muss mindestens der staatlichen Energieeinsparverord-nung entsprechen, die seit 2009 bei Sanierung der Dächer von Altbauten vorgeschrieben ist.

Die Sanierungsarbeiten sollen dabei gut organisiert durchgeführt werden, um den zeitlichen Aufwand gering zu halten. Obwohl eine Dachdämmung nicht gerade günstig ist, sollen die finanziellen Belastungen so gering wie möglich gehalten werden. Dazu ist es geplant, einen Teil der Kosten aus ange-spartem Eigenkapital zu finanzieren und die Kosten durch Eigenleistungen weiter zu senken. Der zusätzliche Kapitalbedarf soll über eine Fremdfinan-zierung abgewickelt werden. Hierbei sind niedrige Zinsen und eine geringe Laufzeit von Bedeutung. Darüber hinaus sollte geprüft werden, ob eine staat-liche Förderung, beispielsweise über die KfW-Bankengruppe, möglich ist.

3 Sollkonzept

Die Neubedachung sollte dabei möglichst schlank ausgeführt werden, um die Gesamtdachkonstruktion des Hauses zu erhalten. Im jetzigen Zustand beträgt der U-Wert ca. $0{,}57 \frac{W}{m^2 K}$. Die neue Dämmung sollte so ausgelegt sein, dass ein neuer U-Wert von mindestens $0{,}18 \frac{W}{m^2 K}$ erreicht wird. Dies ist jedoch nur mit qualitativ hochwertigen Materialien möglich, die entsprechend ihren Preis haben. Es wird daher angestrebt, die Gesamtkosten durch Einbringen von Eigenleistung gering zu halten. Der in Frage kommende Handwerksbe-trieb sollte dies akzeptieren und über gute Referenzen verfügen. Die Bauplanung sollte flexibel sein, um im Ernstfall kurzfristig zu reagieren, wenn unerwartet Probleme wie Lieferverzögerungen oder auch Wetterumschwünge auftauchen. Die Gesamtdauer der Dachsanierung sollte nicht länger als 2 Wochen betragen.

4 Analyse des Istzustandes

Das Dach des Hauses befindet sich optisch in einem guten Zustand. Jedoch handelt es sich hierbei um die Erstbedeckung von 1952 und sie ist, was die Wärmeisolierung angeht, für den heutigen Stand einfach nicht mehr zeitgemäß. Das Dach ist von innen im Wohnraum- und Dachbodenbereich verkleidet. Somit ist nur eine Sanierung von außen möglich, da der Aufwand sonst enorm und das Haus in dieser Zeit teilweise unbewohnbar wäre.

Als das Dach vor 60 Jahren gedeckt wurde, verwendete man keinerlei Unterspannbahnen, Dampfsperren oder diffusionsoffene Folien. Lediglich eine 6 cm dicke Mineralwolleschicht wurde zwischen den Sparren verlegt. Auf den Sparren ist die Traglattung befestigt, an der die Dachziegel eingehängt wurden. Diese sind in einem einfachen Naturzustand und nicht wie die heutigen Ziegel engobiert (beschichtet). Über die Jahre hat sich an den Übergangsstellen der Dachziegel Moos abgesetzt und die Firstziegel wirken porös.

Besonders wenn es draußen sehr kalt ist, kühlen die Räume im Obergeschoss schnell aus. Die angenehme Wohntemperatur sinkt selbst nach dem Heizen spürbar, was sich im Badezimmer und den Kinderzimmern als unangenehm erweist. Um dem entgegenzuwirken ist hier der Thermostat auf maximale Stufe eingestellt, damit der Raum auf Temperatur gehalten wird. Dadurch läuft aber die Zentralheizung erheblich länger, was die Heizkosten in die Höhe treibt.

5 Betrachtung verschiedener Dämmmöglichkeiten

Das Hausdach musste innerhalb der letzten 60 Jahren etwa 48.000 Liter Regen pro Quadratmeter über sich ergehen lassen, an ca. 3.600 Tagen Hitze bis 80 °C und an ca. 1.800 Tagen Frost bis −20 °C aushalten. Zudem trotze es über 250 Stürme mit 80 km/h und mehr Windstärke. Daher sollte man ihm mit mehr Aufmerksamkeit begegnen.

5.1 Aufsparrendämmung

Sie ist eine der effektivsten Wärmedämmmethoden. Der große Vorteil liegt in der Verringerung von Wärmebrücken im Bereich der Sparrengefache, wo der Dachsparren thermisch zusätzlich durch das Dämmelement geschützt wird. Bei ihr wird über die gesamte Dachfläche eine geschlossene Fläche aus Dämmelementen verlegt, die aus unterschiedlichen Materialien, wie z. B. Polyurethan, Holzwolledämmstoffplatten, Polystyrol (Styropor) oder hoch verdichtete Mineralwolle besteht. Diese Materialien weisen viele kleine Luftkammern in einer geschlossenzelligen Struktur auf.

Wichtig ist hierbei die absolute Luftdichtheit im Traufbereich, die eine unterseitige Durchströmung der Gefachbereiche verhindert. Mittels einer Dampfbremse bzw. Dampfsperre unterhalb der Dämmelemente werden diese erforderlichen luftdichten Anschlüsse und der Tauwasserschutz erreicht. Diese Dampfsperren sind diffusionshemmende Spezialfolien und werden schlaufenfrei und stramm über die Dachsparren verlegt. Im Idealfall wird die Dampfsperre direkt auf der Holzschalung oberhalb der Dachsparren verlegt, die ein Durchbiegen der Wärmedämmelemente verhindert. Befestigt werden die Dämmelemente mittels Spezialschrauben, die anschließend mit einem Nageldichtband wieder gegen Feuchtigkeitseintritt gesichert werden.

Die Aufdachdämmung ist am Dachrand aufgrund des Aufmaßes von mindestens 14 cm von außen optisch sichtbar und muss daher mit geeigneten Abdeckungen geschützt und verkleidet werden. Das beste Resultat erzielt man dabei, wenn gleichzeitig eine (ebenfalls kostspielige) Wandsanierung durchgeführt würde, da so ein wärmebrückenfreier Wand-Dachübergang gewährleistet wäre. Durch das Aufmaß der Dämmung können weitere Anpassungsarbeiten an Dacheinbauteilen, wie z. B. Kamine, Dachfenstern und Gauben nötig werden, die zusätzliche, nicht zu unterschätzende Kosten verursachen. Die Erhöhung des Daches kann zu einem ungewollten verschlechterten Lichteinfall in die Wohnräume führen.

5.2 Zwischensparrendämmung

Diese Methode kann sowohl von außen wie auch von innen durchgeführt werden. Hierbei wird eine diffusionshemmende Spezialbahn verwendet, die aus einer adaptiven Dampfbremse oder einer selektiven Kombinationsbahn besteht. Die einzelnen Bahnen werden dabei lückenlos über die Sparren und in die Zwischenräume verlegt und an den Stoß- und Abschlussstellen luft- dicht verklebt. Der verbleibende Hohlraum zwischen den Sparren wird anschließend mit Dämmmaterial aufgefüllt. Dieses kann aus Glas- oder Stein- wolle, Holzweichfaserdämmung, Hanfdämmung oder anderen ökologischen Dämmstoffen bestehen. Die feinen Fäden älterer Mineralwolledämmungen verursachen den bekannten Juckreiz. Da sie lungengängig sind, stehen sie im Verdacht, Lungenkrebs auslösen zu können. Alte Mineralwollen sind nur mit entsprechendem Atemschutz und Sicherheitsanzug zu entsorgen.

Um die Wärmedämmung zu schützen, wird eine passende Unterdeckbahn benötigt, die eine diffusionsoffene Bahnenstruktur haben sollte.

Dieser Dachaufbau bietet sich an, wenn eine schlanke Dachkonstruktion gewünscht wird. Sie ist auch die einzige Lösung, wenn unter vorhandenen Dachgaubenfenstern wenig Abstand zur Dachschräge besteht.

5.3 Kombination aus Zwischen- und Aufsparrendämmung

Bei dieser Variante wird die luftdichte und schlaufenförmig verlegte Dampf- bremse der Zwischensparrendämmung mit den aufgelegten Dämmelementen der Aufsparrendämmung kombiniert. Von Vorteil ist die zusätzliche Nutzung der Sparrengefachbereiche, um einen schlanken Dachaufbau mit möglichst hoher Dämmleistung zu erreichen. Diese Dämmart wird oft bei Bestandshäu- sern angewendet, wenn der Dachüberstand nicht abtrennbar ist oder eine Erhöhung des Daches nicht gewünscht oder rechtlich zulässig ist.

Auf die Verlagerung des Taupunktes innerhalb der Dachsparren ist dabei besonders zu achten. Diffusionshemmende Aufdachdämmungen stellen durch ihre geringe Dicke eine Gefahr für die Funktionstüchtigkeit der Dämm- konstruktion dar. Es kann bei einer zu geringen Oberflächentemperatur auf der Sparrenaußenseite zu einer Kondensatbildung kommen. Deshalb sollten nur geprüfte Dachaufbauten der Hersteller verwendet oder eine individuelle Berechnung mittels einem bauphysikalischem Berechnungsprogramm durch- geführt werden.

Quellen:

- Bauder Infobroschüre; www.wikipedia.de (18.05.2013)
- www.energie-fachberater.de/daemmung/dachdaemmung (18.05.2013)
- Gespräche mit den Firmen beim Besichtigungstermin

6 Vorstellen der Handwerksbetriebe

Es stehen drei Firmen zur Wahl, die in Frage kommen können. Um sich näher kennenzulernen, wurde nach einem kurzen Telefonat ein Termin über eine umfassende und kompetente Beratung direkt vor Ort vereinbart.

Im Nachfolgenden werden die drei Handwerksbetriebe kurz vorgestellt:

- Die Bedachungen GbR ist ein traditioneller Dachdecker- und Flaschnermeisterbetrieb, der mit seiner langjährigen Erfahrung wirbt und gute Referenzen vorweisen kann. Geführt wird der Betrieb von zwei Brüdern, die sich als Dachdeckermeister und Flaschnermeister ergänzen. Die sonstigen im Unternehmen beschäftigten Mitarbeiter sind ausgebildete Dachdecker, Zimmerer und Bauflaschner, die regelmäßig weitergebildet werden. Es werden ausschließlich qualitative und bewährte Baumaterialien verwendet, um die Sicherheit und Zufriedenheit der Kunden langfristig zu gewährleisten. Die Frage nach Einbringung von Eigenleistung wurde positiv aufgenommen und begrüßt.

- Bei der Dachdecker GmbH handelt es sich um ein über mehrere Generationen bestehendes Dachdeckerunternehmen, das als Familienbetrieb geführt ist. Auch hier wird sehr viel Wert auf qualitative und langlebige Baumaterialien gelegt. Die Möglichkeit, Eigenleistung mit einzubringen, ist im Angebot allerdings nicht berücksichtigt, wurde aber mündlich zugesichert. Nach Fertigstellung des Auftrages würde sie dann im Rahmen der genauen Nachberechnung mit einfließen.

- Die Firma Peter Ziegel ist ein kleines im Nachbarort ansässiges Dachdeckerunternehmen, das mit den umliegenden Firmen kooperiert. Das erstellte Angebot wies aufgrund der unmittelbaren Nähe die wenigsten Personalkosten aus. Der Inhaber legt Wert auf qualitative und bewährte Baumaterialien. Die Frage nach einzubringender Eigenleistung wurde sehr begrüßt. Da die Firma nur aus drei Mitarbeitern besteht, ist die Gesamtzeit hierbei am längsten.

Die Handwerksbetriebe wurden bei der Angebotserstellung darum gebeten, je ein Angebot nach einfacher, nicht förderfähiger Energieeinsparverordnung und nach förderfähigem KfW-Standard zu erstellen, um den Kostenunterschied deutlich zu machen. Alle Arbeiten und Handwerkerstunden werden tagesgenau erfasst, somit kann das ursprüngliche Angebot um die tatsächlich angefallenen Kosten korrigiert werden.

Die einzubringende Eigenleistung kann aktuell im Voraus nicht genau abgeschätzt werden. Da sie bei den Firmen erst im Nachhinein herausgerechnet wird, findet sie im weiteren Verlauf keine Berücksichtigung.

7 Nutzwertanalyse

Eine Nutzwertanalyse ist ein Verfahren zur Bewertung von Vorhaben beispielsweise der in Frage kommenden Handwerksbetriebe, deren Eigenschaften nicht direkt mit einer absoluten Zahl angegeben werden können. Die Eigenschaften bzw. Kriterien werden miteinander verglichen und entsprechend ihrer Wichtigkeit gewichtet.

Die einzelnen Kriterien und deren Gewichtung werden nachfolgend beschrieben. Die Nutzwertanalyse bietet bei einer einfachen Handhabung trotzdem eine Übersichtlichkeit, Transparenz und Nachvollziehbarkeit der Entscheidungsfindung für außenstehende Personen. Da bei ihr eine genaue Prüfung der Argumente und Kriterien erforderlich ist, muss man sich mit ihnen direkt auseinandersetzen. Dies führt oft zu neuen Erkenntnissen, welche bereits getroffene Entscheidungen hinterfragen.

Als zu bewertende Kriterien wurden 9 Merkmale, darunter Gesamtkosten, Gesamtdauer, Qualität, Termintreue und als eines der wichtigsten Kriterien die schlanke Dachkonstruktion, ausgewählt.

7.1 Gewichtung der Kriterien

Durch die Gewichtung der 9 Kriterien kann ihnen eine bestimmte Bedeutung zugewiesen werden, die dann später mit einem absoluten Wert multipliziert werden und so die Wertung des Kriteriums ergeben.

- Die **schlanke Dachkonstruktion** ist das wichtigste Kriterium der Sanierung. So lassen sich zusätzliche Kosten für einen Dachgaubenumbau vermeiden. Die Gesamtkosten können dadurch niedrig gehalten werden, was sich positiv auf die Zinsbelastung und die Tilgungszeit auswirkt. Sie bekommt die höchste Gewichtung von 5.

- Die **Einbringung von Eigenleistung** bekommt mit einer Gewichtung von 4 ebenfalls einen hohen Stellenwert, um die Gesamtkosten zu verringern. Zudem kann die Gesamtdauer der Bauarbeiten eventuell reduziert werden.

- Die terminliche Planung der Sanierung ist von Bedeutung, um Schäden durch eindringende Feuchtigkeit zu vermeiden. Daher wird die **Gesamtdauer** mit einer Gewichtung von 3 bewertet.

- **Flexibilität** aufgrund unvorhersehbaren Komplikationen und eine gute **Kundenbetreuung** vor, während und nach der Sanierung sind nur halb so relevant wie das Einbringen von Eigenleistung und werden somit mit 2 gewichtet.

- Die **Qualität** der Arbeit und der Materialien spiegelt sich in einer langen Haltbarkeit wieder und erhält daher eine Gewichtung von 4.

- Die beiden Punkte **Referenzen** und **Termintreue** sind nicht unbedingt entscheidend. Jede Baustelle ist anders und können daher schwer verglichen werden. Es sollte auch vermieden werden, dass die Qualität unter der zwanghaften Einhaltung des festgesetzten Termins leidet. Beide Kriterien werden mit je 1 Gewichtungspunkt bewertet.

.: 11 :.

7.2 Bewertung der Firmen

Anhand der Angebote, dem Eindruck bei den Besichtigungsterminen und den Referenzen wurden die einzelnen Firmen nach den oben genannten Kriterien bewertet. Als Bewertungsmatrix bei dieser Nutzwertanalyse dient eine Ordinalskala mit umgedrehten Schulnoten. Sehr gut bedeutet 6 Punkte, während ein Kriterium, das nicht erfüllt wird, mit 1 Punkt bewertet wird.

- Die **Gesamtkosten** lassen sich aus den Angeboten ablesen. Dementsprechend wurde das höchste Angebot bei Dachdecker GmbH mit 3 Punkten und das niedrigste Angebot der Firma Peter Ziegel mit 5 Punkten bewertet.

- Die **Einbringung von Eigenleistung** wird bei den Firmen Bedachungen GbR und Peter Ziegel ausdrücklich begrüßt und mit jeweils 6 Punkten bewertet. Die Firma Dachdecker GmbH berücksichtigte den Punkt nicht im Angebot, daher gibt es nur 4 Punkte.

- Die **Gesamtdauer** ist bei der Firma Dachdecker GmbH laut Angebot am geringsten und bekommt daher 5 Punkte. Die Firma Peter Ziegel benötigt aufgrund ihrer geringen Mitarbeiteranzahl am längsten, was ihr 3 Punkte einbringt.

- Die besten **Referenzen** hat Firma Dachdecker GmbH, daher gibt es 5 Punkte. Die beiden anderen Firmen bekommen jeweils 4 Punkte.

- Im Punkt **Qualität** sind die Firmen Bedachungen GbR und Dachdecker GmbH gleich auf und erhalten beide jeweils 5 Punkte. Firma Peter Ziegel erhält 4 Punkte.

- In Sachen **Kundenbetreuung** sind die Firmen Bedachungen GbR und Peter Ziegel spitze und erhalten volle 6 Punkte. Knapp dahinter liegt die Firma Dachdecker GmbH mit 5 Punkten.

- Bei der **Termintreue** glänzt Firma Dachdecker GmbH mit 5 Punkten. Die beiden andern Firmen Bedachungen GbR und Peter Ziegel hängen hier mit 4 bzw. 3 Punkten leicht hinterher.

.: 12 :.

7 Nutzwertanalyse

- Am Flexibelsten scheint Firma Dachdecker GmbH zu sein und wird mit 5 Punkten bewertet, gefolgt von den Firmen Bedachungen GbR und Peter Ziegel mit jeweils 3 Punkten.

- Bei der **schlanken Dachkonstruktion** konnte die Firma Peter Ziegel keinen konkreten Lösungsansatz liefern und bekommt daher nur 1 Punkt. Den besten Umsetzungsvorschlag lieferte die Firma Dachdecker GmbH, die dafür 6 Punkte erhält. Die Firma Bedachungen GbR erhält für Ihre Problemlösung 5 Punkte.

Werden die Kriterien auf die drei Handwerksbetriebe angewendet, ergibt sich folgende Tabelle:

Kriterien	Bedachungen GbR	Dachdecker GmbH	Peter Ziegel
Gesamtkosten	4	3	5
Einbringung Eigenleistung	6	3	6
Gesamtdauer	4	5	3
Referenzen	4	5	4
Qualität	5	5	4
Kundenbetreuung	6	4	6
Termintreue	4	5	3
Flexibilität	3	4	3
schlanke Dachkonstruktion	5	6	1

Tabelle 1: Bewertung der Firmen

Da die Firma Peter Ziegel die schlanke Dachkonstruktion nicht garantieren kann, wird sie in der Nutzwertanalyse nicht weiter berücksichtigt und scheidet aus. Somit kommen im weiteren Projektverlauf nur noch die Bedachungen GbR und die Dachdecker GmbH in Betracht.

7 Nutzwertanalyse

7.3 Auswertung der Nutzwertanalyse

Bei der Nutzwertanalyse werden die festgelegten Kriterien jeweils einzeln mit den zuvor erstellen Bewertungspunkten aus Tabelle 1 und dem Gewichtungsfaktor aus Kapitel 7.1 multipliziert. Anschließend werden die gewichteten Kriterien aufsummiert und die Alternative mit der größten Summe weist den höchsten Nutzen auf.

Kriterien	Gewichtung	Bedachungen GbR		Dachdecker GmbH	
		bewertet	gewichtet	bewertet	gewichtet
Gesamtkosten	5	4	20	3	15
Einbringung Eigenleistung	4	6	24	3	12
Gesamtdauer	3	4	12	5	15
Referenzen	1	4	4	5	5
Qualität	4	5	20	5	20
Kundenbetreuung	2	6	12	4	8
Termintreue	1	4	4	5	5
Flexibilität	2	3	6	4	8
schlanke Dachkonstruktion	5	5	25	6	30
gesamt			**127**		**118**

Tabelle 2: Auswertung der Nutzwertanalyse

Aus der Nutzwertanalyse geht die Bedachungen GbR mit einer Gesamtpunktzahl von insgesamt 108 Punkten als deutlicher Favorit hervor. Sie hat den höheren Nutzen und wird daher ausgewählt.

8 Kostenvergleichsrechnung

Bei der Kostenvergleichsrechnung werden die Angebote gegenübergestellt. Hierbei werden alle anfallenden Kosten nach ihrer Art und Höhe aufgelistet und zusammengezählt. Durch einfaches Gegenüberstellen der jeweiligen Gesamtsumme können die Betriebe miteinander verglichen werden.

Im Folgenden werden alle anfallenden Kosten gemäß den jeweiligen Angeboten aufgelistet:

Kostenart	Bedachungen GbR		Dachdecker GmbH	
	Standard	KfW-Standard	Standard	KfW-Standard
Materialkosten	8.056,85 €	11.279,59 €	9.058,12 €	13.587,19 €
Gerüstbaukosten	2.183,43 €	2.183,43 €	1.651,48 €	1.651,48 €
Entsorgungskosten	2.325,59 €	2.325,59 €	2.839,45 €	2.325,59 €
Kosten Dachdecker	17.357,82 €	19.996,21 €	18.696,76 €	21.576,06 €
Kosten Klempner	8.443,47 €	9.693,11 €	8.179,18 €	9.406,06 €
Kosten Zimmermann	2.692,14 €	3.095,96 €	2.267,87 €	2.603,51 €
neue Dachfenster	1.086,50 €	1.847,05 €	976,11 €	1.561,78 €
Gesamtkosten	**42.145,79 €**	**50.420,92 €**	**43.668,98 €**	**52.711,66 €**
Rang	**1**		**2**	

Tabelle 3: Berechnung der Gesamtkosten und Bildung einer Rangfolge

Das Angebot der Firma Bedachungen GbR ist mit 42.145,79 € bzw. 50.420,95 € das günstigere, wenn es auch nur knapp unterhalb dem der Dachdecker GmbH liegt.

9 Finanzierungsmöglichkeiten

Bei einer Fremdfinanzierung wird von außen über Kreditmärkte (beispielsweise Banken) Fremdkapital zugeführt, das nur für eine begrenzte Zeit zur Verfügung steht.

Für dieses Investitionsvorhaben steht Eigenkapital in Höhe von 25.000 € zur Verfügung, das auch eingebracht und bei der Finanzierung berücksichtigt werden soll. Zusätzlich besteht die Möglichkeit, auf einen zuteilungsreifen Bausparvertrag mit einer Bausparsumme von 50.000 € zuzugreifen.

Um die verschiedenen Finanzierungsalternativen zu vergleichen, wird von einem benötigten Kreditvolumen in Höhe von 20.000 € ausgegangen.

9.1 Annuitätendarlehen der Hausbank

Ein Annuitätendarlehen ist ein Darlehen mit jährlich gleichbleibenden Rückzahlungsbeträgen (Annuität). Die Annuität setzt sich aus einem Zins- und Tilgungsanteil zusammen. Da mit jeder Rate der Zinsanteil und der Tilgungsanteil steigt.

wird, verringert sich der Zinsanteil und der Tilgungsanteil steigt.

Die ortsansässige Hausbank bietet ein Annuitätendarlehen mit einer Laufzeit von 10 Jahren und einem effektiven Zinssatz von 3,3 % an. Der hohe Zinssatz ist der relativ niedrigen Darlehenssumme geschuldet.

Daraus ergibt sich folgender Annuitätenfaktor und Annuität:

$$\text{Annuitätenfaktor} = \frac{\text{Zinssatz} \cdot (1 + \text{Zinssatz})^{\text{Laufzeit}}}{(1 + \text{Zinssatz})^{\text{Laufzeit}} - 1}$$

$$\text{Annuitätenfaktor} = \frac{0{,}033 \cdot (1 + 0{,}033)^{10}}{(1 + 0{,}033)^{10} - 1} = 0{,}1190324$$

Annuität pro Jahr = Fremdkapital · Annuitätenfaktor

Annuität pro Jahr = 20.000 € · 0,1190324 = 2.380,65 €/Jahr

Annuität pro Monat = 2.380,65 €/Jahr : 12 Monate = 198,39 €/Monat

9 Finanzierungsmöglichkeiten

Jahr	Restschuld	Annuität	Zinsen	Tilgung
1	20.000,00 €	2.380,65 €	660,00 €	1.720,65 €
2	18.279,35 €	2.380,65 €	603,22 €	1.777,43 €
3	16.501,92 €	2.380,65 €	544,56 €	1.836,08 €
4	14.665,84 €	2.380,65 €	483,97 €	1.896,67 €
5	12.769,17 €	2.380,65 €	421,38 €	1.959,26 €
6	10.809,90 €	2.380,65 €	356,73 €	2.023,92 €
7	8.785,98 €	2.380,65 €	289,94 €	2.090,71 €
8	6.695,27 €	2.380,65 €	220,94 €	2.159,70 €
9	4.535,57 €	2.380,65 €	149,67 €	2.230,97 €
10	2.304,60 €	2.380,65 €	76,05 €	2.304,60 €
gesamt		**23.806,47 €**	**3.806,47 €**	**20.000,00 €**

Tabelle 4: Tilgungsplan des Annuitätendarlehens der Hausbank

Die Gesamtbelastung des Annuitätendarlehens der Hausbank liegt bei **23.806,47 €**. Das entspricht einer monatlichen Rate von 198,39 €.

Quelle:
– Online-Kreditrechner der Hausbank (22.05.2013)

9.2 Bausparvertrag

Über einen Bausparvertrag kann man sich vertraglich günstige Zinsen sichern. Zur Auszahlung des Guthabens kommt es nur dann, wenn er 7 Jahre angespart wurde oder mindestens 30 % der Bausparsumme bereits eingezahlt sind. Der vorhandene Bausparvertrag wurde am 01.08.2005 abgeschlossen. Er ist inzwischen vollständig angespart, somit zuteilungsreif und kann in Anspruch genommen werden. Jedoch war zum Zeitpunkt des Vertragsabschlusses der effektive Jahreszins von 3,8 % wesentlich höher als heute.

9 Finanzierungsmöglichkeiten

Das Tilgungsverfahren ähnelt dem des Annuitätendarlehens. Daraus ergibt sich ein Annuitätenfaktor und eine Annuität von

$$\text{Annuitätenfaktor} = \frac{\text{Zinssatz} \cdot (1 + \text{Zinssatz})^{\text{Laufzeit}}}{(1 + \text{Zinssatz})^{\text{Laufzeit}} - 1}$$

$$\text{Annuitätenfaktor} = \frac{0,038 \cdot (1 + 0,038)^{10}}{(1 + 0,038)^{10} - 1} = 0,1220665$$

Annuität pro Jahr = Fremdkapital · Annuitätenfaktor

Annuität pro Jahr = 20.000 € · 0,1220665 = 2.441,33 €/Jahr

Annuität pro Monat = 2.441,33 €/Jahr : 12 Monate = 203,44 €/Monat

Dies entspricht einer Gesamtbelastung von

2.441,33 € · 10 Jahre = 24.413,30 €.

9.3 Kredit der KfW-Bank

Die KfW-Bankengruppe bietet Kredite zu sehr günstigen Zinsen an, wenn über sie nachweislich Sanierungsarbeiten finanziert werden. Diese Darlehen zahlt nicht die KfW aus, sie müssen über die Landesbank oder Bausparkasse beantragt und abgeschlossen werden.

In der nachfolgenden Tabelle ist ein Auszug der aktuellen Konditionen für dieses Vorhaben dargestellt.

KfW-Programm	Laufzeit	tilgungsfrei	Fest-schreibung	Soll-zins-satz	eff. Jahres-zins	Aus-zahlung
energieeffizient Sanieren	10 Jahre	1 bis 2 Jahre	10 Jahre	1 %	1 %	100 %
	20 Jahre	1 bis 3 Jahre	10 Jahre	1 %	1 %	100 %
Einzelmaßnahmen	30 Jahre	1 bis 5 Jahre	10 Jahre	1 %	1 %	100 %

Tabelle 5: Auszug der aktuellen Konditionen der KfW-Bankengruppe

9.3.1 Kredit der KfW-Bank ohne staatlicher Förderung

Über die KfW-Bank kann das fehlende Fremdkapital in Höhe von 20.000 € als Kredit mit einer Laufzeit von 10 Jahren und einem effektiven Zinssatz von nur 1 % beschafft werden.

Aufgrund der geringen Darlehenssumme wird die tilgungsfreie Zeit nicht in Anspruch genommen. Daraus ergibt sich folgender Tilgungs- und Zinszahlungsplan:

Jahr	Restschuld Jahresanfang	Rate	Zinsen	Tilgung
1	20.000,00 €	2.200,00 €	200,00 €	2.000,00 €
2	18.000,00 €	2.180,00 €	180,00 €	2.000,00 €
3	16.000,00 €	2.160,00 €	160,00 €	2.000,00 €
4	14.000,00 €	2.140,00 €	140,00 €	2.000,00 €
5	12.000,00 €	2.120,00 €	120,00 €	2.000,00 €
6	10.000,00 €	2.100,00 €	100,00 €	2.000,00 €
7	8.000,00 €	2.080,00 €	80,00 €	2.000,00 €
8	6.000,00 €	2.060,00 €	60,00 €	2.000,00 €
9	4.000,00 €	2.040,00 €	40,00 €	2.000,00 €
10	2.000,00 €	2.020,00 €	20,00 €	2.000,00 €
gesamt		**21.100,00 €**	**1.100,00 €**	**20.000,00 €**

Tabelle 6: Tilgungsplan des KfW-Kredits ohne staatliche Förderung

Die Gesamtbelastung des KfW-Kredits ohne staatliche Förderung liegt bei 21.100,00 €. Das entspricht einer durchschnittlichen monatlichen Rate von

21.100,00 € : 120 Monate (10 Jahre) = 175,83 €.

9.3.2 Kredit der KfW-Bank mit staatlicher Förderung

Von der KfW-Bank werden jedoch nur energetische Sanierungen an Wohngebäuden gefördert, deren Bauantrag vor dem 01.01.1995 gestellt wurde und die zum KfW-Effizienzhaus-Standard führen. Somit käme auch diese Dachdämmung in den Genuss einer möglichen staatlichen Förderung. Der KfW-Effizienzhaus-Standard ist ein Standard, bei dem unterschiedliche Zahlenwerte angeben, wie hoch der Jahresprimärenergiebedarf der Immobilie im

Verhältnis zu einem vergleichbaren Neubau ist. Dabei gilt: Je niedriger der Wert, desto höher die Energieeffizienz. Es muss ein U-Wert von maximal 0,14 $\frac{W}{m^2K}$ erreicht und zusätzlich muss ein Lüftungskonzept zur Vermeidung von Kondenswasserbildung und Feuchteschäden eingebaut werden. Auf die genaue Erklärung der Anforderungen nach der Energieeinsparverordnung wird in dieser Projektarbeit verzichtet, da es den Rahmen sprengen würde und für einen lösungsorientierten Entscheidungsvorschlag nicht relevant ist.

Die Zuschusshöhe beträgt im Normalfall 10 % vom Angebot des Handwerksbetriebes. Um diese Förderung zu erhalten muss zwingend ein Sachverständiger engagiert werden, der das Bauvorhaben prüft und bestätigt, dass die Sanierung auf Energieeffizienz ausgelegt ist. Nach Abschluss kontrolliert er, ob alle geplanten Arbeiten umgesetzt und die nötigen Werte erreicht wurden. Die Kosten für den Sachverständigen können jedoch zu den Angebotskosten hinzugerechnet werden.

Berechnungsgrundlage für die Werte nach dem KfW-Effizienzhaus-Standard sind der Jahresprimärenergiebedarf (Q_P) und der Transmissionswärmeverlust (H_T). Diese werden für das Sanierungsobjekt berechnet und dürfen die jeweiligen prozentualen Maximalwerte eines entsprechenden Referenzgebäudes nicht überschreiten.

KfW-Effizienzhaus	55	70	85	100	115
Q_P-Referenz in %	55 %	70 %	85 %	100 %	115 %
H_T-Referenz in %	70 %	85 %	100 %	115 %	130 %

Tabelle 7: Werte nach dem KfW-Effizienzhaus-Standard

Die Gesamtkosten der Angebote für den förderungsfähigen KfW-Standard (siehe Tabelle 3 auf Seite 15) sind wesentlich höher als für den „gewöhnlichen" Standard. Es kann jedoch ein Zuschuss in Höhe von 10 % des Angebotskosten in Anspruch genommen werden.

9.4 Vergleich der Finanzierungsalternativen

Abschließend werden die vier zur Verfügung stehenden Finanzierungsarten in einer Tabelle übersichtlich gegenübergestellt und auf ihre monatliche Belastung bzw. Rate verglichen:

Fremdfinanzierungsart	Gesamtbelastung	monatliche Belastung
Annuitätendarlehen der Hausbank	23.806,47 €	198,39 €
Bausparvertrag	24.413,30 €	203,44 €
KfW-Kredit ohne Förderung	21.100,00 €	175,83 €
KfW-Kredit mit Förderung	26.375,00 €	219,79 €

Tabelle 9: Vergleich der einzelnen Finanzierungsarten

Aus dem Vergleich ist eindeutig die Finanzierung über die KfW-Bank die Alternative mit der geringsten monatlichen Belastung. Hierbei beträgt die monatliche Rate nur 175,83 €.

10 Amortisationszeit

Wenn eine Investition getätigt wird, stellt sich immer die Frage, ab wann sie sich rechnet. Das bedeutet, es wird der Zeitpunkt gesucht, an dem die Einnahmen die zuvor getätigten Ausgaben übersteigen. Hierbei gilt: je schneller, desto besser.

Diese Investition generiert jedoch keine Einnahmen im klassischen Sinne. Daher wird das Einsparpotential im Vergleich zum Istzustand als positiver Kapitalwert genommen. Der Heizölverbrauch soll durch die neue Dämmung um 37 % sinken.

Bei dieser Sanierung geht es in erster Linie darum, ein angenehmes Wohnklima im Dachgeschoss zu erreichen. Zusätzlich bleibt durch diese Baumaßnahme die bauliche Substanz erhalten und darüber hinaus wird der

.: 22 :.

Das KfW-Angebot der Firma Bedachungen GbR beläuft sich ursprünglich auf 50.420,95 €. Die Kosten für einen im Ort ansässigen KfW-Sachverständigen belaufen sich auf 1.265 €. Somit betragen die Gesamtkosten des Angebotes nach KfW-Standard 51.685,95 € (50.420,95 € + 1.265 €).

Nach Abzug des Zuschusses in Höhe von 10 % liegt das Angebot bei 51.685,95 € · 0,9 = 46.517,36 €. Hierzu wird ein zusätzliches Fremdkapital von 25.000 € benötigt.

Aufgrund der geringen Darlehenssumme wird die tilgungsfreie Zeit auch hier nicht in Anspruch genommen. Daraus ergibt sich folgender Tilgungs- und Zinszahlungsplan:

Jahr	Restschuld Jahresanfang	Rate	Zinsen	Tilgung
1	25.000,00 €	2.750,00 €	250,00 €	2.500,00 €
2	22.500,00 €	2.725,00 €	225,00 €	2.500,00 €
3	20.000,00 €	2.700,00 €	200,00 €	2.500,00 €
4	17.500,00 €	2.675,00 €	175,00 €	2.500,00 €
5	15.000,00 €	2.650,00 €	150,00 €	2.500,00 €
6	12.500,00 €	2.625,00 €	125,00 €	2.500,00 €
7	10.000,00 €	2.600,00 €	100,00 €	2.500,00 €
8	7.500,00 €	2.575,00 €	75,00 €	2.500,00 €
9	5.000,00 €	2.550,00 €	50,00 €	2.500,00 €
10	2.500,00 €	2.525,00 €	25,00 €	2.500,00 €
gesamt		26.375,00 €	1.375,00 €	25.000,00 €

Tabelle 8: Tilgungsplan des KfW-Kredits

Die Gesamtbelastung des KfW-Kredits liegt bei 26.375,00 €. Das entspricht einer durchschnittlichen monatlichen Rate von

26.375,00 € : 120 Monate (10 Jahre) = 219,79 €/Monat.

Quelle:
- Internetseite der KfW: www.kfw.de/inlandsfoerderung/privatpersonen/bestandsimmobilien/finanzierungsangebote (23.05.2013)

.: 21 :.

Wert der Immobilie um 15.000 € gesteigert. Daher ist die Amortisationszeit als wirtschaftlich sinnvoll anzusehen. Die Wertsteigerung der Immobilie kann von den Investitionskosten abgezogen werden. Somit sinkt die Investitionssumme aus dem Angebot der Bedachungen GbR von 42.145,79 € um 15.000 € auf 27.145,79 €.

Momentan liegt der Heizölverbrauch bei ca. 3.300 Liter/Jahr. Durch die neue Dämmung können 37 % des Verbrauches eingespart werden. Das entspricht einer Heizölmenge von 1.221 Litern (3.300 Liter/Jahr · 0,37). Bei einem aktuellen Heizölpreis von 0,88 €/Liter ergibt sich somit eine Ersparnis von 1.074,48 €/Jahr (1.221 €/Liter · 0,88 €/Liter).

Nimmt man das Angebot der Bedachungen GbR von 42.145,79 €, ergibt sich folgende statische Amortisationsdauer t_a:

$$\text{Amortisationsdauer} = \frac{\text{Investition} - \text{Wertsteigerung}}{\text{Ersparnis pro Jahr}}$$

$$\text{Amortisationsdauer} = \frac{42.145,79\ \text{€} - 15.000,00\ \text{€}}{1.074,48\ \text{€/Jahr}} = \frac{27.145,79\ \text{€}}{1.074,48\ \text{€/Jahr}}$$

$$\text{Amortisationsdauer} = 25,26\ \text{Jahre}$$

Bei einer dynamischen Amortisationsrechnung ist die Amortisationsdauer durch die Abzinsung der Geldwerte über den Barwertfaktor deutlich höher.

Jahr	jährliche Ersparnis	Barwertfaktor	Barwert	kumulierter Barwert	Amortisationszeitpunkt
1	1.074,48 €	0,9803922	1.053,41 €	1.053,41 €	
2	1.074,48 €	0,9611688	1.032,76 €	2.086,17 €	
3	1.074,48 €	0,9423223	1.012,51 €	3.098,67 €	
...	...	...	...	...	
34	1.074,48 €	0,5100282	548,02 €	26.323,25 €	
35	1.074,48 €	0,5000276	537,27 €	26.860,52 €	
36	1.074,48 €	0,4902232	526,73 €	27.387,25 €	✓
37	1.074,48 €	0,4806109	516,41 €	27.903,66 €	
38	1.074,48 €	0,4711872	506,28 €	28.409,94 €	

Tabelle 10: Berechnung der Amortisationsdauer mit der dynamischen Amortisationsrechnung

Aus der oben stehenden Tabelle ist zu entnehmen, dass sich diese Investition bei einer jährlich gleichbleibenden Einsparung und einem Zinssatz von 2 % erst nach 36 Jahren amortisiert. Der Zinssatz wurde so gewählt, damit die Inflationsrate ausgeglichen ist.

11 Zeitlicher Verlauf der Bauphasen

Die Erläuterung der einzelnen Bauphasen und -abschnitte soll einen groben Einblick in die Arbeitsabläufe geben. Der dazugehörige Netzplan befindet sich im Angang.

1. Einrichtung der Baustelle: Das Baugerüst wird angeliefert und aufgebaut. Benötigte Maschinen und Hilfseinrichtungen wie der Schrägaufzug, werden auf die Baustelle gebracht. Als Sanitäreinrichtung dient eine mobile Bautoilette. Container zur Bauschuttentsorgung werden an geeigneter Stelle auf der Baustelle positioniert.   Dauer: 1 Tag

2. Abrissarbeiten: Das bestehende Dach wird abgedeckt, die Dachlattung wird entfernt und entsorgt. Dachfenster werden ausgebaut und entsorgt, die außenliegenden Rollläden an den Dachgauben demontiert. Die bisherige Wärmedämmung wird mit Atemschutzmaske herausgenommen. Ortgangbretter, Dunstrohreinfassungen, Kamineinfassungen, Dachrinnen und Fallrohre werden ebenfalls abgebaut und entsorgt. Der offene Dachstuhl wird mit großen Planen abdeckt.   Dauer: 1 Tag

3. Kontrollarbeiten: Der Dachstuhl und die Kaminaufbauten werden auf Beschädigungen und Stabilität überprüft.   Dauer: 1 Tag

11 Zeitlicher Verlauf der Bauphasen

4. **Unterdeckung des neuen Daches:** Die Dampfbremse wird schlaufenförmig und parallel zur Dachtraufe von unten nach oben verlegt, bis auf das Außenmauerwerk geführt und befestigt. Stöße werden dabei versetzt angeordnet und luftdicht verklebt. **Dauer: 1 Tag**

5. **Anbringung der Wärmedämmung:** Die Zwischensparrendämmung wird in die Sparrengefache eingelegt. Die Aufsparrendämmung wird mittels Konterlattung befestigt. **Dauer: 1 Tag**

6. **Dachfirstdämmung und -abdichtung:** Die Dämmelemente werden entsprechend der Dachneigung zugeschnitten und eingepasst. Die Fugen werden mit Spezialschaum ausgeschäumt. **Dauer: 1 Tag**

7. **Unterkonstruktion Dach:** Die Unterdeckbahnen werden horizontal auf die Dämmung verlegt und winddicht verklebt. Das Traufholz wird entsprechend den statischen Vorgaben auf den bestehenden Sparren befestigt. Die Dachfläche wird mit imprägnierten Latten im erforderlichen Abstand horizontal zum Dachfirst neu eingelattet. **Dauer: 1 Tag**

8. **Verkleidungsarbeiten:** Die Traufbohlen werden durchgehend an den Sparrenköpfen befestigt. Mehrere Trauflüftungsgitter aus Aluminium werden an den Sparrenköpfen angebracht. Die Ortgangbretter werden zugeschnitten und an den Giebelstirnseiten unter die Traglattung geschraubt. Die Windbretter an den Giebelstirnseiten werden montiert. Alle gehobelten Holzflächen werden mit Holzschutzlasur behandelt. **Dauer: 2 Tage**

9. **Dachgaubendämmung:** Die Dampfbremse wird an den Gaubenwänden angebracht. Überlappungen werden mit beidseitigem Klebeband winddicht verklebt. Die diffusionsoffenen Wärmedämmelemente für eine wärmebrückenfreie Vollflächendämmung werden montiert. **Dauer: 1 Tag**

10. **Montage Schwingfenster:** Der Eindeckrahmen mit integriertem Wärmedämmblock wird in das Dach und in die neue Dämmschicht eingepasst. Alle Dachfenster werden montiert und die Außenabdeckung angebracht. **Dauer: 1 Tag**

11. **Klempnerarbeiten:** Die Dachrinnen werden montiert, durch Weichlötten miteinander verbunden und mit Endstücken versehen. Die Rinneneinhangstutzen werden angebracht und mit dem Fallrohr verbunden. **Dauer: 2 Tage**

12. **Dachgauben- und Kaminverkleidung:** Die Dachgaubenverkleidung aus Titanzink wird befestigt. Die mit Wärmedämmung vormontierte gelieferte Kaminummantelung wird über den Kamin gesteckt und mit Silikon abgedichtet. **Dauer: 1 Tag**

13. **Neueindeckung:** Das Dach wird mit neuen Tondachziegel gedeckt. Dabei wird jeder 2. Dachziegel verklammert, um ein Herunterwehen bei starken Windlasten zu verhindern. Die Firstanschlussziegel werden ebenfalls eingedeckt und sturmgeschützt befestigt. Über den Entlüftungsrohren werden spezielle Ziegel mit Entlüftungsschutzen angebracht. Über dem Hauseingang wird ein Schneefanggitter eingehängt. **Dauer: 2 Tage**

14. **Aufräumarbeiten:** Das Gerüst wird wieder abgebaut und zusammen mit allen Gerätschaften und Baumaterialresten abtransportiert. Letzte Sichtkontrolle der Baumaßnahmen mit dem Auftraggeber auf Vollständigkeit. **Dauer: 1 Tag**

Die Gesamtdauer aller Bauphasen liegt bei 17 Tagen. Da jedoch einige Bauphasen parallel zu anderen stattfinden können, konnte mit nur 12 Tagen Bauzeit die ursprünglich gewünschte Dauer von maximal 14 Tagen eingehalten werden.

12 Entscheidungsvorschlag

Die folgende Entscheidung basiert auf den in den vorangegangenen Punkten vorgestellten Alternativen bzw. Ergebnissen und wurde sorgfältig und gründlich überdacht.

Die beste Alternative wäre eine Kombination aus Zwischen- und Aufsparrendämmung. Eine Dampfsperre und diffusionsoffene Dampfbremse sind entsprechend mit einzuarbeiten. Der nach der Energieeinsparverordnung erforderliche U-Wert von $0,24 \frac{W}{m^2 K}$ wird mit ca. $0,18 \frac{W}{m^2 K}$ sogar deutlich unterschritten. Außerdem konnte die gewünschte schlanke Dachkonstruktion durchgeführt werden und es sind dadurch keine Veränderungen an den Dachgauben nötig.

Die Firma Bedachungen GbR kann alle geforderten Kriterien erfüllen und bietet zudem das kostengünstigere Angebot, welches der ausschlaggebende Punkt ist, sich für diese Firma zu entscheiden.

Bei der Finanzierung sollte einem KfW-Kredit der Vorzug gegeben werden, da er mit einem Zinssatz von lediglich 1 % die günstigste Möglichkeit der Fremdkapitalbeschaffung darstellt.

Obwohl bei einem geförderten Kredit der KfW-Bank mit nur 1 % die niedrigsten Zinsen anfallen und ein Zuschuss von 10 % in Anspruch genommen werden kann, ist hierbei der Kapitalbedarf am größten. Auch die Handwerksbetriebe raten nach Rücksprache auf einen Verzicht des KfW-Zuschusses ab. Der Zuschuss von 10 % der Gesamtkosten würde den finanziellen Mehraufwand nicht decken. Zudem kann durch die teuren Materialien nur ein geringfügig besserer Dämmwert erzielt werden, der keine spürbare Einsparung erzielen würde.

Diese Entscheidungen bilden die wirtschaftlichste Zusammenstellung aus den oben genannten und beschriebenen Möglichkeiten, sofern die Konditionen sich aufgrund einer abgelaufenen Zusicherungsfrist nicht ändern.

13 Fazit

Das Ziel der Projektarbeit war es, eine lösungsorientierte Entscheidungsgrundlage zu liefern und einen gesamtheitlichen und verständlichen Einblick in das Thema zu geben. Dabei wurden verschiedene Dämmmöglichkeiten betrachtet und Angebote von drei Handwerksbetrieben eingeholt.

Es wurde ein neuer gewünschter Sollzustand definiert und in einer Ist-Analyse der aktuelle Zustand untersucht.

Die eingeholten Angebote der Handwerksbetriebe wurden über eine Nutzwertanalyse verglichen. Ein Betrieb konnte das wichtigste Kriterium, die schlanke Dachkonstruktion, nicht erfüllen und schied so vorzeitig aus. Über die Nutzwertanalyse wurde das Angebot mit dem größten Nutzen herausgefunden.

Es wurden mehrere Möglichkeiten der Finanzierung dieser Investition betrachtet und verglichen. Aus wirtschaftlichen Gründen wurde auch hier die kostengünstigste Alternative ausgewählt.

Aufgrund dieser Ergebnisse ist daher die Firma Bedachungen GbR zu beauftragen und ein Kredit über die KfW-Bank abzuschließen.

Tabellenverzeichnis

Tabellenverzeichnis

Anhang

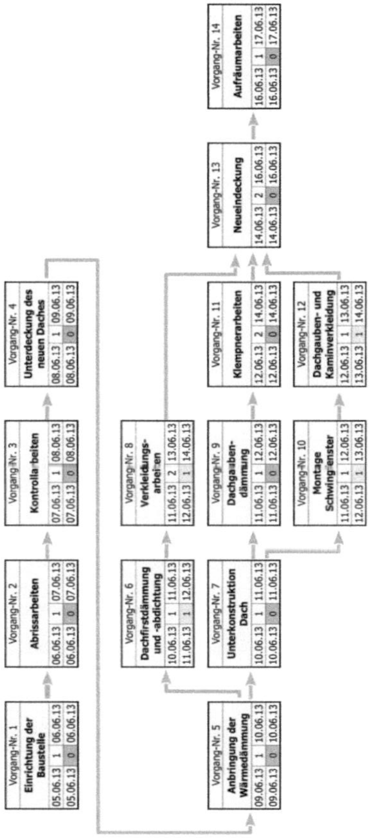

Anhang

Abbildung 1: Netzplan

Eidesstattliche Erklärung

Eidesstattliche Erklärung

Ich versichere, dass ich die beiliegende Projektarbeit selbstständig verfasst, keine anderen als die angegebenen Quellen und Hilfsmittel benützt, sowie alle wörtlichen oder sinngemäß übernommenen Stellen in der Arbeit gekennzeichnet habe.

Ich bin mir bewusst, dass eine falsche Erklärung rechtliche Folgen für mich haben kann.

Beispielshausen, 05.06.2013
Ort, Datum

Manuela Muster
Unterschrift

.: IV :.

Literaturverzeichnis

Literaturverzeichnis

Folgende Quellen wurden zur Informationsgewinnung genutzt:

- Bauder – Der Ratgeber rund ums Dach (Firmenbroschüre)
- Erlus Dachkeramik – Dachhandwerker Taschenbuch (Firmenbroschüre)
- www.energie-fachberater.de/daemmung/dachdaemmung
- www.kfw.de
- www.wikipedia.de
- IHK Formelsammlung 2013, DIHK, von Bertelsmann Verlag & Co.KG

.: III :.

Beispielprojektarbeit 3

Diese Projektarbeit beschreibt eine Entscheidungsgrundlage zur Einführung eines Regalsystems. Die Ersatzteile einer Instandhaltung werden chaotisch in verschiedenen Handlagern gelagert. Das Finden der passenden Ersatzteile dauert Zeit und führt zu verlängerten Maschinenstillständen. Es werden verschiedene Regalsysteme betrachtet und über eine Nutzwertanalyse bewertet. Die eingeholten Angebote werden mittels Kostenvergleichsrechnung verglichen, sowie die betrieblich geforderte Amortisationszeit geprüft. Aus allen Erkenntnissen wird dann die Entscheidungsgrundlage für die optimale Lösung gebildet.

Der Umfang des Hauptteils beträgt **27 Seiten** (insgesamt besteht sie aus 40 Seiten, davon sind 8 Seiten Anhang, der im Buch gekürzt wurde). Die originale Projektarbeit wurde mit einer Spiralbindung gebunden.

PROJEKTARBEIT

im Rahmen der Prüfung zum Geprüften Technischen Betriebswirt

ENTSCHEIDUNGSGRUNDLAGE ZUR
EINFÜHRUNG EINES REGALSYSTEMS

Bernhard Beispiel • Musterallee 4 • 54321 Beispielshausen
IHK Beispielshausen
Abgabetermin: 05.06.2018

1 Inhalt

Inhalt

Die Quellenangaben von allen in dieser Projektarbeit vorkommenden Formeln und Tabellen liegen beim Verfasser.

1 Einleitung

1.1 Darstellung des Unternehmens

Bei dem Unternehmen handelt es sich um einen metallverarbeitenden Betrieb und er ist mit einer Bilanzsumme von über 245 Mrd. Euro einer der Größten der Branche. Damit die rund 3,2 Millionen Einheiten gebaut und abgeliefert werden konnten, sind weltweit ca. 40.000 Mitarbeiter beschäftigt. Der Umsatz lag 2017 bei insgesamt 154 Mrd. Euro, davon fielen in Westeuropa 90 Mrd. Euro an, allein in Deutschland waren es 55 Mrd. Euro. In den neuen Märkten in Asien konnten rund 50 Mrd. Euro an Umsätzen erzielt werden, davon knapp die Hälfte mit 23 Mrd. Euro in China.

	2017	2016	2015
Bilanzsumme	245,6 Mrd. €	223,0 Mrd. €	202,7 Mrd. €
Umsatz	154,3 Mrd. €	123,4 Mrd. €	109,2 Mrd. €
Konzernergebnis	9,9 Mrd. €	8,8 Mrd. €	7,7 Mrd. €
Absatz (gesamt)	3.273.933 St.	2.998.386 St.	2.853.014 St.

Tabelle 1: Konzernkennzahlen[1]

[1] Quelle: Intranet des Unternehmens

1.2 Die Aggregateproduktion

Die Gesamtnutzfläche der Aggregateproduktion beträgt 666.666 m². In der dortigen Aggregatemontage bauen 3.400 Mitarbeiter täglich bis zu 12.000 Einheiten teils in Handarbeit, teils vollautomatisiert zusammen. Die Anzahl an produzierten Einheiten lag 2017 bei insgesamt rund 3.200.000 Stück.

Die Aggregateproduktion bezieht fast die Hälfte der benötigten Teile aus der vorgelagerten Fertigung. Dort werden mit hochmodernen Maschinen die strategisch wichtigen Bestandteile der Aggregate gefertigt (Kernkompetenz). Durch die eigene Forschungs- und Entwicklungsabteilung konnten einige Wettbewerbsvorteile erzielt werden, die entsprechend durch Patente geschützt sind.

Abbildung 1: das fertig montierte Aggregat[2]

Das Aggregat wird hauptsächlich für die Industrie produziert. Es stehen verschiedene namhafte Großkonzerne als Abnehmer zur Verfügung. Die gefertigten Aggregate werden in einer breiten Produktpalette angeboten. Die Abnehmer können so zwischen verschiedenen Varianten auswählen. Durch eine geschickte Modulbauweise kann fast jede erdenkliche Variation zusammengestellt und geliefert werden. Kleinserien sind dadurch noch für beide Seiten wirtschaftlich und werden dementsprechend nachgefragt.

Die Aggregate werden ständig weiterentwickelt und bieten neben umweltschonenden Maßnahmen auch Komforterhöhungen und ein reduziertes Geräuschniveau.

[2] Quelle: Intranet des Unternehmens

1.3 Instandhaltung der Aggregateproduktion

Die Instandhaltung der Aggregateproduktion beschäftigt derzeit 66 Elektroniker sowie 60 Mechaniker und gehört somit zu einer der größten Instandhaltungsgruppen des Unternehmens. Im Dreischichtbetrieb, zum Teil sechs Tage die Woche, sind sie für präventive und reaktive Maßnahmen zuständig, um die Anlagenstillstände so gering wie möglich zu halten. Diese Maßnahmen beinhalten Wartungen, Optimierungen, Instandsetzungen und Umbauten der Produktionsanlagen.

Vielseitige Fachkenntnisse in Bereichen wie Robotik, Messtechnik, Fügetechnik, Objekterkennung, Leistungselektronik, IT-Kenntnisse sowie SPS-Programmierung sind unabdingbar und gehören zum Alltagsgeschäft.

Aufgrund des immer größer werdenden Zeitdrucks werden vorhersehbare Reparaturen und Wartungen an produktionsfreien Tagen, also Wochenenden und Feiertagen, durchgeführt. Ziel ist es dafür zu sorgen, dass die erforderlichen Aggregate an die Kunden ausgeliefert werden können.

2 Ausgangssituation

Um Reparaturen an Montageanlagen schnell durchführen zu können, müssen Ersatzteile griffbereit sein. Aktuell werden die bevorrateten Teile chaotisch in verschiedensten Handlagern an unterschiedlichen Orten gelagert. Das Suchen und Finden der passenden Ersatzteile ist aufgrund dessen mit einem enormen Zeitaufwand verbunden. Die Schubladen und Schränke sind zwar vor Jahren beschriftet und ähnliche Artikel in benachbarte Fächer eingelagert worden, im Laufe der Zeit hat sich aber der Bestand und die Anzahl erhöht, sodass zusätzliche Lagerfächer benötigt werden. Ebenfalls hat sich der Inhalt der Schubladen mit der Zeit geändert und stimmt häufig nicht mit der Beschriftung überein. Nach und nach wurden durch einige Mitarbeiter die Beschriftungen korrigiert, was jedoch oftmals in einem Chaos endete.

Aufgrund einer nicht vorhandenen Dokumentation ist es keine Seltenheit, dass es zu Nullbeständen kommt, da oftmals keine Nachbestellung erfolgte, wenn ein bestimmter Bestand unterschritten wurde. Dies ist für jeden Mitarbeiter sehr ärgerlich, wenn Ersatzteile nicht zur Verfügung stehen und ein zeitaufwändiger Bestellprozess eingeleitet werden muss. Bei drei Aggregaten, welche zum Teil pro Minute an den Linien montiert werden, kommt es schnell zu hohen Ausfallkosten, wenn das Montageband stillsteht. Für die Produktion ist es nicht sehr erfreulich, wenn durch die Suche der Ersatzteile zusätzliche Zeit verloren geht und der Stillstand unnötig in die Länge gezogen wird. Denn oftmals ist der größte Zeitanteil an einer Reparatur nicht die Fehlersuche oder deren Behebung, sondern die Suche nach den erforderlichen Ersatzteilen.

Ebenfalls kommt es hin und wieder vor, dass Mitarbeiter die gesuchten Ersatzteile in den Regalen nicht finden. Sie bestellen die Ersatzteile dann in einer größeren Menge und lagern sie eigenständig an einem neuen Platz ein. Dadurch kommt es zu einer doppelten Lagerhaltung, die nicht nur zusätzlich Lagerplatz beansprucht, sondern auch weitere Kosten verursacht.

Diese chaotische Lagerung umfasst aktuell rund 170 m² Lagerfläche, die momentan auf 44,8 m² Stellfläche verteilt sind. In Zukunft steht diese Fläche nicht mehr vollständig zur Verfügung, da der Instandhaltungsbereich einer flächenmäßigen Umstrukturierung unterzogen wird.

3 Soll-Zustand

Aufgrund der Neugestaltung der Instandhaltungswerkstatt soll die interne Ersatzteillagerung zentralisiert werden und das zukünftige Regal so wenig wie möglich Fläche belegen. Ebenfalls muss die Lagerkapazität aufgestockt werden, da eine neue Montagelinie mit komplett anderen Komponenten in naher Zukunft zum Aufgabengebiet der Instandhaltung dazu kommt. Die Stellfläche der bisherigen Lagerhaltung sollte aber um mindestens die Hälfte verringert werden.

Die Handhabung des neuen Systems sollte möglichst einfach und sehr intuitiv erfolgen. Mehraufwand durch Schulungen ist zu vermeiden. Ergonomische Aspekte und die Arbeitssicherheit sollten bei der Auswahl der Alternative ebenfalls berücksichtigt werden. Das Ziel muss sein, die benötigten Ersatzteile für die Reparaturen schnell zur Verfügung zu haben. Unnötige Stillstandszeiten, die durch Materialsuche oder Beschaffung aus dem externen Zentrallager, welches sich in einem anderen Werksteil befindet, anfallen, müssen vermieden werden. Des Weiteren muss darauf geachtet werden, dass die Ersatzteile während der Neueinbindung der zukünftigen Alternative zur Verfügung stehen.

4 Lösungsansätze

4.1 Vorstellungen der Alternativen

Folgende infrage kommende Optionen zur Bereitstellung von Ersatzteilen werden in Betracht gezogen:

- Schubladenregalsystem
- Rollregal
- Vollautomatisiertes Regalsystem

Um sie näher zu betrachten werden die jeweiligen Vor- und Nachteile herausgearbeitet.

4.1.1 Schubladenregalsystem

Ein manuelles Schubladenregal ist eine gute Lösung, um viele Kleinteile einzulagern. Es besteht aus mehreren Regalfeldern. Diese Felder können mit Schubladen in unterschiedlichen Größen bestückt werden. Somit lässt es sich flexibel an die gewünschten Anforderungen anpassen. Durch einen Vollauszug kann jede Schublade leicht und individuell, je nach Materialgröße, eingeteilt werden. Stauraum der ungenutzt ist, lässt sich so verringern. Durch eine Regalhöhe von bis zu 3 Meter kann der Raum in die Höhe relativ gut genutzt werden. Durch eine fahrbare Sicherheitstreppe können auch die oberen Schubladen einfach erreicht werden.

Abbildung 2: Schubladenregal[3]

[3] Quelle: http://www.regal-ag.com/fileadmin/bilder/produkte/schubladenregal2.jpg

4 Lösungsansätze

Vorteile:

- Da auf die Schubladen jederzeit zugegriffen werden kann, besteht eine ständige Bereitstellung der Artikel.
- Es sind mehrere Zugriffe auf unterschiedliche Teile des Regalsystems gleichzeitig möglich. Es kann zur gleichen Zeit ein- und ausgelagert werden. Das Vergleichen von mehreren Artikeln in unterschiedlichen Schubladen ist möglich.
- Geringes Ausfallrisiko, da im Vergleich zu einem vollautomatisierten Regal keine elektrischen Komponenten zur Auslagerung erforderlich sind.
- Es fallen keine Energie-, Wartungs-, TÜV- und Softwarekosten an.

Nachteile:

- Das Regalsystem benötigt sehr viel Platz, da die Raumhöhe nur bedingt genutzt wird. Auch beim Umräumen wird sehr viel Platz beansprucht, da die bisherigen Regale und das neue Regalsystem aufgestellt sein müssen.
- Die Materialsuche ist aufgrund einer nicht vorhandenen Dokumentation sehr zeitaufwändig, vor allem bei Artikel, die seltener benötigt werden.
- Da keine Bestandsführung erfolgt, sind Nullbestände weiterhin möglich.
- Aufgrund mangelnder Selbstdisziplin einiger Mitarbeiter kann es wieder zur doppelten Lagerhaltung kommen.
- Die Planung des Regals ist mit viel Aufwand verbunden, da die Schubladen optimal auf den späteren Inhalt angepasst werden sollen, um ungenutzten Stauraum zu vermeiden.
- Die Unfallgefahr durch offene Schubladen und Arbeiten auf der Leiter sind nicht zu unterschätzen.
- Das Besteigen der Sicherheitsleiter oder Bücken nach Teilen in tiefliegenden Schubladen ist nicht ergonomisch.
- Die Montage der einzelnen Regalfelder und Schubladen ist sehr aufwändig.
- Sperrige Teile können aufgrund der fest vorgegebenen, begrenzten Schubladenmaße von 0,6 m x 0,6 m nicht eingelagert werden.
- Es wird zusätzlicher Platz benötigt, aufgrund der Gänge zwischen den Regalreihen.

4 Lösungsansätze

Abbildung 3: Rollregal*

4.1.2 Rollregal

Wird viel Lagerraum auf begrenzter Fläche benötigt, ist das Rollregal eine günstige Alternative. Dieses System besteht, wie das Schubladenregal, aus mehreren Regalfeldern, die mit Schubladen bestückt sind. Die einzelnen Regalelemente lassen sich kompakt zusammenschieben und werden nur dort geöffnet, wo sich gerade das benötigte Teil befindet.

Durch diese Funktion wird kein Platz für unwirtschaftliche Gänge verschwendet. Da an den Regalfeldern fahrbare Unterbauten angebracht sind, lassen sich die schweren Elemente mit geringem Kraftaufwand bewegen. Teilweise sind die Rollregale mit elektrischen Antrieben ausgestattet, um auch mehrere Elemente zeitgleich zu verschieben.

Vorteile:

- Überschaubare Beschaffungskosten durch den einfachen Aufbau des Regals.
- Die Lagerkapazität kann im Vergleich zu einem konventionellen Schubladenregal wesentlich gesteigert werden.
- Die Lagerkosten können, durch die bessere Nutzung der Fläche, reduziert werden.

Nachteile:

- Die Raumhöhe ist nicht optimal nutzbar, da bauartbedingt alle Regalfächer ohne zusätzliche Leiter erreicht werden müssen.
- Hohe Installationskosten, da Laufschienen im Boden integriert werden müssen.
- Sperrige Teile können wegen der begrenzten Schubladenmaße von 0,6 m x 0,6 m nicht eingelagert werden.
- Bei der manuellen Verschiebung müssen immer die vorherigen Regalelemente zuerst verschoben werden, bis der gewünschte Zugang erreicht ist.
- Nullbestände sind aufgrund der nicht vorhandenen Bestandsführung möglich.

*Quelle: https://www.regal-einrichter.de/images/products/kategorie-rollregal.jpg

4 Lösungsansätze

- Gleichzeitige Zugriffe auf mehrere Regalteile sind nicht möglich, da immer nur ein Element aufgeschoben werden kann.
- Die Planung des Regals ist sehr aufwändig, da die Schubladen optimal auf den späteren Inhalt angepasst werden sollen.
- Erhöhte Unfallgefahr, da man zwischen zwei Elementen eingeklemmt werden kann.

4.1.3 Vollautomatisiertes Regalsystem

Ein vollautomatisiertes Regalsystem ist eine flexible Lösung zur Einlagerung und Bereitstellung von unterschiedlichen Artikeln. Aufgrund der Nutzung der kompletten Raumhöhe (bis zu 30 Meter) und der sehr geringen Standfläche kann ein maximales Lagervolumen erreicht werden. Die einzulagernden Artikel werden auf gleichgroße Regalfachböden, auch Tablare genannt, platziert. Das im Gerät integrierte Liftsystem fördert die Regalfachböden an den nächsten geeigneten freien Platz im Regal. Lichtschranken ermöglichen die Vermessung jedes Tablars beim Einlagern, dadurch kann eine optimale Lagerdichte erreicht werden. Über die integrierte Waage wird kontrolliert, dass die maximale Zuladung nicht überschritten wird.

Über eine Datenbank wird dem Regalsystem mitgeteilt, an welcher Position sich die einzelnen Artikel befinden. Je detaillierter hier gearbeitet wird, desto effizienter ist die Suche nach dem gewünschten Artikel und führt später umso schneller zur Bereitstellung des Artikels. Über eine einfach gehaltene Eingabemaske am PC kann der gewünschte Artikel gesucht werden. Mit einem Klick wird das entsprechende Tablar anschließend ausgelagert und ein deutlich sichtbarer Lichtpunkt zeigt die Lagerposition auf dem Tablar. Die Bereitstellung selbst erfolgt auf einer angenehmen Arbeitshöhe direkt am Regalsystem. Optional ist eine integrierte Bestandsführung erhältlich, die bestimmte Statistiken zur Lagerhaltung erzeugen kann, unter

Abbildung 4: vollautomatisiertes Regalsystem[9]

[9]Quelle: https://www.storage-group.de/sites/default/jpg/jpg/axtqtbgqpqtcstg.jpg

9

4 Lösungsansätze

anderem auch eine Hinweismeldung, wenn ein bestimmter Meldebestand eines Artikels unterschritten wird.

<u>Vorteile:</u>

- Die Lagerfläche kann optimal genutzt werden, da die maximale Raumhöhe ausgenutzt wird.
- Durch die Vermessung der Tablarhöhe ist eine sehr hohe Lagerdichte möglich.
- Die integrierte Bestandsführung erzeugt automatisch eine Hinweismeldung, wenn ein bestimmter Meldebestand erreicht wird. Somit kann rechtzeitig reagiert und eine Nachbestellung durchgeführt werden. Nullbeständen kann somit effektiv vorgebeugt werden.
- Die automatisierte Bereitstellung der Materialien ergibt eine enorme Zeitersparnis, da die manuelle Suche, auch bei weniger häufig benötigten Ersatzteilen, entfällt.
- Die Bereitstellung erfolgt auf einer angenehmen Arbeitshöhe. Das Bücken oder Besteigen von Leitern ist nicht mehr erforderlich.
- Durch eingebaute Sicherheitssichtgitter und der gekapselten Bauform wird das Unfallrisiko eliminiert.
- Durch die einfache Bedienoberfläche ist eine intuitive Bedienung möglich. Es entsteht nur ein geringer Einweisungsaufwand.
- Bei Ausfall der Datenbank kann trotzdem über einen manuellen Betrieb ausgelagert werden.
- Sperrige Artikel bis zu einer Größe von ca. 2,0 m x 0,8 m x 0,7 m können ohne Probleme eingelagert werden.

<u>Nachteile:</u>

- Erhöhte Anschaffungskosten aufgrund der Software und der Montage der komplexen Fördertechnik.
- Tritt eine Störung am Liftsystem auf, können in dieser Zeit keine Artikel ausgelagert werden.

10

4 Lösungsansätze

- Das Einpflegen der eingelagerten Artikel mit Artikelnamen, Bestellnummern und produktspezifischen Merkmalen sowie der spätere Lagerplatz auf dem Tablar in die Datenbank beansprucht einmalig viel Zeit.

- Da zur Auslagerung elektrische und mechanische Komponenten erforderlich sind, müssen diese durch die Herstellerfirma oder einen zertifizierten Betrieb jährlich gewartet werden. Zudem müssen die Sicherheitseinrichtungen regelmäßig auf ihre Funktion geprüft werden.

4.2 Beurteilung der Alternativen

Häufig werden Kaufentscheidungen nur anhand der Anschaffungskosten getroffen. Es ist durchaus aber auch denkbar, dass teurere Alternativen den gewünschten Anforderungen eher entsprechen als die günstigen. Um die optimale Lösung zu finden, wird eine Nutzwertanalyse durchgeführt, da hierbei nicht monetäre Kriterien berücksichtigt werden.

Im ersten Schritt der Analyse werden Kriterien gesammelt. Die Basis für die Anforderungen an das Regalsystem liefert eine schriftliche, anonyme Befragung. So können eventuelle Schwachstellen an dem bisherigen Regalsystem aufgedeckt und die Wünsche der betroffenen Mitarbeiter und Vorgesetzten in die Planung mit einfließen. Der Fragebogen enthielt die Frage: „Was ist mir für die zukünftige Lagerhaltung wichtig?", auf die die Mitarbeiter mit bis zu drei Antworten frei ihre Wünsche äußern konnten.

Die Befragung ergab folgende fünf Top-Themen:

- Ergonomie
- Benutzerfreundlich
- Verfügbarkeit des Materials
- Platzsparend, damit mehr Fläche für Arbeitsplätze zur Verfügung steht
- Materialsuche

---

4 Lösungsansätze

Die Ausarbeitung der Top-Themen erfolgte in Zusammenarbeit mit den Beteiligten.

Kriterien	Erläuterung
Ergonomie	Den Mitarbeitern ist es wichtig, rückenschonend das Material aus dem Regalsystem zu bekommen.
Benutzerfreundlichkeit	Einfache Bedienung ohne großen Schulungsaufwand.
Materialverfügbarkeit	Nullbestände der Ersatzteile sollten vermieden werden.
Platzbedarf	Möglichst wenig Platz sollte mit dem Regal in Anspruch genommen werden, da somit mehr Platz für Werkbänke, Sozialräume etc. zur Verfügung steht.
Materialsuche	Das Material sollte schnell aufzufinden sein ohne lange Suche nach dem Lagerort.
Implementierungsaufwand	Zeit und Aufwand, welche in Anspruch genommen werden müssen, um das neue Regal einzuräumen.
Störanfälligkeit	Das neue Regal sollte dauerhaft im Einsatz sein. Im Störfall sollte das Material dennoch erreicht werden.

Tabelle 2: Kriterien der Nutzwertanalyse

Anschließend wird eine Gewichtung der einzelnen Kriterien durchgeführt. Hierbei muss jedes Kriterium miteinander verglichen werden, um die Wichtigkeit bzw. Bedeutung abwägen zu können.

Kriterien	Ergonomie	Benutzerfreundlichkeit	Materialverfügbarkeit	Platzbedarf	Materialsuche	Implementierungsaufwand	Störanfälligkeit	Summe
Ergonomie		2	0	1	0	0	1	4
Benutzerfreundlichkeit	0		1	0	1	2	0	4
Materialverfügbarkeit	1	2		2	0	2	0	7
Platzbedarf	0	0	1		1	2	1	5
Materialsuche	2	2	2	2		1	1	10
Implementierungsaufwand	0	0	1	1	1		2	5
Störanfälligkeit	1	0	2	1	1	1		6
Legende	0 = weniger wichtig; 1 = gleich wichtig; 2 = wichtiger							

Tabelle 3: Ermittlung der Gewichtungsfaktoren

5 Wirtschaftlichkeitsbetrachtung

4 Lösungsansätze

Im nächsten Schritt werden die Punkte für die Kriterienerfüllung vergeben (Erfüllungsgrad). Es sind 1 bis 6 Punkte zu vergeben, wobei 6 die höchste Punktzahl darstellt. Im Anschluss daran werden der Erfüllungsgrad und der Gewichtungsfaktor multipliziert. Die Alternative mit der höchsten Gesamtsumme bietet für die gewünschte Anwendung den größten Nutzen.

Kriterien	Gewichtungsfaktor	Schubladenregal Erfüllungsgrad	Summe Schubladenregal	Vollautomatisiertes Regalsystem Erfüllungsgrad	Summe Vollautomatisiertes Regalsystem	Rollregal Erfüllungsgrad	Rollregal Summe
Ergonomie	4	1	4	5	20	2	8
Benutzerfreundlichkeit	4	6	24	3	12	5	20
Materialverfügbarkeit	7	3	21	6	42	3	21
Platzbedarf	5	2	10	6	30	4	20
Materialsuche	10	3	30	5	50	3	30
Implementierungsaufwand	5	5	25	1	5	5	25
Störanfälligkeit	6	6	36	2	12	5	30
Summe			150		171		154
Rangfolge			3		1		2

Tabelle 4: Nutzwertanalyse

Die Nutzwertanalyse hat folgendes ergeben: Das vollautomatisierte Regalsystem erzielt mit 180 Punkten das beste Ergebnis. Das Rollregal mit 143 Punkten belegt den zweiten Platz, dicht gefolgt von dem Schubladenregal mit 141 Punkten.

Diese Analyse hat zur Folge, dass die Alternativen Schubladenregal und Rollregal bei der anschließenden Wirtschaftlichkeitsbetrachtung nicht beachtet werden.

5 Wirtschaftlichkeitsbetrachtung

5 Wirtschaftlichkeitsbetrachtung

5.1 Ausgangsdaten

Aufgrund der vorangehenden Analyse werden nun nur noch vollautomatisierte Regalsysteme betrachtet. Um die gewünschte Lagerkapazität von mindestens 200 m² zu erreichen, müssen zwei Regalsysteme angeschafft werden. Hierfür wurden Angebote von drei unterschiedlichen Herstellern angefordert:

- Zum einen ist dies die deutsche Storage-Group. Sie sind ein weltweiter Anbieter von automatisierten Lagerlösungen und Materialflusssystemen. Mit ihrem vertikalen Liftsystem StoragePro 3000 bieten sie eine flexible Lösung zur Einlagerung und Bereitstellung von unterschiedlichen Artikeln.

- Als weitere Firma wurde die Lager GmbH mit Hauptsitz in Deutschland gewählt. Die Lager GmbH ist ein weltweit operierender Hersteller von Blechwaren aller Art, deren Schwerpunkt im Bereich der Lager- und Logistiksysteme liegt. Mit ihrem angebotenen l agrrifrl l iftllp7 bieten sie eine Lager- und Kommissionierlösung an, welche dem „Ware-zu-Person"-Prinzip folgt.

- Als letzte Alternative wurde die Regal AG mit Sitz in der Schweiz ausgesucht. Sie ist in der Branche Betriebs- und Lagereinrichtungen Marktführer in Europa. Mit ihrem dynamischen System, dem Regalomat 1900 L, haben sie ein Produkt im Angebot, welches sich in jedes Unternehmen problemlos integrieren lässt.

5.1.1 Anschaffungskosten

Die Anschaffungskosten ist der Aufwand, der geleistet werden muss, um das Regal zu erwerben, es zu montieren und in einen funktionsfähigen Zustand zu versetzen. Die Anschaffungskosten wurden den beiliegenden Angeboten entnommen.

5.1.2 Kalkulatorische Abschreibung

Die kalkulatorische Abschreibung ist der Wert, welcher den Wertverlust der Anlage über die gesamte Nutzungsdauer darstellt. Die Nutzungsdauer des Regalsystems beträgt 15 Jahre. Der Restwert beschreibt den Wert, welchen man bekommen würde, wenn man die Anlage nach der Nutzungsdauer verkauft. Bei diesen Berechnungen beträgt der Restwert 0,00 €, da sie am Ende ihrer Nutzungsdauer nicht verkauft wird.

$$kalkulatorische\ Abschreibung = \frac{Anschaffungskosten - Restwert}{15\ Jahre}$$

Formel 1: kalkulatorische Abschreibung

$$kalkulatorische\ Abschreibung = \frac{160.392,00\ € - 0,00\ €}{15\ Jahre}$$

$$kalkulatorische\ Abschreibung = 10.692,80\ €$$

Berechnung 1: kalkulatorische Abschreibung StoragePro 3000

$$kalkulatorische\ Abschreibung = \frac{202.075,20\ € - 0,00\ €}{15\ Jahre}$$

$$kalkulatorische\ Abschreibung = 13.471,68\ €$$

Berechnung 2: kalkulatorische Abschreibung LiftUp7

$$kalkulatorische\ Abschreibung = \frac{168.007,68\ € - 0,00\ €}{15\ Jahre}$$

$$kalkulatorische\ Abschreibung = 11.200,51\ €$$

Berechnung 3: kalkulatorische Abschreibung Regalomat 1900 L

Kostenart	Betrag
Gerätepreis 2x StoragePro 3000	88.537,92 €
Pauschale für Montagezusatzleistungen	3.331,20 €
Pauschale für Gewährleistung 24 Monate	3.578,88 €
Softwarepreis	9.024,00 €
Einteilungsmaterial Paket 1	12.960,00 €
Einteilungsmaterial Paket 2	14.400,00 €
Einteilungsmaterial Paket 3	20.160,00 €
Angebotspreis	**151.992,00 €**
Pauschale Vorbereitung der Halle	8.400,00 €
Anschaffungskosten	**160.392,00 €**

Tabelle 5: Anschaffungskosten StoragePro 3000 (Firma Storage-Group)

Kostenart	Betrag
Gerätepreis 2x LiftUp7	123.952,32 €
Pauschale für Montagezusatzleistungen	5.020,80 €
Pauschale für Gewährleistung 24 Monate	3.744,00 €
Softwarepreis	10.558,08 €
Einteilungsmaterial	50.400,00 €
Angebotspreis	**193.675,20 €**
Pauschale Vorbereitung der Halle	8.400,00 €
Anschaffungskosten	**202.075,20 €**

Tabelle 6: Anschaffungskosten LiftUp7 (Firma Lager GmbH)

Kostenart	Betrag
Gerätepreis 2x Regalomat 1900 L	106.245,12 €
Pauschale für Montagezusatzleistungen	4.339,20 €
Pauschale für Gewährleistung 2 Jahre	3.519,36 €
Einteilungsmaterial für Träger 45 mm	10.368,00 €
Einteilungsmaterial für Träger 70 mm	12.960,00 €
Einteilungsmaterial für Träger 120 mm	22.176,00 €
Angebotspreis	**159.607,68 €**
Pauschale Vorbereitung der Halle	8.400,00 €
Anschaffungskosten	**168.007,68 €**

Tabelle 7: Anschaffungskosten Regalomat 1900 L (Firma Regal AG)

5.1.3 Kalkulatorische Zinsen

Die kalkulatorischen Zinsen werden als Ausgleich dafür betrachtet, da das Kapital für die Anschaffung nicht bei der Bank angelegt werden konnte. Das Unternehmen rechnet mit einem kalkulatorischen Zinssatz von 9 % (= 0,09).

$$kalkulatorische\ Zinsen = \frac{Anschaffungskosten + Restwert}{2} \cdot Zinssatz$$

Formel 2: kalkulatorische Zinsen

$$kalkulatorische\ Zinsen = \frac{160.392,00\ € + 0,00\ €}{2} \cdot 0,09$$
$$kalkulatorische\ Zinsen = \underline{6.839,64\ €}$$

Berechnung 4: kalkulatorische Zinsen StoragePro 3000

$$kalkulatorische\ Zinsen = \frac{202.075,20\ € + 0,00\ €}{2} \cdot 0,09$$
$$kalkulatorischo\ Zinsen = \underline{8.716,38\ €}$$

Berechnung 5: kalkulatorische Zinsen LiftUp7

$$kalkulatorische\ Zinsen = \frac{168.007,68\ € + 0,00\ €}{2} \cdot 0,09$$
$$kalkulatorische\ Zinsen = \underline{7.182,35\ €}$$

Berechnung 6: kalkulatorische Zinsen Regalomat 1900 L

5.1.4 Raumkosten

Die Raumkosten sind die Kosten, welche für die Stellfläche des vollautomatisierten Regals aufgebracht werden müssen. Der Preis pro m² beträgt jährlich 240,00 €. Das System der Firma StoragePro 3000 benötigt eine Stellfläche von 14,64 m². Das Regalsystem der Firma LiftUp7 benötigt die meiste Fläche mit 15,90 m² und der Regalomat 1900 L 14,68 m².

$$Raumkosten = Preis/m² \cdot Standfläche$$

Formel 3: Raumkosten

$$Raumkosten = 240,00\ €/m² \cdot 14,64\ m²$$
$$Raumkosten = \underline{3.513,60\ €}$$

Berechnung 7: Raumkosten StoragePro 3000

$$Raumkosten = 240,00\ €/m² \cdot 15,90\ m²$$
$$Raumkosten = \underline{3.816,00\ €}$$

Berechnung 8: Raumkosten LiftUp7

$$Raumkosten = 240,00\ €/m² \cdot 14,68\ m²$$
$$Raumkosten = \underline{3.523,20\ €}$$

Berechnung 9: Raumkosten Regalomat 1900 L

5.1.5 Lohnkosten

Die durchschnittlichen verrechneten Lohnkosten eines Instandhalters betragen 73,00 € pro Stunde. Es werden ca. 180 Zugriffe pro Woche auf verschiedenste Artikel getätigt. Bei 52 Arbeitswochen ergibt sich 9.360 Ein- und Auslagerungszugriffe, die über das ganze Jahr verteilt durchgeführt werden.

5 Wirtschaftlichkeitsbetrachtung

$jährliche\ Bereitstellungszeit = Dauer\ pro\ Zugriff \cdot Anzahl\ der\ Zugriffe$

Formel 4: jährliche Bereitstellungszeit

Das Regalsystem StoragePro 3000 der Firma Storage-Group benötigt von der Eingabe des Artikels in die Suchmaske bis zur endgültigen Bereitstellung 50 Sekunden.

$$jährliche\ Bereitstellungszeit_1 = \frac{50\ s \cdot 9.360\ Zugriffe}{3.600}$$
$$jährliche\ Bereitstellungszeit_1 = 130,0\ Stunden$$

Berechnung 10: jährliche Bereitstellungszeit StoragePro 3000

Der LiftUp7 der Firma Lager GmbH benötigt 47 Sekunden von der Eingabe in die Suchmaske bis zu zur endgültigen Bereitstellung des Artikels.

$$jährliche\ Bereitstellungszeit_2 = \frac{47\ s \cdot 9.360\ Zugriffe}{3.600}$$
$$jährliche\ Bereitstellungszeit_2 = 122,2\ Stunden$$

Berechnung 11: jährliche Bereitstellungszeit LiftUp7

Das vollautomatisierte Regalsystem Regalomat 1900 L der Firma Regal AG liegt bei 52 Sekunden, die für die Eingabe bis Bereitstellung in Anspruch genommen werden.

$$jährliche\ Bereitstellungszeit_3 = \frac{52\ s \cdot 9.360\ Zugriffe}{3.600}$$
$$jährliche\ Bereitstellungszeit_3 = 135,2\ Stunden$$

Berechnung 12: jährliche Bereitstellungszeit Regalomat 1900 L

$Lohnkosten\ für\ Lagervorgänge = Stundenlohn \cdot jährliche\ Bereitstellungszeit$

Formel 5: jährliche Lohnkosten für Lagervorgänge

5 Wirtschaftlichkeitsbetrachtung

$Lohnkosten\ für\ Lagervorgänge_1 = 73,00\ € \cdot 130,0\ Stunden$
$Lohnkosten\ für\ Lagervorgänge_1 = 9.490,00\ €$

Berechnung 13: Lohnkosten für Lagervorgänge StoragePro 3000

$Lohnkosten\ für\ Lagervorgänge_2 = 73,00\ € \cdot 122,2\ Stunden$
$Lohnkosten\ für\ Lagervorgänge_2 = 8.920,60\ €$

Berechnung 14: Lohnkosten für Lagervorgänge LiftUp7

$Lohnkosten\ für\ Lagervorgänge_3 = 73,00\ € \cdot 135,2\ Stunden$
$Lohnkosten\ für\ Lagervorgänge_3 = 9.869,60\ €$

Berechnung 15: Lohnkosten für Lagervorgänge Regalomat 1900 L

5.1.6 Energiekosten

Die Energiekosten werden wie folgt zusammengestellt: Der Preis für eine Kilowattstunde beträgt 0,11 €. In einem Jahr werden rund 9.360 Ein- und Auslagerungsvorgänge getätigt. Bei allen drei Herstellern sind energiesparende Motoren verbaut. Laut Herstellerangaben wird bei dem StoragePro 3000 0,065 kWh pro Auslagerung verbraucht. Der LiftUp7 benötigt 0,059 kWh und der Regalomat 1900 L 0,072 kWh pro Ein- und Auslagerung.

$Energiekosten = Energie\ pro\ Lagervorgang \cdot Zugriffe\ pro\ Jahr \cdot Preis\ pro\ kWh$

Formel 6: jährliche Lohnkosten für Lagervorgänge

Es ergeben sich folgende Energiekosten:

$Energiekosten = 0,065\ kWh \cdot 9.360\ Zugriffe \cdot 0,11\ €$
$Energiekosten = 66,92\ €/Jahr$

Berechnung 16: Energiekosten StoragePro 3000

5 Wirtschaftlichkeitsbetrachtung

$Energiekosten_3 = 0{,}059\ kWh \cdot 9.360\ Zugriffe \cdot 0{,}11\ €$
$Energiekosten_3 = \underline{60{,}75\ €/Jahr}$

Berechnung 17: Energiekosten LiftUp7

$Energiekosten_3 = 0{,}072\ kWh \cdot 9.360\ Zugriffe \cdot 0{,}11\ €$
$Energiekosten_3 = \underline{74{,}13\ €/Jahr}$

Berechnung 18: Energiekosten Regalomat 1900 L

5.2 Kostenvergleichsrechnung

Mit der Kostenvergleichsrechnung werden die Investitionsgüter, hier die automatisierten Regalsysteme StoragePro 3000, LiftUp7 und Regalomat 1900 L miteinander verglichen. Als Vergleichsgrundlage dienen bei dieser Rechnung die kalkulatorischen Kosten sowie die Raum-, Lohn- und Energiekosten der jeweiligen Alternativen.

	StoragePro3000	LiftUp7	Regalomat 1900 L
kalkulatorische Abschreibung	10.692,80 €	13.471,68 €	11.700,51 €
kalkulatorischer Zins	6.839,64 €	8.715,38 €	7.182,35 €
Raumkosten	1.756,80 €	1.908,00 €	1.761,60 €
Lohnkosten	9.490,00 €	8.920,60 €	9.869,60 €
Energiekosten	66,92 €	60,75 €	74,13 €
Summe	**28.846,16 €**	**33.076,41 €**	**30.088,19 €**
Rang	**1**	**3**	**2**

Tabelle 8: Kostenvergleichsrechnung

Aus der Kostenvergleichsrechnung geht hervor, dass die Alternative StoragePro 3000 der Firma Storage-Group die günstigsten Kosten in Höhe von 28.785,06 € aufweist. Für alle weiteren Berechnungen wird daher nur das Angebot der Firma Storage-Group zugezogen.

5 Wirtschaftlichkeitsbetrachtung

5.3 Berechnung der Einsparung

Wie auf Seite 18 bereits beschrieben, werden jährlich 9.360 Ein- und Auslagerungsvorgänge getätigt. Diese Anzahl ist die Grundlage für das vollautomatisierte Regalsystem, wie auch das bestehende Schubladenregal.

Bei den bisherigen Regalsystemen werden durchschnittlich 180 Sekunden für die Suche und das Herausholen des Materials aus der Schublade beansprucht.

$$jährliche\ Bereitstellungszeit_4 = \frac{180\ s \cdot 9.360\ Zugriffe}{3.600}$$
$$jährliche\ Bereitstellungszeit_4 = \underline{468\ Stunden}$$

Berechnung 19: jährliche Bereitstellungszeit bisherige Regalsysteme

5.3.1 Lohnkostenersparnis

Wenn nun die aktuelle Lagerhaltung mit der Lagerlösung StoragePro 3000 verglichen wird, ergibt sich folgendes:

$Lohnkosten\ für\ Lagervorgänge_3 = 73{,}00\ € \cdot 468\ Stunden$
$Lohnkosten\ für\ Lagervorgänge_3 = \underline{34.164{,}00\ €}$

Berechnung 20: Lohnkosten für Lagervorgänge bisherige Regalsysteme

$Lohnkostenersparnis = Lohnkosten\ für\ Lagervorgänge_4 - Lohnkosten\ für\ Lagervorgänge_5$

Formel 7: Lohnkostenersparnis

$Lohnkostenersparnis = 34.164{,}00\ € - 9.490{,}00\ €$
$Lohnkostenersparnis = \underline{24.674{,}00\ €}$

Berechnung 21: Lohnkostenersparnis pro Jahr

5.3.2 Einsparung der Stellfläche

Einsparung Stellfläche = bisherige Stellfläche - Stellfläche vollautomatisiertes Regalsystem

Formel 8: Einsparung Stellfläche

Wie in der Ausgangssituation beschrieben, beträgt die Stellfläche der aktuellen Regale 44,80 m². Die Regalsysteme StoragePro 3000 benötigen lediglich 14,64 m².

$$Einsparung\ Stellfläche = 44,80\ m^2 - 14,64\ m^2$$
$$Einsparung\ Stellfläche = \underline{30,18\ m^2}$$

Berechnung 22: Einsparung Stellfläche

Es werden 30 m² Stellflächeneinsparung erzielt. Das entspricht einer Einsparung von rund 67 %.

5.4 Amortisationsrechnung

Mit der Amortisationsrechnung wird der Zeitraum ermittelt, der benötigt wird, um die getätigte Auszahlung, in diesem Fall die Anschaffung des vollautomatisierten Regalsystems, durch seine jährlichen Einsparungen wieder zu erwirtschaften. Es gibt zwei Möglichkeiten die Amortisationszeit zu berechnen. Dies kann über die statische oder dynamische Amortisationsrechnung durchgeführt werden.

5.4.1 Statische Amortisationsrechnung

Bei der statischen Berechnung wird der Zeitraum ermittelt, bei der die reinen Anschaffungskosten wieder erwirtschaftet werden. Da keine weiteren Überschüsse zu erzielen sind, ist die Amortisationszeit geringer.

$$Amortisationszeit = \frac{Anschaffungskosten}{Ersparnis\ pro\ Jahr}$$

Formel 9: Statische Amortisationszeit

$$Amortisationszeit = \frac{167.075,00\ €}{24.674,00\ €/Jahr}$$
$$Amortisationszeit = \underline{6,77\ Jahre}$$

Berechnung 23: statische Amortisationszeit

Wie aus der statischen Berechung ersichtlich wird, ist das vollautomatisierte Regalsystem bereits nach 6,77 Jahren amortisiert. Da bei dieser Berechnung die Zinsen nicht berücksichtigt werden, wird zusätzlich eine dynamische Amortisationsrechnung durchgeführt.

5.4.2 Dynamische Amortisationsrechnung

Bei der dynamischen Berechnung wird der Zeitraum ermittelt, bei der neben den Anschaffungskosten weitere Überschüsse z. B. Zinsen, erwirtschaftet werden müssen. Aufgrund dessen ist die Amortisationszeit größer. Um die dynamische Amortisation zu berechnen, wird die Kumulationsmethode angewandt. Hierbei werden die jährlichen Ersparnisse solange aufadiert, bis zu dem Jahr, indem der kumulierte Barwert positiv wird. Das Unternehmen rechnet mit einem Zinssatz von 9 % (= 0,09).

$$Barwertfaktor = \frac{1}{(1 + Zinssatz)^{Laufzeit}}$$

Formel 10: Barwertfaktor

$$Barwertfaktor_{Jahr1} = \frac{1}{(1 + 0,09)^1}$$
$$Barwertfaktor_{Jahr1} = \underline{0,9174312}$$

Berechnung 24: beispielhafte Berechnung des Barwertfaktors des 1. Jahres

5 Wirtschaftlichkeitsbetrachtung

Der Barwert stellt den heutigen Wert einer Investition in der Zukunft dar und wird mit der folgenden Formel berechnet.

$$Barwert = jährliche\ Ersparnis \cdot Barwertfaktor$$

Formel 11: Barwertfaktor

$$Barwert\ Jahr1 = 24.674,00\ € \cdot 0,9174312$$
$$Barwert\ Jahr1 = 22.636,70\ €$$

Berechnung 25: beispielhafte Berechnung des Barwertes des 1. Jahres

Die weiteren Barwertfaktoren und Barwerte werden wie in Berechnung 24 auf Seite 24 und Berechnung 25 berechnet.

Jahr	jährliche Ersparnis	Auszahlung	Barwertfaktor	Barwert	kumulierter Barwert
0	0,00 €	160.392,00 €	1,0000000	-160.392,00 €	-160.392,00 €
1	24.674,00 €		0,9174312	22.636,70 €	-137.755,30 €
2	24.674,00 €		0,8416800	20.767,61 €	-116.987,69 €
3	24.674,00 €		0,7721835	19.052,86 €	-97.934,84 €
4	24.674,00 €		0,7084252	17.479,68 €	-80.455,15 €
5	24.674,00 €		0,6499314	16.036,41 €	-64.418,74 €
6	24.674,00 €		0,5962673	14.712,30 €	-49.706,44 €
7	24.674,00 €		0,5470342	13.497,52 €	-36.208,92 €
8	24.674,00 €		0,5018663	12.383,05 €	-23.825,87 €
9	24.674,00 €		0,4604278	11.360,60 €	-12.465,28 €
10	24.674,00 €		0,4224108	10.422,56 €	-2.042,71 €
11	24.674,00 €		0,3875329	9.561,99 €	7.519,27 €
12	24.674,00 €		0,3555347	8.772,46 €	16.291,74 €

Tabelle 9: dynamische Amortisationsrechnung

Anhand der Tabelle 9 ist zu sehen, dass im 11. Jahr das investierte Kapital sowie ein weiterer Überschuss in Höhe von 7.519,27 € zurückgewonnen wird. Der genaue Zeitpunkt der Amortisation lässt sich mit folgender Formel ermitteln:

5 Wirtschaftlichkeitsbetrachtung

$$n = n_v + \frac{C_{Bv}}{C_{Bv} - C_{Bn}}$$

C_{Bn} = kumulierter Barwert im 1. Jahr nach Erreichen der Amortisationszeit

C_{Bv} = kumulierter Barwert im letzten Jahr vor Erreichen der Amortisationszeit

n = Amortisationszeit

n_v = letztes Jahr vor Erreichen der Amortisationszeit

Formel 12: Dynamische Amortisationsrechnung[1]

$$n = 10.\ Jahr + \frac{-2.042,71\ €}{-2.042,71\ € - 7.519,27\ €}$$
$$n = 10,21\ Jahre$$

Berechnung 26: dynamische Amortisation

Das vollautomatisierte Regalsystem StoragePro 3000 der Firma Storage-Group ist nach 10,21 Jahren vollständig amortisiert und die gewünschte Verzinsung in Höhe von 9 % wird erreicht.

[1]Quelle: Formelsammlung IHK S.52 Erscheinungsjahr 2016

6 Empfehlung und Begründung

6 Empfehlung und Begründung

Das Ziel dieser Projektarbeit ist eine Entscheidungsgrundlage zu erarbeiten, welches Regalsystem das geeignetste für die Instandhaltung der Aggregateproduktion ist. Die Auswertung hat ergeben, dass ein konventionelles Schubladenregal und ein Rollregal schon nach der Nutzwertanalyse nicht näher in Betracht gezogen werden, da sie einige ausschlaggebende Kriterien nicht erfüllen. Unter anderem sind dies der Platzbedarf und die Vermeidung der Nullbestände.

Aufgrund dieser Erkenntnis wurde das vollautomatisierte Regalsystem näher betrachtet. Drei Angebote der Hersteller Storage-Group, Lager GmbH und Regal AG wurden eingeholt und mittels einer Kostenvergleichsrechnung verglichen. Auf dieser Basis ist die Alternative der Firma Storage-Group, der StoragePro 3000, zu empfehlen, da sie die Kriterien der Nutzwertanalyse erfüllt sowie auch im Vergleich der Kosten am besten abschneidet. Ebenfalls wird die Zeit, welche für die Ersatzteilsuche benötigt wurde, deutlich verringert, sodass dies ein enormes Einsparpotential bei den Lohnkosten bietet.

Als letzter Punkt ist noch der Platzbedarf zu erwähnen. Es stehen nun ca. 30 m² mehr Fläche für andere Zwecke bezüglich der Umstrukturierung der Instandhaltungswerkstatt zur Verfügung.

7 Anhang

Anhang

7 Anhang

7.1 Angebot Firma Storage-Group

Storage-Group

Storage-Group • Im Fachhausenplatz 1 • 12345 Musterstadt

Storage-Group
Im Fachhausenplatz 1
12345 Musterstadt
Deutschland

Tel +49 (0) 1234 / 56 78-0
Fax +49 (0) 1234 / 5678-10

info@storage-group.de
www.storage-group.de

Amtsgericht Musterstadt
HRB 23456

Geschäftsführerin:
Regina Regal

Sparkasse Musterstadt
Kto-Nr. 456 123 789
BLZ 100 200 30
IBAN DE45XXXXXXXXXX4561237890
Swift-Code: SPASSAXXS
USt-IdNr. DE 987 654 321

Ihr Ansprechpartner im Außendienst ist:

Steffen Staurum
+49 (0) 1234 / 56 78-9
steffen.staurum@storage-group.de

Musterstadt, 15.05.2018

Unternehmen
Instandhaltung Aggregateproduktion
Herr Beispiel
54321 Beispielshausen

Angebot S06-310118-21

Sehr geehrter Herr Beispiel,

wir freuen uns über das Gespräch zwischen Ihnen und unserem Außendienst-mitarbeiter Herr Staurum und bereiten Ihnen das vorliegende Angebot über unser vielfältiges StoragePro 3000 Lagerliftsystem.

Wir liefern gemäß unseren allgemeinen Liefer- und Zahlungsbedingungen

Angebot S06-310118-21 vom 15.05.2018

2 x StoragePro 3000 2.050 x 864 x 9.000 mm
- Inkl. 110 Tablare Standard 2.050x864 Zuladung 300 kg
- Inkl. 15 Tablare Schwerlast 2.050x864 Zuladung 500 kg
- Inkl. je 1x Bedienöffnung mit LED-Pointer
- Inkl. 1x manueller Tisch
- Inkl. Seitenverkleidung
- Inkl. Lackierung RAL 7035uni
- Inkl. LED-Beleuchtung in der Bedienöffnung
- Inkl. Gewichtsmanagement
- Inkl. Ethernet Schnittstelle
- Inkl. Gerätesteuerung SPControll
- Inkl. Doku 1x Papier und 1x CD in Deutsch
- Fracht bis Bordsteinkante

Gerätepreis:	**88.537,92 Euro**
zzgl. Pauschale für Montagezusatzleistungen	3.331,20 Euro
zzgl. Pauschale für Gewährleistung 24 Monate	3.578,88 Euro
Gesamtpreis Gerät:	**95.448,00 Euro**

8 Abbildungs- und Tabellenverzeichnis

xi

IV

Anhang

Storage-Group

Storage-Group
Im Fachbödelnplatz 1
12345 Musterstadt
Deutschland

Tel +49 (0) 1234 / 5678-0
Fax +49 (0) 1234 / 5678-10

info@storage-group.de
www.storage-group.de

Amtsgericht Musterstadt
HRB 23456

Geschäftsführerin:
Regina Regal

Sparkasse Musterstadt
Kto-Nr. 456 123 789
BLZ 100 200 30
IBAN: DE49 1002 0030 0456 1237 89
Swift-Code: SPKODM05
USt-IdNr.: DE 987 654 321

Angebot S06-310118-21

1 x Lagerverwaltungssoftware

- Inkl. 2 Benutzerlizenzen
- Inkl. 2 Bedienöffnungslizenzen
- Inkl. Hardwarekomponenten
- Inkl. 3 Tage Installation und Schulung
- Inkl. Softwaresupport Stufe A (für 24 Monate)

Softwarepreis: **9.024,00 Euro**

Einteilungsmaterial für Tablare in StoragePro 3000 2050 x 864 mm

Paket 1 Schlitzraster Rahmen Höhe 100 mm

- Inkl. 30 x Schlitzraster Tablarrahmen 2050 x 864 mm
- Inkl. 300 x Schlitzteilerwände 864 mm
- Inkl. 450 x Querteilerwände Breite 150 mm
- Inkl. 450 x Querteilerwände Breite 200 mm
- Inkl. 450 x Querteilerwände Breite 250 mm

Paket 1 Preis: **12.960,00 Euro**

Paket 2 geschraubte Trennwandsysteme Rahmen Höhe 200 mm

- Inkl. 30 x Tablarrahmen 2050 x 864 mm
- Inkl. 300 x Längsteilerwände 864 mm
- Inkl. 450 x Querteilerwände Breite 150 mm
- Inkl. 450 x Querteilerwände Breite 200 mm
- Inkl. 450 x Querteilerwände Breite 250 mm

Paket 2 Preis: **14.400,00 Euro**

Paket 3 geschraubte Trennwandsysteme Rahmen Höhe 250 mm

- Inkl. 30 x Tablarrahmen 2050 x 864 mm
- Inkl. 300 x Längsteilerwände 864 mm
- Inkl. 450 x Querteilerwände Breite 150 mm
- Inkl. 450 x Querteilerwände Breite 200 mm
- Inkl. 450 x Querteilerwände Breite 250 mm

Paket 3 Preis: **20.160,00 Euro**

Literaturverzeichnis

9 Literaturverzeichnis

Folgende Quellen wurden zur Informationsgewinnung genutzt:

- Geschäftsbericht 2017 des Unternehmens
- Intranet des Unternehmens
- http://www.regal-ag.com/produkte/schubladenregal
- https://www.regal-einrichter.de/products/kategorie-rollregal
- https://www.storage-group.de?sites=qthitUgtjcsxcBpgxpQtcstg
- Fragebögen der Abteilung
- interne Zahlen des Rechnungswesens
- Formelsammlung IHK (Erscheinungsjahr 2016)

Eidesstattliche Erklärung

10 Eidesstattliche Erklärung

Ich versichere, dass ich die beiliegende Projektarbeit selbstständig verfasst, keine anderen als die angegebenen Quellen und Hilfsmittel benützt, sowie alle wörtlichen oder sinngemäß übernommenen Stellen in der Arbeit gekennzeichnet habe. Ich bin mir bewusst, dass eine falsche Erklärung rechtliche Folgen für mich haben kann.

Bernhard Beispiel

Bernhard Beispiel

Beispielshausen, den 04.06.2018

8.2 Beispielpräsentation

Die nachfolgend abgedruckte Beispielpräsentation bezieht sich auf die Beispielprojektarbeit 1 ab Seite 110. Der Umfang dieser Präsentation beträgt 23 Folien. Die passende Agenda dazu finden Sie auf der Seite 8. Sie wurde separat auf Flipchart geschrieben und befindet sich daher nicht in der Präsentation. Sie war während der gesamten Präsentation am Flipchart-Ständer sichtbar und die behandelten Punkte wurden entsprechend abgehakt.

Die Präsentation wurde für den Abdruck modifiziert, um eine Identifikation des Betriebes zu verhindern. Auch wurden nicht öffentlich zugängliche Unternehmensdaten in fiktive Werte umgewandelt, um den betrieblichen Datenschutz zu gewähren. In der Präsentation wurden Bilder verwendet. Diese sind aus den gleichen Gründen nur als Platzhalter dargestellt.

Diese Beispielpräsentation soll Ihnen den Aufbau und die Gliederung einer solchen Präsentation zeigen und Ihnen ein Gespür dafür geben, was gefordert ist.

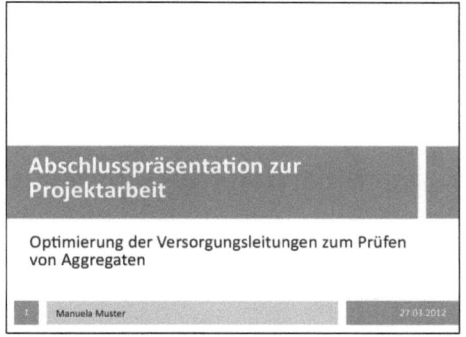

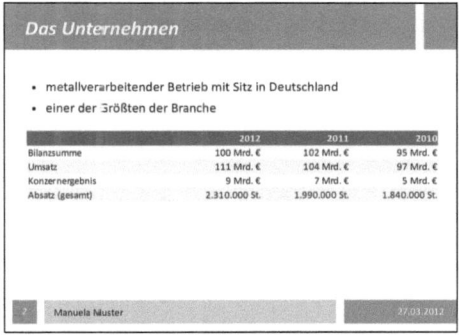

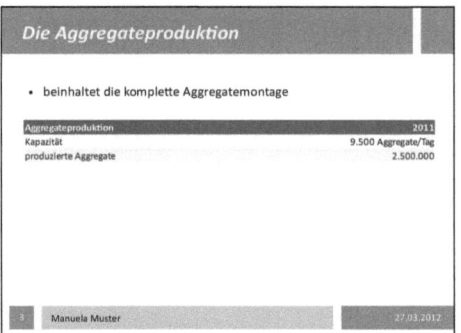

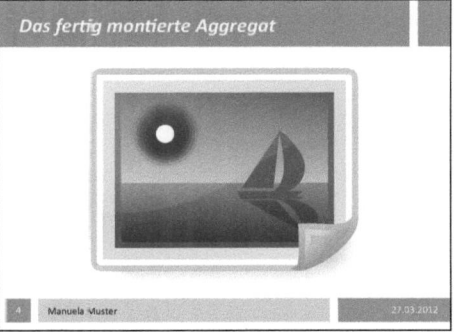

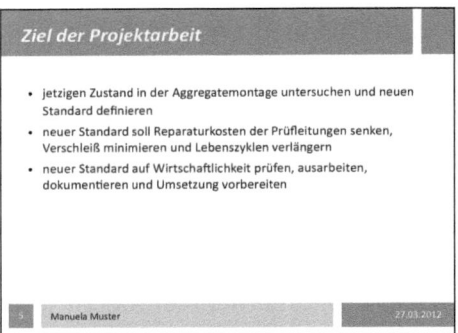

Ziel der Projektarbeit

- jetzigen Zustand in der Aggregatemontage untersuchen und neuen Standard definieren
- neuer Standard soll Reparaturkosten der Prüfleitungen senken, Verschleiß minimieren und Lebenszyklen verlängern
- neuer Standard auf Wirtschaftlichkeit prüfen, ausarbeiten, dokumentieren und Umsetzung vorbereiten

5   Manuela Muster   27.03.2012

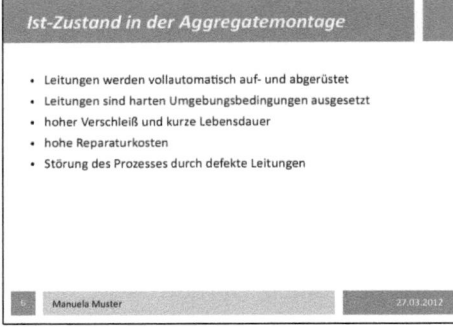

Ist-Zustand in der Aggregatemontage

- Leitungen werden vollautomatisch auf- und abgerüstet
- Leitungen sind harten Umgebungsbedingungen ausgesetzt
- hoher Verschleiß und kurze Lebensdauer
- hohe Reparaturkosten
- Störung des Prozesses durch defekte Leitungen

6   Manuela Muster   27.03.2012

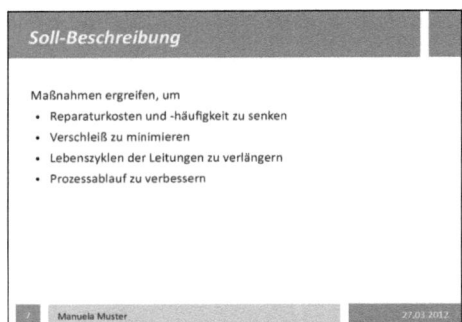

Soll-Beschreibung

Maßnahmen ergreifen, um

- Reparaturkosten und -häufigkeit zu senken
- Verschleiß zu minimieren
- Lebenszyklen der Leitungen zu verlängern
- Prozessablauf zu verbessern

7   Manuela Muster   27.03.2012

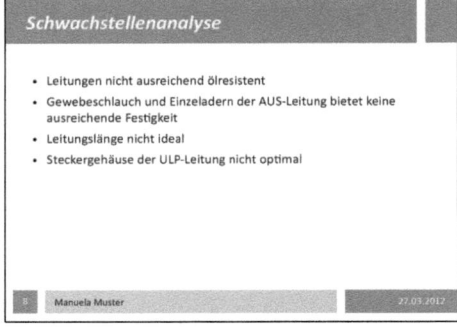

Schwachstellenanalyse

- Leitungen nicht ausreichend ölresistent
- Gewebeschlauch und Einzeladern der AUS-Leitung bietet keine ausreichende Festigkeit
- Leitungslänge nicht ideal
- Steckergehäuse der ULP-Leitung nicht optimal

8   Manuela Muster   27.03.2012

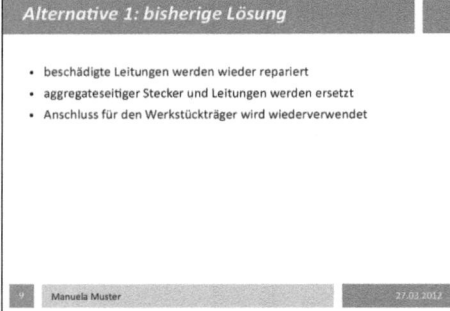

Alternative 1: bisherige Lösung

- beschädigte Leitungen werden wieder repariert
- aggregateseitiger Stecker und Leitungen werden ersetzt
- Anschluss für den Werkstückträger wird wiederverwendet

9   Manuela Muster   27.03.2012

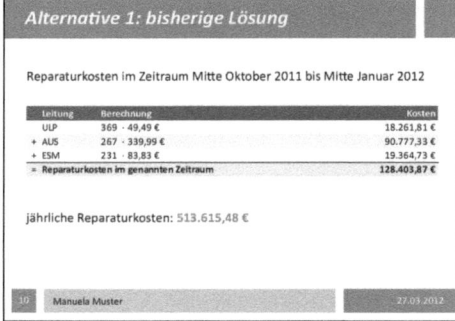

Alternative 1: bisherige Lösung

Reparaturkosten im Zeitraum Mitte Oktober 2011 bis Mitte Januar 2012

Leitung	Berechnung	Kosten
ULP	369 · 49,49 €	18.261,81 €
+ AUS	267 · 339,99 €	90.777,33 €
+ ESM	231 · 83,83 €	19.364,73 €
= Reparaturkosten im genannten Zeitraum		128.403,87 €

jährliche Reparaturkosten: 513.615,48 €

10   Manuela Muster   27.03.2012

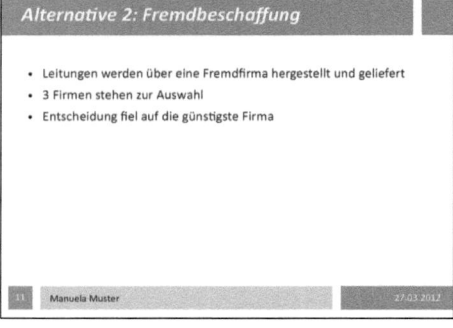

Alternative 2: Fremdbeschaffung

- Leitungen werden über eine Fremdfirma hergestellt und geliefert
- 3 Firmen stehen zur Auswahl
- Entscheidung fiel auf die günstigste Firma

11   Manuela Muster   27.03.2012

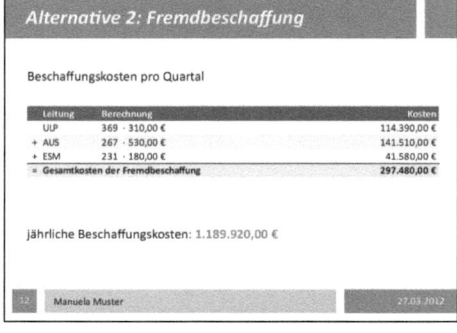

Alternative 2: Fremdbeschaffung

Beschaffungskosten pro Quartal

Leitung	Berechnung	Kosten
ULP	369 · 310,00 €	114.390,00 €
+ AUS	267 · 530,00 €	141.510,00 €
+ ESM	231 · 180,00 €	41.580,00 €
= Gesamtkosten der Fremdbeschaffung		297.480,00 €

jährliche Beschaffungskosten: 1.189.920,00 €

12   Manuela Muster   27.03.2012

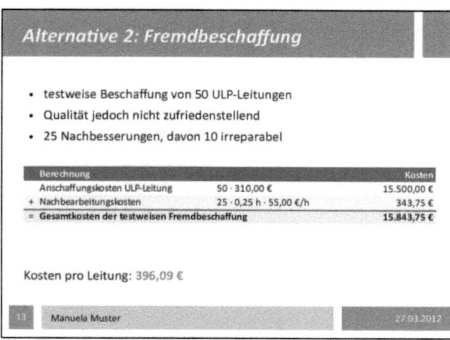

Alternative 2: Fremdbeschaffung

- testweise Beschaffung von 50 ULP-Leitungen
- Qualität jedoch nicht zufriedenstellend
- 25 Nachbesserungen, davon 10 irreparabel

Berechnung		Kosten
Anschaffungskosten ULP-Leitung	50 · 310,00 €	15.500,00 €
+ Nachbearbeitungskosten	25 · 0,25 h · 55,00 €/h	343,75 €
= Gesamtkosten der testweisen Fremdbeschaffung		15.843,75 €

Kosten pro Leitung: 396,09 €

13   Manuela Muster   27.03.2012

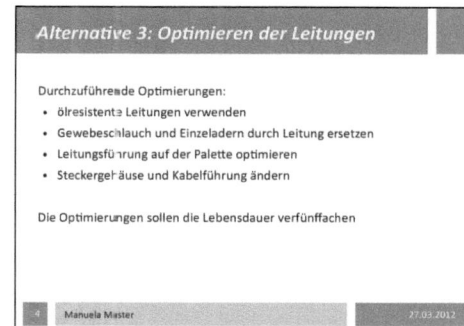

Alternative 3: Optimieren der Leitungen

Durchzuführende Optimierungen:

- ölresistente Leitungen verwenden
- Gewebeschlauch und Einzeladern durch Leitung ersetzen
- Leitungsführung auf der Palette optimieren
- Steckergehäuse und Kabelführung ändern

Die Optimierungen sollen die Lebensdauer verfünffachen

4   Manuela Muster   27.03.2012

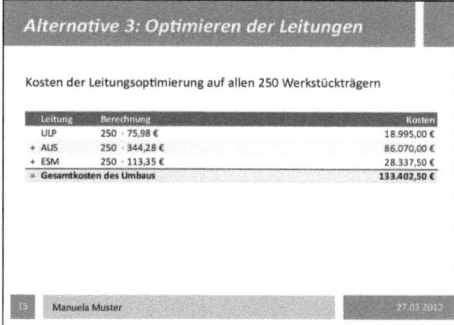

Alternative 3: Optimieren der Leitungen

Kosten der Leitungsoptimierung auf allen 250 Werkstückträgern

Leitung	Berechnung	Kosten
ULP	250 · 75,98 €	18.995,00 €
+ AUS	250 · 344,28 €	86.070,00 €
+ ESM	250 · 113,35 €	28.337,50 €
= Gesamtkosten des Umbaus		133.402,50 €

15   Manuela Muster   27.03.2012

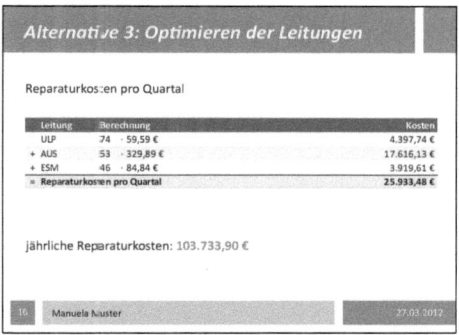

Alternative 3: Optimieren der Leitungen

Reparaturkosten pro Quartal

Leitung	Berechnung	Kosten
ULP	74 · 59,59 €	4.397,74 €
+ AUS	53 · 329,89 €	17.616,13 €
+ ESM	46 · 84,84 €	3.919,61 €
= Reparaturkosten pro Quartal		25.933,48 €

jährliche Reparaturkosten: 103.733,90 €

16   Manuela Muster   27.03.2012

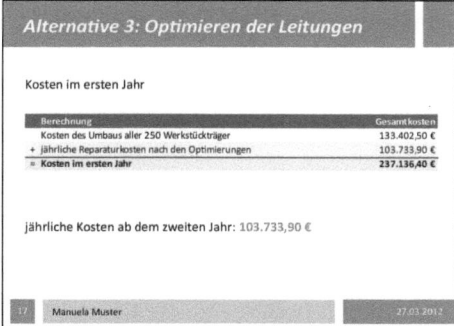

Alternative 3: Optimieren der Leitungen

Kosten im ersten Jahr

Berechnung	Gesamtkosten
Kosten des Umbaus aller 250 Werkstückträger	133.402,50 €
+ jährliche Reparaturkosten nach den Optimierungen	103.733,90 €
= Kosten im ersten Jahr	237.136,40 €

jährliche Kosten ab dem zweiten Jahr: 103.733,90 €

17   Manuela Muster   27.03.2012

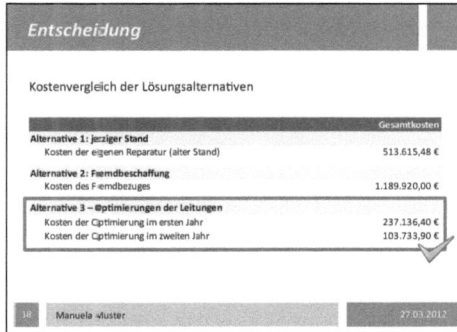

Entscheidung

Kostenvergleich der Lösungsalternativen

	Gesamtkosten
Alternative 1: jetziger Stand	
Kosten der eigenen Reparatur (alter Stand)	513.615,48 €
Alternative 2: Fremdbeschaffung	
Kosten des Fremdbezuges	1.189.920,00 €
Alternative 3: Optimierungen der Leitungen	
Kosten der Optimierung im ersten Jahr	237.136,40 €
Kosten der Optimierung im zweiten Jahr	103.733,90 €

18   Manuela Muster   27.03.2012

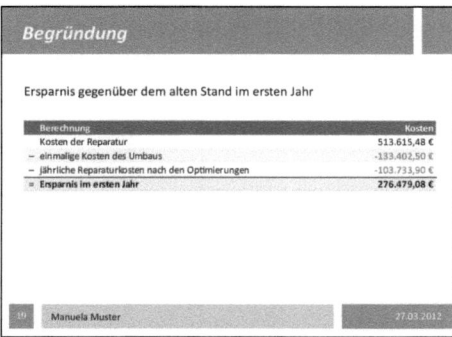

Begründung

Ersparnis gegenüber dem alten Stand im ersten Jahr

Berechnung	Kosten
Kosten der Reparatur	513.615,48 €
– einmalige Kosten des Umbaus	-133.402,50 €
– jährliche Reparaturkosten nach den Optimierungen	-103.733,90 €
= Ersparnis im ersten Jahr	276.479,08 €

19   Manuela Muster   27.03.2012

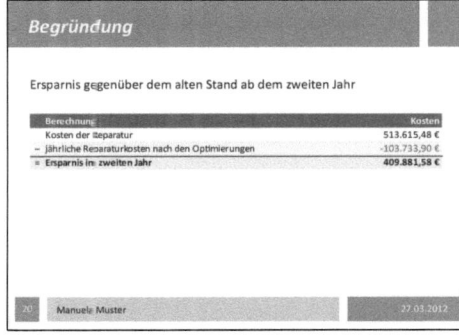

Begründung

Ersparnis gegenüber dem alten Stand ab dem zweiten Jahr

Berechnung	Kosten
Kosten der Reparatur	513.615,48 €
– jährliche Reparaturkosten nach den Optimierungen	-103.733,90 €
= Ersparnis im zweiten Jahr	409.881,58 €

20   Manuela Muster   27.03.2012

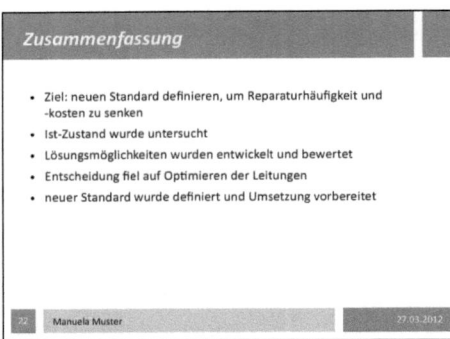

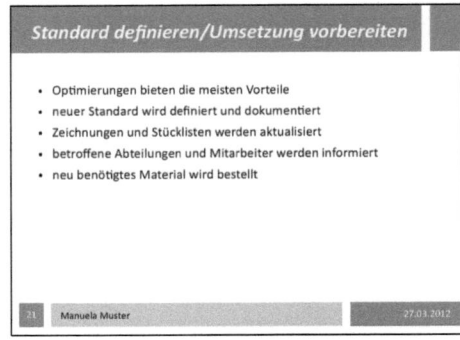

CHECKLISTE FÜR DEN TAG DER PRÜFUNG

Diese Checkliste soll Ihnen am Tag Ihrer Prüfung unnötigen Stress ersparen.

Am Tag bzw. Abend vor Ihrer Prüfung:
- Richten Sie sich Ihre Kleidung dem Anlass entsprechend zurecht.
- Packen Sie Ihre Tasche: zugelassene Formelsammlungen und Tabellenbücher, Kugelschreiber, Ausweis, Armbanduhr oder Wecker, etwas zu Trinken, eventuell kleines Vesper. Platzieren Sie die Tasche neben Ihrer Wohnungstür.
- Stellen Sie sich Ihren Wecker, damit Sie rechtzeitig aufstehen.

Am Morgen vor Ihrer Prüfung:
- Stehen Sie frühzeitig auf, damit Sie sich in Ruhe richten können.
- Frühstücken Sie genug, damit Sie nicht während der Prüfung Hunger bekommen.
- Nehmen Sie Ihre Tasche mit.
- Gehen Sie rechtzeitig aus dem Haus.

Kurz vor Ihrer Prüfung:
- Schauen Sie sich im Spiegel noch einmal an und überprüfen Sie Ihr Aussehen (sitzt die Krawatte bzw. Make-Up?).

Zusätzlich für das Fachgespräch zur Projektarbeit:

Am Tag bzw. Abend vor Ihrer Prüfung:
- Schauen Sie sich Ihre Projektarbeit noch einmal gründlich an. Packen Sie sie anschließend in Ihre Tasche.
- Sprechen Sie noch einmal Ihre Präsentation durch.
- Richten Sie sich alle benötigten Präsentationsmitteln hin: Agenda, Ihre gewählten Medien wie Folien, Kärtchen, Notebook und Presenter, Beamer (wenn benötigt), Poster zum Aushängen und Zusatzblätter. Platzieren Sie diese neben Ihrer Wohnungstür.

Am Morgen vor Ihrer Prüfung:
- Nehmen Sie Ihre am Vorabend bereitgestellten Präsentationsmitteln mit.

Stichwortverzeichnis

In dieser Buchreihe sind weiter erhältlich:

Managementprozesse
ISBN 9783752869569
9,95 €

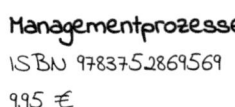

betrieblicher Leistungsprozess
ISBN 9783752866179
9,95 €

wirtschaftliches Handeln
ISBN 9783752831429
9,95 €

Alle Bücher sind auch als eBook verfügbar!